CW01379032

MILLE ANS DE CONTES

✽

TOME 1

MILAN
jeunesse

DANS LA MÊME COLLECTION :

Mille ans de frissons

Mille ans de poésie

Mille ans de contes classiques

Mille ans de contes – tome 2

Mille ans de chansons traditionnelles

Mille ans de contes – animaux

Mille ans de contes arabes

Mille ans de contes – Indiens d'Amérique du Nord

Mille ans de contes – mer

Mille ans de contes – mythologie

Mille ans de contes – nature

Mille ans de contes pour rire

Mille ans de contes – sur les sentiers

Mille ans de théâtre

Mille ans de contes – Tsiganes

Pour la première édition : © 1990 - Éditions Milan - 300, rue Léon-Joulin,
31101 Toulouse Cedex 9, France.
Pour la présente édition : © 2007 – Éditions Milan
300, rue Léon-Joulin, 31101 Toulouse Cedex 9 – France
Droits de traduction et de reproduction réservés pour tous les pays.
Toute reproduction, même partielle, de cet ouvrage est interdite.
Une copie ou reproduction par quelque procédé que ce soit, photographie, microfilm,
bande magnétique, disque ou autre, constitue une contrefaçon passible des peines prévues
par la loi du 11 mars 1957 sur la protection des droits d'auteur.
Loi 49.956 du 16 juillet 1949 sur les publications destinées à la jeunesse
ISBN : 978.2.7459.2558.9

Dépôt légal : 4e trimestre 2009
Imprimé en Espagne

MILLE ANS DE CONTES

✻

TOME 1

Illustration de couverture :
Christian Guibbaud

Illustrations intérieures :
Christian Guibbaud
Virginie Guérin
Émile Jadoul
Fabrice Turrier

MILAN
jeunesse

SOMMAIRE

Avant tout 8

DÉMONS ET MERVEILLES (contes merveilleux) 13

    La reine des abeilles 15
    Le Petit Chaperon rouge 18
    Frérot et Sœurette 22
    La belle au bois dormant 31
    Barbe-Bleue 38
    Le trésor des trolls 44
    Ali Baba et les quarante voleurs 48
    Les lutins cordonniers 63
    Le roi des corbeaux 66
    Blanche-Neige 72
    Pierre le paresseux et le roi des trolls 83
    La princesse grenouille 90
    Cendrillon 100
    Jack et le haricot magique 106
    Jean de l'Ours 112
    La reine des Neiges 120

DU COQ À L'ÂNE (histoires d'animaux) 135

    Les trois petits cochons 137
    La dent d'Elsa 143
    Le petit chat désobéissant 147
    L'œuf bleu 152
    Renart et les marchands de poissons 155
    Comment le lièvre devint blanc 158
    Les trois petits magiciens 161
    Les musiciens de Brême 164
    Un bisou pour Oussenou 168

La pêche à la queue	171
La petite chèvre menteuse	174
Le koala et l'émeu	184
Une souris jamais contente	187
Le canard et la panthère	190
Renard parrain	206
Le loup, la chèvre et la télé	211
Un ami pour le chat	214
Le lièvre et le hérisson	217

HISTOIRES À CROQUER (ogres et sorcières) 221

Le Petit Poucet	223
L'ogre et la bête inconnue	232
Histoire d'ogre	237
La sorcière du placard aux balais	240
Pour l'amour de Bilouba	254
Le vaillant petit tailleur	258
La sorcière Kipeutou	269

QUAND LES DIEUX N'ÉTAIENT PAS ENCORE TOMBÉS SUR LA TÊTE (mythologie) 273

Jason et la Toison d'or	275
Thésée et le Minotaure	281
L'apprenti magicien	287
Ulysse et le cyclope	291
Les travaux d'Héraclès	298

VOUS AVEZ DIT BIZARRE? (ruses et énigmes) 305

L'alibi n'était pas en béton	307
Le trou dans l'eau	310
L'énigme du Sphinx	312
Le prix de la fumée	314
La devinette du roi	316

La vieille femme bavarde et le trésor 318
Le vase au fond du lac. 322
Énigmes et devinettes 326

SOURIEZ MAINTENANT (histoires drôles) 333
Le coq et la poule en voyage 335
Le Brave Moitié-de-poulet et son roi 339
Jean le sot va au moulin. 345
Nasreddin ne veut pas prêter son âne 350
Le plus grand chagrin 352
Le chien et l'ambassadeur 355
Le mari à la maison 360
Histoires pour rire 365

N'OUBLIE PAS MON PETIT SOULIER (histoires de Noël) . . 371
Les trolls de Noël. 373
Petit Noël. 376
Le Père Noël et mon papa 378
Le Noël de Renard 381
Le scooter du Père Noël. 385
Petit Jean et l'oie de Noël. 388
La halte du Père Noël 393

HISTOIRES À DORMIR DEBOUT (fantômes et revenants) . . 401
La légende du maïs 403
Le compagnon de route. 407
La Mort pour marraine 418
Le festin des morts. 422
La nuit dans le château hanté 425

Index 430
Annexe pédagogique 442s
Atelier créatif 444

AVANT TOUT

DIS, TU ME RACONTES UNE HISTOIRE ?

Une histoire à raconter tous les soirs pendant des années, cela fait beaucoup d'histoires. Une histoire gaie pour les jours de pluie, une histoire de loup pour le plaisir d'avoir peur bien au chaud dans son lit, une histoire courte quand maman est pressée, une histoire longue parce qu'on a été très sage... cela fait beaucoup d'histoires différentes. Pour répondre à la demande des enfants quels que soient leur âge, leur goût ou leur humeur, nous avons composé un recueil de contes extrêmement variés : on y trouvera de grands contes classiques (*Cendrillon, la Belle au bois dormant, le Petit Poucet, Blanche Neige*...), des contes d'animaux de tous les continents, des contes d'ogres et de sorcières, des histoires drôles, des énigmes, des histoires de Noël, des comptines, des récits tirés de la mythologie, et même, pour les plus grands, des histoires de fantômes ! Les textes anciens (ceux de Perrault ou des frères Grimm), certains contes très longs (ceux d'Andersen), ont été soigneusement adaptés pour faciliter leur lecture à haute voix. Le texte d'origine, qui a servi de base à la réécriture, a été modernisé et condensé.
D'autres contes, issus directement de la tradition orale, ont été au contraire étoffés, par l'adjonction de dialogues, par exemple.
Notre but est d'offrir aux jeunes auditeurs des histoires drôles ou émouvantes selon les cas, mais toujours agréables à écouter.

Deux annexes vous sont proposées en fin d'ouvrage : l'Annexe pédagogique et l'Atelier créatif.
La première de ces deux parties permet de comprendre ce qu'est le conte et ce qu'il apporte à l'enfant.
L'atelier créatif, quant à lui, permettra aux éducateurs de trouver des pistes pour inviter les enfants à créer leur propre version des

contes, comme le font les conteurs et les écrivains. Ce patrimoine est universel. Chacun peut raconter les contes à sa guise, avec toutes les variations que lui inspire sa fantaisie, le seul critère étant la satisfaction de l'auditoire.

POURQUOI CONTER ?

Ce n'est pas un hasard si l'enfant est tellement avide d'histoires. Pour lui, l'heure du conte est un moment de tendresse, de plaisir et de connaissances : il s'en passe, des choses, dans les contes ! Parfois, on a même l'impression qu'ils contiennent trop de violence ou d'absurdités. Mais ce n'est là qu'une opinion du XXIe siècle. Depuis toujours, on considère au contraire que les contes sont la base de l'éducation morale.

Les contes se sont transmis oralement pendant des siècles avant d'être mis par écrit. Les premières personnes qui s'y intéressèrent les utilisèrent comme matière première de leurs œuvres : les auteurs de fabliaux au Moyen Âge, Rabelais, Perrault ont directement puisé dans la tradition orale et l'ont adaptée. Les frères Jacob et Wilhelm Grimm furent les premiers à rechercher systématiquement les contes et à les publier sans adaptation littéraire (1812-1815). À leur suite, des folkloristes notèrent les contes dans tous les pays d'Europe. En France, ce fut seulement vers 1870 que commencèrent les collectes sérieuses et les publications. Aujourd'hui, un catalogue international et des catalogues nationaux régulièrement mis à jour font l'inventaire de tous les contes recueillis et les classent par thèmes. On s'aperçoit ainsi que le même conte peut être raconté dans de nombreux pays, avec des variantes.

QUEL CONTE CHOISIR ?

La présentation du recueil est également conçue pour aider l'adulte dans son rôle de conteur. Chaque texte est précédé de renseignements symbolisés par un dessin :

Âge minimal conseillé pour écouter ou lire cette histoire. Il n'y a pas d'âge maximal !

Durée moyenne en lecture continue, c'est-à-dire sans s'interrompre pour donner éventuellement des indications. Libre à l'adulte de jouer avec l'histoire, de la rallonger, de mimer, d'expliquer…

Une histoire de Noël ? Une histoire pour rire ? Une histoire pour avoir peur du loup ? Le thème de l'histoire est ici mentionné pour vous aider dans votre choix.

D'un coup d'œil, l'adulte peut visualiser si le conte est adapté à l'âge de l'enfant, et si sa durée correspond au temps dont il dispose. En fin d'ouvrage, un index détaillé facilitera le choix.
Les illustrations aideront l'enfant à comprendre certains passages ou situations de l'histoire ou à s'inventer ses propres images, selon son humeur et sa personnalité.

Le plaisir de conter nous a guidés tout au long de notre travail. Nous souhaitons qu'au fil des années, adultes et enfants ne cessent de partager ce plaisir.

DÉMONS ET MERVEILLES

LA REINE DES ABEILLES

ADAPTÉ D'UN CONTE DE GRIMM

À PARTIR DE 3 ANS   5 MINUTES   POUR RESPECTER LES ANIMAUX

Il y avait une fois trois fils de roi. Un jour, les deux aînés s'en allèrent chercher l'aventure, mais ils firent tant de bêtises qu'ils n'osèrent pas revenir chez leur père. Leur frère cadet, qu'on appelait le petit nigaud, partit à leur recherche. Il les retrouva, mais ses frères se moquèrent de lui, en disant :
– Nous sommes plus malins que toi et nous n'avons rien fait de bon. Et toi, pauvre naïf, tu crois pouvoir te débrouiller dans un monde si difficile !
Ils se mirent en route tous les trois et trouvèrent sur leur chemin une fourmilière.
– Détruisons-la, proposa l'aîné.
– Oh oui ! dit le second. Ce sera amusant de voir des fourmis courir de tous côtés en emportant leurs œufs.

—Non, dit le petit nigaud. Laissez ces animaux tranquilles. Je vous interdis de leur faire du mal.
Un peu plus loin, ils trouvèrent un lac où nageaient des canards.
—Aidez-moi à les attraper, dit l'aîné.
—Oui, dit le second, nous les ferons rôtir.
—Non, dit le plus jeune. Laissez-les tranquilles. Je vous interdis de les tuer.
En continuant leur chemin, ils virent un nid d'abeilles dans un arbre.
—Regardez, dit l'aîné, ce nid d'abeilles est plein de miel.
—Il faut allumer un feu au pied de l'arbre, dit le second. Les abeilles s'en iront et nous prendrons le miel.
—Non, dit le petit nigaud. Laissez ces animaux tranquilles. Je vous interdis de les brûler.
Enfin, ils arrivèrent à un château. Dans les écuries, tous les chevaux étaient changés en pierre. Ils traversèrent toutes les salles sans voir personne et arrivèrent devant une porte fermée par trois serrures. Au milieu de la porte, il y avait une petite fenêtre. Par cette fenêtre, ils virent un petit homme aux cheveux gris, assis devant une table. Ils l'appelèrent une fois, deux fois, mais il n'avait pas l'air d'entendre. À la troisième fois pourtant, il se leva, ouvrit la porte et sortit. Sans rien dire, il les conduisit à une table magnifiquement servie. Quand ils eurent bu et mangé, il emmena chacun des frères dans une chambre séparée.

Le lendemain matin, le petit vieillard vint chercher l'aîné des frères, et le conduisit devant une table de pierre. Là étaient inscrites trois épreuves qu'il fallait réussir pour désenchanter le château.
La première épreuve consistait à trouver les mille perles que la princesse avait perdues dans le bois. Si le chercheur ne les trouvait pas avant le coucher du soleil, sans qu'il en manque une seule, il serait changé en pierre.
Toute la journée, l'aîné chercha les perles ; le soir, il n'en avait pas rassemblé plus d'une centaine et il fut changé en pierre comme il était écrit sur la table. Le lendemain, le second frère tenta l'épreuve lui aussi.

LA REINE DES ABEILLES

Mais il ne trouva que deux cents perles et il fut changé en pierre.

Enfin, ce fut le tour du petit nigaud. Il chercha les perles dans la mousse du bois, mais c'était bien difficile ; alors, il s'assit sur une pierre et se mit à pleurer. À ce moment-là, la reine des fourmis qu'il avait protégées arriva avec cinq mille de ses sujets. Les fourmis eurent vite fait de trouver les perles et d'en faire un petit tas aux pieds du garçon. Il n'en manquait pas une !

La seconde épreuve consistait à repêcher la clé de la chambre de la princesse qui était tombée au fond du lac. Le jeune prince s'approcha de l'eau et vit venir à sa rencontre les canards qu'il avait sauvés. Ils plongèrent au fond de l'eau et lui rapportèrent une clé. C'était bien celle de la chambre de la princesse !

La troisième épreuve était la plus difficile : trois princesses étaient endormies, et il fallait reconnaître la plus jeune, qui était aussi la plus gentille. Elles se ressemblaient parfaitement. Simplement, avant de s'endormir, l'aînée avait mangé un morceau de sucre, la seconde bu du sirop et la plus jeune pris une cuillère de miel. Le garçon ne savait laquelle désigner, quand la reine des abeilles qu'il avait sauvées du feu entra dans la chambre. Elle voleta sur la bouche des trois princesses et se posa sur les lèvres qui sentaient le miel. C'est ainsi que le prince la reconnut. Il s'approcha d'elle et elle s'éveilla. Dans le même instant, le château fut tiré de son sommeil magique et tous ceux qui étaient transformés en pierre reprirent vie. Celui qu'on appelait « le petit nigaud » épousa la plus jeune et la plus gentille des princesses et devint roi après la mort de son père. Quant à ses deux frères, ils épousèrent les deux autres princesses.

POUR ALLER PLUS LOIN

Ce conte se trouve aussi sous le titre Les animaux reconnaissants.

LE PETIT CHAPERON ROUGE

ILLUSTRÉ PAR CHRISTIAN GUIBBAUD

ADAPTÉ DES CONTES DE PERRAULT ET DE GRIMM

À PARTIR DE 3 ANS   5 MINUTES   POUR AVOIR PEUR DU LOUP

Il était une fois une petite fille qui était si jolie que sa mère en était folle, et sa grand-mère plus folle encore. Elle lui avait offert un petit bonnet rouge, qui lui allait si bien que partout on l'appelait le Petit Chaperon rouge.

Un jour, sa mère prépara des galettes et lui dit :

— Va voir comment se porte ta grand-mère : on m'a dit qu'elle était malade. Porte-lui une galette et ce petit pot de beurre. Dépêche-toi. Sois bien sage et ne t'écarte pas de ta route. Et n'oublie pas de dire « bonjour » en arrivant.

La grand-mère habitait dans un autre village. En passant dans un bois, le Petit Chaperon rouge rencontra la loup, qui eut envie de la manger ; mais il n'osa pas, de peur d'être surpris par quelque bûcheron. Il lui demanda où elle allait. La fillette, qui ne savait pas qu'il est dangereux de s'arrêter à écouter un loup, lui dit :

—Je vais voir ma grand-mère, et lui porter une galette avec un petit pot de beurre que ma mère lui envoie.

—Est-ce qu'elle habite loin ? lui dit le loup.

—Oh ! oui, dit le Petit Chaperon rouge, c'est plus loin encore que le moulin que vous voyez tout là-bas, à la première maison du village.

—Très bien, dit le loup, j'ai envie d'aller la voir, moi aussi. Écoute, on va faire un jeu : je m'en vais par ce chemin-ci, et toi par celui-là, et nous verrons qui y sera le premier.

Le loup se mit à courir de toutes ses forces par le chemin qui était le plus court ; et la petite fille s'en alla par le chemin le plus long, s'amusant à cueillir des noisettes, à courir après les papillons et à faire des bouquets de fleurs.

Le loup ne tarda pas à arriver à la maison de la grand-mère. Il frappa à la porte : Toc, toc.

—Qui est là ?

—C'est votre Petit Chaperon rouge, dit le loup, en prenant une petite voix. Je vous apporte une galette, et un petit pot de beurre que ma mère vous envoie.

La bonne grand-mère, un peu fatiguée, se trouvait dans son lit. Elle lui cria :

—Tire la chevillette et la bobinette cherra.

Le loup tira la chevillette, et la porte s'ouvrit. Il se jeta sur la vieille femme et la dévora en un rien de temps, car il n'avait pas mangé depuis trois jours. Ensuite il ferma la porte, et alla se coucher dans le lit de la grand-mère, en attendant le Petit Chaperon rouge. Peu de temps après, la petite fille vint frapper à la porte : Toc, toc.

—Qui est là ?

En entendant la grosse voix du loup, le Petit Chaperon rouge eut d'abord très peur, mais croyant que sa grand-mère était enrhumée, elle répondit :

DÉMONS ET MERVEILLES

−C'est votre Petit Chaperon rouge. Je vous apporte une galette, et un petit pot de beurre que ma mère vous envoie.
Le loup lui cria, en adoucissant un peu sa voix :
−Tire la chevillette et la bobinette cherra.
Le Petit Chaperon rouge tira la chevillette, et la porte s'ouvrit.
En le voyant entrer, le loup se cacha sous la couverture :
−Mets la galette et le petit pot de beurre dans le placard, et viens te coucher avec moi, dit-il.
Le Petit Chaperon rouge se déshabilla, et alla se mettre dans le lit, où elle fut bien étonnée de voir l'aspect de sa grand-mère en tenue de nuit. Elle lui dit :
−Grand-mère, que vous avez de grandes oreilles !
−C'est pour mieux t'écouter, mon enfant.
−Grand-mère, que vous avez de grands yeux !
−C'est pour mieux te voir, mon enfant.
−Grand-mère, que vous avez de grands bras !
−C'est pour mieux t'embrasser, mon enfant.
−Grand-mère, que vous avez de grandes jambes !

LE PETIT CHAPERON ROUGE

– C'est pour mieux courir, mon enfant.
– Grand-mère, que vous avez de grandes dents !
– C'est pour mieux te manger !
Et, en disant ces mots, le loup se jeta sur le Petit Chaperon rouge, et la dévora.
Repu, il se recoucha, s'endormit et se mit à ronfler à grand bruit. Un chasseur passait à ce moment-là devant la maison. Il se dit : « Cette vieille femme respire fort ! Allons voir si elle n'a besoin de rien. » Il entra dans la chambre, se précipita vers le lit et découvrit le loup.
– Ah ! c'est toi, bandit ! dit-il. Voilà longtemps que je te cherche...
Il allait tirer un coup de fusil lorsque tout à coup l'idée lui vint que le loup pourrait bien avoir avalé la grand-mère. Peut-être était-il encore temps de la sauver. Au lieu de tirer, il prit des ciseaux et commença à ouvrir le ventre du loup endormi. À peine eut-il donné quelques coups de ciseaux qu'il aperçut le Chaperon rouge. Quelques coups encore, et elle sortit en disant :
– Ah ! que j'ai eu peur ! Comme il faisait noir dans le ventre du loup !
La grand-mère apparut à son tour en respirant avec peine. Alors le Petit Chaperon rouge alla vite chercher de grosses pierres et ils en remplirent le ventre du loup. Quand celui-ci se réveilla, il voulut s'échapper. Mais les pierres étaient si lourdes qu'il s'écrasa par terre et mourut. Le chasseur dépouilla le loup et s'en alla tout content. La grand-mère reprit des forces en mangeant les galettes et le beurre. Et le Petit Chaperon rouge se promit bien de devenir plus raisonnable.

POUR ALLER PLUS LOIN

Ce conte connaît de nombreuses variantes notamment dans le dénouement. La version asiatique de ce conte s'intitule *Le Tigre et les Enfants*.

FRÉROT ET SŒURETTE

ILLUSTRÉ PAR FABRICE TURRIER

ADAPTÉ D'UN CONTE DE GRIMM

À PARTIR DE 5 ANS   10 MINUTES   POUR SE TRANSFORMER

Frérot prit Sœurette par la main et lui dit :
—Depuis que maman est morte, nous ne connaissons plus que le malheur. Notre belle-mère nous bat tous les jours, et quand nous nous approchons d'elle, elle nous chasse à coups de pied. Pour manger, nous n'avons que des croûtons de pain dur ; même le chien, sous la table, est plus gâté que nous : de temps en temps, elle lui jette quelques bons morceaux. Si notre mère savait cela ! Viens, il vaut mieux partir dans le vaste monde !
Toute la journée, ils marchèrent à travers les prés et les champs. Vers le soir, ils arrivèrent dans une grande forêt. Ils étaient si malheureux, si épuisés de faim, et de fatigue, qu'ils se blottirent au creux d'un arbre et s'endormirent.

FRÉROT ET SŒURETTE

Quand ils se réveillèrent le lendemain matin, le soleil était déjà haut dans le ciel et ses rayons pénétraient les feuillages. Frérot dit à sa sœur :
— Sœurette, j'ai soif. Si je savais où il y a une source, je me dépêcherais d'aller y boire. Oh ! Je crois que j'entends chanter un ruisseau.
Il se leva, prit Sœurette par la main et ils se mirent tous deux à chercher la source. Mais leur méchante marâtre était en réalité une sorcière. Elle les avait vus partir, les avait suivis en cachette, sans bruit, à la manière des sorcières, et avait ensorcelé toutes les sources de la forêt. Quand les deux enfants en découvrirent une qui coulait comme de l'argent sur les pierres, Frérot voulut y boire.
Mais Sœurette entendit dans la chanson de l'eau une voix qui disait : « Celui qui me boit devient tigre. Celui qui me boit devient tigre. »
Elle s'écria :
— Je t'en prie, Frérot, ne bois pas, sinon tu deviendras une bête sauvage et tu me dévoreras.
Frérot ne but pas, malgré sa grande soif, et dit :
— J'attendrai la prochaine source.
Quand ils arrivèrent à la source suivante, Sœurette l'entendit chanter : « Celui qui me boit devient loup. Celui qui me boit devient loup. »
Elle s'écria :
— Je t'en prie, Frérot, ne bois pas, sinon tu deviendras un loup et tu me mangeras.
— J'attendrai la prochaine source, répondit Frérot, et alors je boirai, car j'ai vraiment trop soif.
Mais à la troisième source, Sœurette entendit l'eau murmurer : « Celui qui me boit devient chevreuil. Celui qui me boit devient chevreuil. »
Elle dit :
— Ah ! Frérot, je t'en prie, ne bois pas, sinon tu deviendras chevreuil et tu t'enfuiras loin de moi.
Mais déjà Frérot était à genoux près de la source, déjà il se penchait sur l'eau et buvait.

Quand les premières gouttes touchèrent ses lèvres, il fut transformé en chevreuil.

Sœurette pleura sur le destin de son pauvre Frérot, et le petit chevreuil, en pleurant lui aussi, s'allongea tristement près d'elle.

Finalement, la petite fille lui dit :

—Ne pleure pas, mon petit chevreuil, jamais je ne t'abandonnerai.

Elle détacha sa ceinture d'or, la mit autour du cou du chevreuil, cueillit des herbes et en tressa une corde souple. Elle mit en laisse le petit animal et ils s'enfoncèrent plus avant dans la forêt.

Après avoir marché longtemps, longtemps, ils arrivèrent à une maisonnette. La jeune fille regarda par la fenêtre et comme la maison était vide, elle se dit : « Nous pourrions y habiter. » Elle ramassa des feuilles et de la mousse et installa un lit bien doux pour le chevreuil. Chaque matin, elle cueillait des racines, des baies et des noisettes pour elle et de l'herbe tendre pour son petit frère. Il lui mangeait dans la main, tout content, et gambadait autour d'elle.

Le soir, quand Sœurette était fatiguée, elle appuyait sa tête sur le dos du chevreuil et s'endormait. Leur vie eût été merveilleuse si Frérot était resté petit garçon.

Pendant quelque temps, ils vécurent ainsi tout seuls.

Un jour, le roi du pays vint chasser dans la forêt. On entendait le son des cors, les aboiements des chiens et les cris joyeux des chasseurs à travers les arbres. Le petit chevreuil aurait bien voulu être de la fête.

—Je t'en prie, Sœurette, laisse-moi aller à la chasse, dit-il, je n'en peux plus.

Il insista tant qu'à la fin, elle accepta.

—Mais, lui dit-elle, reviens ce soir sans faute. Je fermerai la porte à cause des chasseurs. Pour te faire reconnaître, frappe et dis : « Sœurette, laisse-moi entrer. » Si tu ne le fais pas, je n'ouvrirai pas.

Le petit chevreuil bondit hors de la maison, tout joyeux d'être en liberté. Le roi et ses chasseurs virent le joli petit animal, le poursuivirent, mais ne réussirent pas à le rattraper. Chaque fois qu'ils croyaient le tenir, il sautait par-dessus un buisson et disparaissait. Quand arriva le soir, il courut à la maison, frappa et dit :

– Sœurette, laisse-moi entrer !

Elle ouvrit la porte, il entra et se reposa toute la nuit sur son lit bien doux. Le lendemain matin, la chasse recommença, et quand le petit chevreuil entendit le son des cors et les « Oh ! Oh ! » des chasseurs, il ne put résister.

– Sœurette, ouvre, ouvre, laisse-moi sortir ! dit-il.

Sœurette ouvrit et lui dit :

– Mais ce soir quand tu reviendras, dis les mêmes mots qu'hier.

Le roi et ses chasseurs revirent le petit chevreuil à collier d'or, et aussitôt ils le poursuivirent, mais il était trop rapide et trop agile. Cela dura toute la journée. Vers le soir, les chasseurs réussirent à le cerner et l'un d'eux le blessa légèrement à la patte, si bien qu'il boitait et ne pouvait plus courir aussi vite. Un chasseur le suivit jusqu'à la petite maison et l'entendit :

– Sœurette, laisse-moi entrer !

Il vit la porte s'ouvrir et se refermer aussitôt. Il nota tout cela dans sa mémoire, et alla raconter au roi ce qu'il avait vu et entendu. Alors le roi dit :

– Demain nous irons encore à la chasse !

Sœurette fut très malheureuse de voir que son petit chevreuil était blessé. Elle essuya le sang qui coulait, mit des herbes sur la blessure et dit :

– Va dormir, mon petit chevreuil, pour guérir bien vite.

La blessure était si légère qu'au matin il n'avait plus mal du tout. Quand il entendit de nouveau la chasse, il dit :

– Je n'y tiens plus. Il faut que j'y aille. Ils ne m'attraperont pas.

Sœurette pleura et dit :

– Ils vont te tuer et je resterai seule dans la forêt, abandonnée de tous. Je ne te laisserai pas sortir !

—Alors je vais mourir de tristesse, répondit le chevreuil. Quand j'entends le cor, c'est comme si j'allais bondir hors de mes sabots.
Sœurette n'y pouvait rien. Le cœur serré, elle ouvrit la porte et le petit chevreuil partit content dans la forêt.
Quand le roi le vit, il dit aux chasseurs :
—Poursuivez-le sans répit toute la journée, mais que personne ne lui fasse de mal !
Dès que le soleil fut couché, il dit à l'un des chasseurs :
—Maintenant, montre-moi la petite maison !
Arrivé devant la porte, il frappa et dit :
—Sœurette, laisse-moi entrer !
La porte s'ouvrit et le roi entra. Il aperçut une très belle jeune fille, comme jamais il n'en avait vu.
De son côté, quand, au lieu du chevreuil, Sœurette vit entrer un homme avec une couronne d'or, elle eut peur. Mais le roi la regarda gentiment, lui tendit la main et lui dit :
—Veux-tu venir à mon château et devenir ma femme ?
—Oh ! oui, répondit-elle, mais il faut que le chevreuil vienne avec moi, je ne peux l'abandonner.
Le roi lui dit :
—Il restera toujours près de toi et il ne manquera de rien.
Au même instant, le chevreuil arriva. Sœurette lui mit sa laisse et, la tenant elle-même à la main, quitta la petite maison.
Le roi fit monter la jeune fille sur cheval et l'emmena dans son château, où leur mariage fut célébré en grande cérémonie. Sœurette devint donc reine et ils vécurent heureux tous les deux pendant de longues années.

Le chevreuil était bien soigné et gambadait en liberté dans le parc. Pendant ce temps, la méchante marâtre que les enfants avaient fuie se réjouissait : elle croyait que Sœurette avait été mangée par les bêtes sauvages de la forêt et que Frérot, transformé en chevreuil, avait été tué par les chasseurs. Mais un jour, elle apprit que tous deux vivaient heureux. Elle fut dévorée d'envie et de jalousie. Elle n'avait qu'une idée en tête : les rendre malheureux malgré tout.

Sa véritable fille, qui était laide comme la nuit et n'avait qu'un œil, lui faisait des reproches, disant :

— C'est moi qui aurais dû devenir reine !

— Sois tranquille ! répondit la vieille. Le moment venu, je m'en occuperai.

Les jours passèrent et la reine donna naissance à un beau petit garçon. Le roi était à la chasse ce jour-là. La vieille sorcière prit l'apparence d'une servante, entra dans la chambre où se reposait la reine et lui dit :

— Venez, je vous ai préparé un bain. Cela vous fera du bien et vous reprendrez des forces. Faites vite avant que l'eau ne refroidisse.

Sa fille était également dans la pièce.

Elles portèrent la reine sans force dans la salle de bains et l'installèrent dans la baignoire.

Puis elles sortirent et fermèrent la porte à clé. Elles avaient allumé un feu d'enfer dans la salle de bains, en se disant que la reine étoufferait. Ensuite, la vieille mit une coiffe à sa fille, lui donna la taille et l'apparence de la reine et la fit coucher dans le lit, à sa place. Comme elle n'avait pu remplacer l'œil, qui lui manquait, elle lui ordonna de se coucher sur le côté où elle n'avait pas d'œil pour que le roi ne s'aperçoive de rien.

Le soir, quand il revint et apprit qu'un fils était né, il se réjouit et voulut rendre visite à sa chère épouse et prendre de ses nouvelles. La vieille s'écria aussitôt :

– Prenez bien soin de laisser les rideaux tirés : la reine ne doit voir aucune lumière ; elle se repose !

Le roi s'en alla, sans se rendre compte que ce n'était pas sa femme qui était couchée dans le lit.

Vers minuit, alors que tout le monde dormait, la nourrice, qui veillait encore près du berceau dans la chambre de l'enfant, vit la porte s'ouvrir et la vraie reine entrer. La reine sortit l'enfant du berceau, le prit dans ses bras et lui donna à téter. Puis elle arrangea son oreiller, le recoucha, le couvrit et étendit le couvre-pieds. Elle n'oublia pas non plus le petit chevreuil, et alla le caresser dans le coin où il dormait. Puis sans bruit, elle partit.

Le lendemain matin, lorsque la nourrice demanda aux gardes s'ils n'avaient vu personne entrer dans le château pendant la nuit, ils répondirent :

– Non, nous n'avons vu personne.

La deuxième nuit, la reine revint et dit pendant sa visite :

– Que va devenir mon enfant ? Que va devenir mon chevreuil ? Deux nuits encore je reviendrai ; ensuite plus jamais.

La nourrice ne lui répondit pas, mais quand la reine eut disparu, elle alla trouver le roi et lui raconta tout. Le roi dit alors :

– Mon Dieu, qu'est-ce que cela signifie ? La nuit prochaine je veillerai près de l'enfant.

Le soir, il attendit près du berceau. À minuit, la reine parut et dit de nouveau :
– Que va devenir mon enfant ? Que va devenir mon chevreuil ? Une fois encore je reviendrai ; ensuite plus jamais.
Comme d'habitude elle s'occupa de l'enfant puis disparut. Le roi n'osa pas lui parler, mais la nuit suivante il veilla encore. Elle dit de nouveau :
– Que va devenir mon enfant ? Que va devenir mon chevreuil ? Cette nuit, je suis là, mais jamais on ne me reverra.
Le roi ne put se retenir. Il s'élança vers elle et dit :
– Tu ne peux être que ma femme bien-aimée !
– Oui, répondit-elle, je suis ta femme chérie.
Et, en même temps, elle revint à la vie, fraîche, rose et en bonne santé. Elle raconta au roi le crime de la méchante sorcière et de sa fille. Le roi les fit juger toutes les deux : la fille fut conduite dans la forêt et dévorée par les bêtes sauvages ; la sorcière fut jetée au feu et brûlée. Quand elle ne fut plus que des cendres, le petit chevreuil retrouva forme humaine. Sœurette et Frérot vécurent heureux ensemble jusqu'à la fin de leurs jours.

POUR ALLER PLUS LOIN

Ce conte est très répandu en Europe orientale,
dans les pays scandinaves, en Allemagne et en Italie.

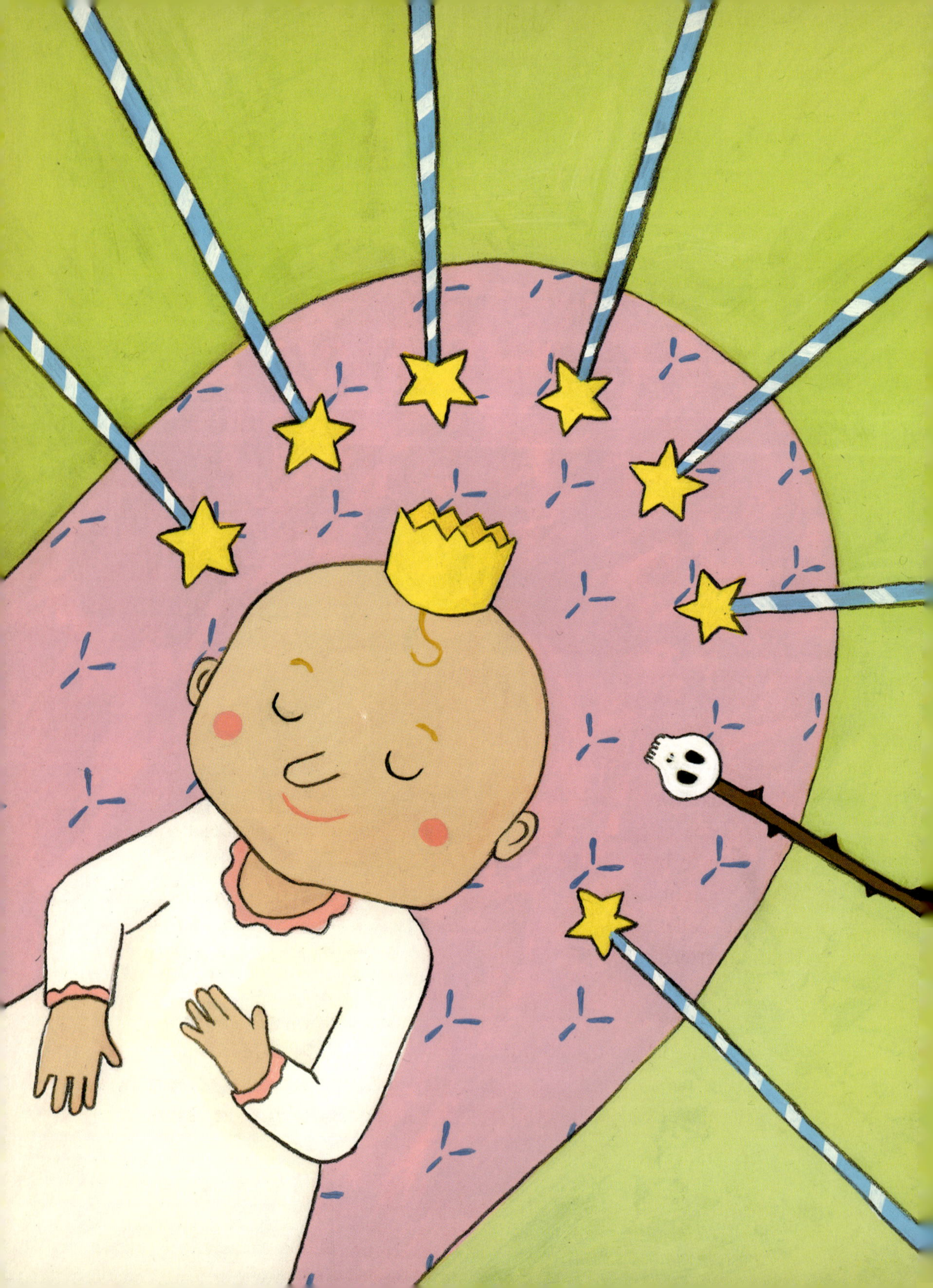

LA BELLE AU BOIS DORMANT

ILLUSTRÉ PAR VIRGINIE GUÉRIN

ADAPTÉ D'UN CONTE DE PERRAULT

À PARTIR DE 4 ANS   15 MINUTES   POUR RÉVEILLER LA PRINCESSE

Il était une fois un roi et une reine qui étaient très malheureux de ne pas avoir d'enfant. Un jour, la reine s'aperçut qu'elle attendait un bébé et quelques mois après, elle mit au monde une petite fille. Pour le baptême de la petite princesse, on fit une belle fête à laquelle furent conviées les fées du royaume. Sur la table du festin, chacune d'elles trouva un couvert magnifique : il comprenait, rangés dans un étui d'or massif, une cuillère, une fourchette et un couteau d'or incrustés de diamants et de rubis.

Au moment où les convives prenaient place à table, on vit entrer une vieille fée qu'on avait oublié d'inviter car il y avait plus de cinquante ans qu'elle ne sortait plus de sa tour. Le roi lui fit donner un couvert, mais on ne put lui donner un étui d'or massif, comme aux autres fées, car on n'en avait fait faire que sept, pour les sept fées invitées. La vieille crut qu'on la méprisait, et grommela des menaces entre ses dents. Une jeune fée l'entendit et, dès la fin du repas, alla se cacher pour surveiller ce que faisait la vieille fée.

Pendant ce temps, les fées commencèrent à faire leurs dons à la princesse. L'une lui donna la beauté, l'autre l'intelligence, la troisième lui accorda la grâce, la quatrième l'art de danser, la cinquième le don de chanter comme un rossignol et la sixième celui de jouer de toutes sortes d'instruments. Le tour de la vieille fée étant arrivé, elle déclara que la princesse se percerait la main d'un fuseau et qu'elle en mourrait.

Ce terrible don fit frémir toute l'assemblée et chacun se mit à pleurer. À ce moment-là, la jeune fée sortit de sa cachette et dit :

— Malheureusement, je n'ai pas assez de puissance pour défaire entièrement ce que la plus âgée d'entre nous a fait. La princesse se percera la main d'un fuseau, mais au lieu d'en mourir, elle tombera dans un profond sommeil qui durera cent ans, au bout desquels le fils d'un roi viendra la réveiller.

Pour tâcher d'éviter le malheur annoncé, le roi fit aussitôt publier un édit par lequel il défendait de filer au fuseau et d'avoir des fuseaux chez soi, sous peine de mort.

Seize ans passèrent. Un jour, courant de chambre en chambre dans le château, la jeune princesse arriva en haut d'un donjon, dans un petit grenier où une bonne vieille filait sa quenouille. Cette femme n'avait jamais entendu parler des défenses publiées par le roi.

— Que faites-vous là, ma brave femme ? demanda la princesse.

— Je file, ma belle enfant, lui répondit la vieille, qui ne la connaissait pas.

— Comme c'est joli, reprit la princesse, comment faites-vous ? Donnez, que je voie si je peux en faire autant.

Elle n'eut pas plus tôt pris le fuseau qu'elle s'en perça la main et tomba évanouie. La bonne vieille, bien embarrassée, cria au secours : on vint

LA BELLE AU BOIS DORMANT

de tous les côtés, on jeta de l'eau au visage de la princesse, on lui frappa dans les mains, mais rien ne la fit revenir à elle.

Alors, le roi se souvint de la prédiction des fées. Il fit installer la princesse dans la plus belle chambre du palais, sur un lit brodé d'or et d'argent. Elle avait les yeux fermés, mais on l'entendait respirer doucement, ce qui montrait bien qu'elle n'était pas morte. La bonne fée qui lui avait sauvé la vie toucha de sa baguette tous les habitants du château, sauf le roi et la reine, et tous les chevaux qui se trouvaient dans les écuries, les gros chiens de garde et Pouffe, la petite chienne de la princesse qui était près d'elle sur son lit. Dès qu'elle les eut touchés, ils s'endormirent tous. Les broches qui étaient au feu, pleines de perdrix et de faisans, s'endormirent, et le feu aussi.

Alors, le roi et la reine, après avoir embrassé leur chère fille sans qu'elle se réveille, quittèrent le château et firent publier une loi interdisant à qui que ce soit d'approcher. Cette interdiction n'était pas nécessaire, car en un quart d'heure, il poussa tout autour du parc une si grande quantité d'arbres, de ronces et d'épines que ni bête ni homme ne pouvait y passer.

Au bout de cent ans, le fils du roi qui régnait alors, et qui était d'une autre famille que la princesse endormie, vint chasser de ce côté. Il demanda quelles étaient les tours qu'il voyait au-dessus d'un grand bois très épais. Chacun lui répondit selon ce qu'il avait entendu dire : les uns disaient que c'était un vieux château plein de fantômes, les autres que tous les sorciers du pays s'y rassemblaient. L'opinion la plus commune était qu'un ogre y demeurait et qu'il emportait là tous les petits enfants qu'il attrapait, pour les manger à son aise. Le prince ne savait que croire, lorsqu'un vieux paysan prit la parole et dit :

— Mon prince, il y a plus de cinquante ans, j'ai entendu mon père raconter qu'il y a dans ce château la plus belle des princesses ; elle doit dormir cent ans, et elle sera réveillée par le fils d'un roi.

Le jeune prince résolut de voir sur-le-champ ce qu'il en était. Il avança vers le bois et tous les grands arbres, les ronces, et les épines s'écartèrent pour le laisser passer, mais se rapprochèrent aussitôt, empêchant ses serviteurs de le suivre. Il continua seul vers le château qu'il voyait au bout d'une grande avenue et entra dans une avant-cour. Ce qu'il vit d'abord aurait pu le glacer de crainte : dans un silence affreux, l'image de la mort se présentait partout, et ce n'était que des corps étendus d'hommes et d'animaux qui avaient l'air sans vie. Il reconnut pourtant à la face vermeille des gardes suisses qu'ils n'étaient qu'endormis.

Il traversa une grande cour pavée de marbre, monta l'escalier et entra dans la salle des gardes, qui étaient alignés, la carabine sur l'épaule, et ronflaient de leur mieux. Il parcourut plusieurs chambres pleines de gentilshommes et de dames, qui dormaient tous, les uns debout, les autres assis. Il entra enfin dans une chambre toute dorée, et il vit sur un lit le plus merveilleux spectacle : une princesse qui paraissait avoir quinze ou seize ans, à l'éclat resplendissant. Il s'approcha en tremblant, plein d'admiration, et se mit à genoux près d'elle. Alors, comme la fin de l'enchantement était venue, la princesse s'éveilla ; et, le regardant avec des yeux tendres :

—Est-ce vous, mon prince ? lui dit-elle. Vous vous êtes bien fait attendre.

Le prince, charmé de ces paroles, et plus encore de la manière dont elles étaient dites, ne savait comment lui témoigner sa joie et sa reconnaissance. Il l'assura qu'il l'aimait plus que lui-même. Pendant qu'ils se parlaient, tout le palais s'était éveillé et chacun vaquait à ses occupations. Le prince aida la princesse à se lever. Elle était tout habillée et fort magnifiquement, mais il se garda bien de lui dire qu'elle avait une robe à l'ancienne mode ; elle n'en était pas moins belle. Ils passèrent dans un salon de miroirs et y soupèrent, servis par les officiers de la princesse. Puis, sans perdre de temps, le grand aumônier les maria dans la chapelle du château.

LA BELLE AU BOIS DORMANT

Dès le matin, le prince quitta la princesse pour retourner chez ses parents. Il leur dit qu'en chassant il s'était perdu dans la forêt et qu'il avait couché dans la hutte d'un charbonnier. Le roi son père le crut, mais sa mère, voyant qu'il allait à la chasse presque tous les jours et couchait souvent dehors, pensa qu'il avait quelque amourette. Il vécut ainsi avec la princesse plus de deux années et ils eurent deux enfants : une fille qui fut nommée Aurore et un garçon qu'on appela Jour. Mais le prince n'en parla jamais à sa mère, car elle était une ogresse.

Au bout de deux ans, le roi mourut. Devenu roi à son tour, le prince déclara publiquement son mariage et alla chercher sa femme. Quelque temps après, il partit faire la guerre, et confia sa femme et ses enfants à la reine sa mère. Dès qu'il fut parti, la reine mère dit à son cuisinier :

– Je veux manger demain à mon dîner la petite Aurore.

– Ah! Madame, dit le cuisinier épouvanté.

– Je la veux, dit la reine (et elle le dit d'un ton d'ogresse qui a envie de manger de la chair fraîche) et je veux la manger à la sauce Robert.

Le pauvre homme, voyant bien que l'ogresse était la plus forte, prit son grand couteau et monta à la chambre de la petite Aurore. Elle vint en sautant et en riant se jeter à son cou et lui demander des bonbons. Il se mit à pleurer, le couteau lui tomba des mains et il emporta la petite fille pour la cacher dans sa maison. Puis il alla couper la gorge à un agneau et fit une si bonne sauce que la méchante reine déclara n'avoir jamais rien mangé de si bon.

Huit jours après, elle dit au cuisinier :

– Je veux manger à mon souper le petit Jour.

Le cuisinier ne répliqua pas, décidé à la tromper comme l'autre fois. Il alla chercher le petit Jour, et le porta à sa femme qui le cacha avec la petite Aurore. À sa place, il fit cuire un petit chevreau bien tendre, que l'ogresse trouva délicieux.

Jusque-là, tout s'était bien passé, mais un soir, la méchante reine dit au cuisinier :

– Je veux manger la jeune reine à la même sauce que ses enfants.

Le pauvre homme fut désespéré. La jeune reine avait dormi cent ans : comment trouver une bête aussi dure qu'elle ? Pour sauver sa vie, il monta à la chambre de la jeune reine, le poignard à la main, bien décidé à lui couper la gorge. Elle lui dit en lui tendant le cou :

– Exécutez l'ordre qu'on vous a donné ; j'irai rejoindre mes enfants, mes pauvres enfants que j'ai tant aimés.

Elle croyait ses enfants morts depuis qu'on les avait enlevés sans rien lui dire. Alors, le cuisinier fut tout attendri et il l'emmena chez lui ; puis, la laissant embrasser ses enfants et pleurer avec eux, il alla faire cuire une biche que la reine mangea à son souper, avec grand appétit. Elle était bien contente de sa cruauté et se préparait à dire au roi, à son retour, que les loups avaient mangé sa femme et ses enfants. Un soir qu'elle rôdait à son ordinaire dans les cours et basses cours du château, pour y renifler quelque viande fraîche, elle entendit le petit Jour qui pleurait ; la reine sa mère voulait le faire fouetter, car il avait été méchant. Elle entendit aussi la petite Aurore qui demandait pardon pour son frère. L'ogresse reconnut la voix de la reine et des ses enfants. Furieuse d'avoir été trompée, elle commanda dès le lendemain matin, avec une voix épouvantable qui fit trembler tout le monde, qu'on apporte au milieu de la cour une grande cuve remplie de crapauds, de vipères et de couleuvres pour y faire jeter la reine et ses enfants, le cuisinier, sa femme et sa servante : elle avait donné ordre de les amener les mains liées derrière le dos.

Ils étaient là, et les bourreaux se préparaient à les jeter dans la cuve, lorsque le roi, qu'on n'attendait pas si tôt, entra dans la cour à cheval et demanda tout étonné ce que voulait dire cet horrible spectacle. Personne n'osait le lui dire, quand l'ogresse, enragée de voir ce qu'elle voyait, se jeta elle-même la tête la première dans la cuve, et fut dévorée en un instant par les vilaines bêtes qu'elle y avait fait mettre. Le roi en fut tout de même fâché : elle était sa mère ! Mais il se consola rapidement avec sa chère femme et ses enfants.

POUR ALLER PLUS LOIN

Dans *Pentamerone* (1634) du Napolitain Basile figure la trame de ce conte.
La version de Perrault de ce conte a été mise en musique,
adaptée en opéra et en ballet.

BARBE-BLEUE

ILLUSTRÉ PAR CHRISTIAN GUIBBAUD

ADAPTÉ D'UN CONTE DE PERRAULT

À PARTIR DE 5 ANS   10 MINUTES   POUR RÉSISTER À LA CURIOSITÉ

Il était une fois un homme qui avait de belles maisons à la ville et à la campagne, de la vaisselle d'or et d'argent et des carrosses tout dorés ; mais par malheur cet homme avait la barbe bleue : cela le rendait si laid et si terrible que femmes et filles fuyaient devant lui.

Une de ses voisines avait deux filles parfaitement belles. Il lui en demanda une en mariage, en lui laissant le choix de celle qu'elle voudrait bien lui donner. Mais ni l'une ni l'autre ne voulurent prendre pour mari un homme qui avait la barbe bleue. Ce qui les dissuadait encore plus, c'est qu'il avait déjà épousé plusieurs femmes, et qu'on ne savait pas ce qu'elles étaient devenues.

La Barbe-Bleue, pour faire connaissance, les emmena avec leur mère et trois ou quatre de leurs meilleures amies dans l'une de ses maisons de campagne. Pendant huit jours, ce ne fut que promenades, parties de chasse et de pêche, danses et festins : on ne dormait pas et on passait toute la nuit à s'amuser.

Enfin tout alla si bien que la cadette commença à trouver que le maître du logis n'avait plus la barbe si bleue, et que c'était un homme charmant. Dès qu'on fut de retour à la ville, le mariage se conclut.

Au bout d'un mois, la Barbe-Bleue dit à sa femme qu'il était obligé de faire un voyage en province, de six semaines au moins, pour une affaire importante. Il la pria de bien s'amuser pendant son absence, de faire venir ses amies, et de les emmener à la campagne si elle voulait.

— Voilà, lui dit-il, les clés des chambres, voilà celle de la vaisselle d'or et d'argent qui ne sert pas tous les jours, voilà celle de mes coffres-forts, où se trouve mon or, et celles des coffrets, où sont mes pierreries, et voilà le passe-partout de tous les appartements. Quant à cette petite clé, elle ouvre la chambre au bout de la grande galerie de l'appartement du bas : ouvrez tout, allez partout, mais pour cette petite chambre, je vous défends d'y entrer. S'il vous arrive de l'ouvrir, ma colère sera terrible.

Elle promit de respecter exactement tout ce qui venait d'être ordonné. Barbe-Bleue, après l'avoir embrassée, monta dans son carrosse et partit pour son voyage.

Les voisines et les amies n'attendirent pas qu'on les envoyât chercher pour aller chez la jeune mariée, tant elles étaient impatientes de voir toutes les richesses de sa maison. Les voilà aussitôt à parcourir les chambres, les salons, les garde-robes, toutes plus belles et plus riches les unes que les autres. Elles ne cessaient d'exagérer et d'envier le bonheur de leur amie, qui cependant ne s'amusait pas à voir toutes ces richesses, car elle était trop impatiente d'aller ouvrir la petite chambre de l'appartement du bas.

Sans considérer qu'il n'était pas poli de quitter ses invitées, elle y descendit par un petit escalier, et avec tant de précipitation qu'elle pensa se rompre le cou deux ou trois fois. Arrivée à la porte de la petite chambre, elle songea un instant à l'interdiction que son mari lui avait faite, et au malheur qui pourrait lui arriver à cause de sa désobéissance ; mais la tentation était si forte qu'elle ne put la surmonter : elle prit donc la petite clé, et ouvrit en tremblant la porte de la chambre.

D'abord elle ne vit rien, parce que les fenêtres étaient fermées ; après quelques instants, elle commença à voir que le plancher était tout couvert de sang caillé, dans lequel se reflétaient les corps de plusieurs femmes mortes, attachées le long des murs. Elle réalisa alors que c'étaient toutes les femmes que Barbe-Bleue avaient épousées et qu'il avait égorgées, l'une après l'autre. Elle pensa mourir de peur, et la clé, qu'elle venait de retirer de la serrure, lui tomba des mains. Après avoir un peu repris ses esprits, elle ramassa la clé, referma la porte et monta dans sa chambre pour se remettre un peu.

Ayant remarqué que la clé de la petite chambre était tachée de sang, elle l'essuya deux ou trois fois, mais le sang ne s'en allait pas. Elle eut beau la laver, et même la frotter avec du sable, il y demeura toujours du sang, car la clé était magique ; il n'y avait pas moyen de la nettoyer tout à fait : quand on enlevait le sang d'un côté, il revenait de l'autre.

La Barbe-Bleue revint de son voyage le soir même, et dit qu'en chemin il avait reçu des lettres lui apprenant que l'affaire pour laquelle il était parti venait d'être terminée à son avantage.

Sa femme fit tout ce qu'elle put pour lui témoigner qu'elle était ravie de son rapide retour.

Le lendemain, il lui redemanda les clés, et elle les donna, mais d'une main si tremblante qu'il devina sans peine tout ce qui s'était passé.

— Pourquoi, lui dit-il, la clé de la petite chambre n'est-elle pas avec les autres ?

— Je l'ai sans doute laissée là-haut sur ma table, dit-elle.

— Ne manquez pas, dit la Barbe-Bleue, de me la donner bientôt.

Après plusieurs retards, il fallut apporter la clé.

La Barbe-Bleue la regarda et dit à sa femme :

— Pourquoi y a-t-il du sang sur cette clé ?

— Je n'en sais rien, répondit la pauvre femme, plus pâle que la mort.

BARBE-BLEUE

—Vous n'en savez rien, reprit la Barbe-Bleue, je le sais bien, moi ; vous avez voulu entrer dans la petite chambre ! Eh bien, Madame, vous y entrerez, et irez prendre votre place auprès des dames que vous y avez vues.

Elle se jeta aux pieds de son mari, en pleurant et en lui demandant pardon, avec toutes les marques d'un vrai repentir, de n'avoir pas été obéissante. Elle aurait attendri un rocher, belle et affligée comme elle était ; mais la Barbe-Bleue avait un cœur plus dur qu'un rocher.

—Il faut mourir, Madame, lui dit-il, et tout de suite !

—Puisqu'il faut mourir, répondit-elle, en le regardant, les yeux baignés de larmes, donnez-moi un peu de temps pour prier Dieu.

—Je vous donne un demi-quart d'heure, reprit la Barbe-Bleue, mais pas un moment de plus.

Lorsqu'elle fut seule, elle appela sa sœur, et lui dit :

—Ma sœur Anne, monte, je te prie, sur le haut de la tour, pour voir si mes frères ne viennent point. Ils m'ont promis qu'ils viendraient me voir aujourd'hui, et si tu les vois, fais-leur signe de se hâter.

La sœur Anne monta sur le haut de la tour, et la pauvre affligée lui criait de temps en temps :

—Anne, ma sœur Anne, ne vois-tu rien venir ?

Et la sœur Anne lui répondait :

—Je ne vois rien que le soleil qui poudroie, et l'herbe qui verdoie.

Cependant la Barbe-Bleue, tenant un grand coutelas à la main, criait de toutes ses forces à sa femme :
— Descends vite, ou je monterai là-haut !
— Encore un moment, s'il vous plaît, lui répondait sa femme.
Et aussitôt elle criait tout bas :
— Anne, ma sœur Anne, ne vois-tu rien venir ?
Et la sœur Anne répondait :
— Je ne vois rien que le soleil qui poudroie, et l'herbe qui verdoie.
— Descends donc vite, criait la Barbe-Bleue, ou je monterai là-haut !
— Je viens, répondait sa femme.
Et puis elle criait :
— Anne, ma sœur Anne, ne vois-tu rien venir ?
— Je vois, répondit la sœur Anne, une grosse poussière, qui vient de ce côté-ci.
— Ce sont mes frères ?
— Hélas, non, ma sœur, c'est un troupeau de moutons.
— Ne veux-tu pas descendre ? criait la Barbe-Bleue.
— Encore un moment, répondait sa femme.
Et puis elle criait :
— Anne, ma sœur Anne, ne vois-tu rien venir ?
— Je vois, répondit-elle, deux cavaliers qui viennent de ce côté-ci, mais ils sont bien loin encore... Dieu soit loué ! s'écria-t-elle un moment après, ce sont mos frères ; je leur fais signe tant que je peux de se hâter.
La Barbe-Bleue se mit à crier si fort que toute la maison en trembla. La pauvre femme descendit, et alla se jeter à ses pieds tout éplorée et tout échevelée.
— Cela ne sert à rien, dit la Barbe-Bleue, il faut mourir.
Puis, la prenant d'une main par les cheveux, et de l'autre levant le coutelas en l'air, il se prépara à lui trancher le cou. À ce moment-là, on frappa si fort à la porte que la Barbe-Bleue s'arrêta net. On ouvrit, et aussitôt on vit entrer deux cavaliers qui, mettant la main à l'épée, coururent droit à la Barbe-Bleue.

Il reconnut les frères de sa femme, l'un soldat dans les dragons et l'autre mousquetaire ; il voulut s'enfuir, mais les deux frères le poursuivirent et l'attrapèrent avant qu'il n'ait pu gagner le perron. Ils lui passèrent leur épée au travers du corps, et le laissèrent mort. La pauvre femme était presque aussi morte que son mari, et n'avait pas la force de se lever pour embrasser ses frères.

Comme la Barbe-Bleue n'avait pas d'héritiers, sa femme demeura maîtresse de tous ses biens. Elle en employa une partie à marier sa sœur Anne avec un gentilhomme qui l'aimait depuis longtemps ; une autre partie à acheter des charges de capitaine à ses deux frères ; et le reste à se marier elle-même à un aimable seigneur, qui lui fit oublier la méchanceté de la Barbe-Bleue.

LE TRÉSOR DES TROLLS

ILLUSTRÉ PAR VIRGINIE GUÉRIN

CONTE DE SCANDINAVIE

À PARTIR DE 4 ANS   5 MINUTES   POUR VOLER UN TRÉSOR

Dans une petite ferme de Suède, loin là-haut dans le nord de l'Europe, vivait une famille de lutins. L'un d'eux s'appelait Jorrik ; c'était un tout jeune lutin : à peine cent ans et pas de barbe !
La fille des fermiers allait bientôt se marier et Jorrik aurait bien voulu lui faire un cadeau, car elle était très gentille. Il dit à son père, qui était un vieux lutin très sage :
– Je vais aller voler un collier dans le trésor des trolls. J'en ferai cadeau à Margarete pour son mariage.
– Pas question ! dit son père. Les trolls gardent leur trésor jour et nuit et s'ils t'attrapent, ils te mangeront. Je t'interdis bien d'aller dans la montagne, même la nuit de Noël.

LE TRÉSOR DES TROLLS

– Pourquoi la nuit de Noël ? demande Jorrik d'un air très innocent.
– Cette nuit-là, dit son père, les trolls comptent leurs richesses et ils sont si occupés qu'ils ne s'aperçoivent de rien. Celui qui a le courage d'entrer dans leur caverne peut se servir tranquillement... mais je ne veux plus que tu penses à ce trésor des trolls !

Pourtant, Jorrik ne pouvait s'empêcher d'y penser. La nuit de Noël arriva enfin et les lutins veillèrent très tard. Puis tout le monde alla se coucher, tout le monde... sauf Jorrik. Il sortit sans bruit et partit dans la nuit froide et noire, sans se soucier de la neige et du vent. Il marcha longtemps, traversa la forêt et finit par arriver à la montagne des trolls. Il grimpa sur les rochers en s'accrochant aux herbes, et chercha longtemps une ouverture pour pénétrer dans la montagne.

Enfin, il aperçut une fente d'où sortait une lueur. Il était si petit qu'il n'eut pas de mal à se glisser dans la fente. Il suivit la fissure de la roche et finit par arriver dans une caverne immense.

Et c'est là qu'il vit les deux trolls. Ils étaient bien comme son père et son grand-père les avaient décrits : énormes, très laids, avec une grande bouche et de grosses pattes poilues en guise de mains. Très occupés à compter leur trésor entassé dans un grand coffre, ils ne virent pas Jorrik s'approcher.

45

Sans bruit, il grimpa le long du coffre, en s'accrochant aux clous et aux ferrures. Arrivé en haut, il aperçut un joli collier de perles et sauta dans le coffre pour aller le chercher. Juste à ce moment, un des trolls s'écria :

— Ouf, c'est fini, nous avons tout compté !

Et clac ! il referma le couvercle du coffre.

Pauvre Jorrik, prisonnier dans le coffre ! Est-ce qu'il allait mourir de faim et de soif ?

Heureusement, il était malin. Il s'approcha de la serrure et se mit à crier comme une petite souris :

— Couiiii ! couiiii !

— Tiens, il y a une souris dans le coffre, dit l'un des trolls. Moi j'aime bien les souris, même si ce n'est pas grand-chose à manger.

Il souleva un peu le couvercle, glissa la main et, en tâtonnant, il attrapa Jorrik.

— Hé là, cria le petit lutin, en serrant bien fort le collier dans ses mains, je ne suis pas une souris !

— En effet, tu n'es pas une souris, dit le troll, en l'examinant. Tu es un lutin. Ravi de te rencontrer... car je n'ai encore jamais mangé un des tiens !

Et il éclata d'un rire énorme.

— Donne-le-moi, je vais l'ajouter à la farce de la dinde, dit l'autre troll, en se léchant les lèvres.

— Mais vous ne pouvez pas me manger comme ça ! J'ai beaucoup marché dans la montagne et je suis tout sale, dit Jorrik.

Alors le troll l'emporta près de la rivière qui coulait au fond de la caverne. Il le trempa dans l'eau puis le secoua pour l'égoutter.

— Allons ! dit Jorrik d'un air sévère. Ce n'est pas comme ça qu'il faut faire. Il faut me brosser pour bien enlever la terre.

— Pfff ! dit le troll en haussant les épaules.

Mais il posa Jorrik et alla chercher une brosse.

Pendant ce temps, Jorrik regardait autour de lui en cherchant un moyen de s'échapper. Soudain, il eut une idée !

LE TRÉSOR DES TROLLS

Au bord de la rivière était attachée une cruche qui servait à puiser de l'eau. Il sauta dans la cruche, sans lâcher le collier, et avec son couteau coupa la ficelle qui la retenait. Comme une barque, elle partit au fil du courant en emportant Jorrik. En revenant au bord de l'eau, le troll se mit à pousser des cris à faire trembler la montagne mais il ne pouvait rien faire !

La rivière emporta Jorrik sous la montagne, puis le déposa dans la vallée, à l'air libre. Il rentra chez lui en chantant, car il était très fier de lui. Le matin de son mariage, Margarete trouva le joli collier sur son oreiller. Elle comprit d'où venait ce cadeau et, à la fin du repas, elle n'oublia pas de laisser sur la table un morceau de gâteau pour les lutins.

Ali Baba et les quarante voleurs

ILLUSTRÉ ÉMILE JADOUL

ADAPTÉ DES MILLE ET UNE NUITS

À PARTIR DE 6 ANS   25 MINUTES   POUR OUVRIR LA CAVERNE DES VOLEURS

Il était une fois, près d'une ville de Perse, un pauvre bûcheron qui coupait du bois dans la forêt. Tout à coup, il entendit un bruit sourd, comme un galop qui se rapprochait. Ali Baba – c'était le nom du bûcheron – était un homme paisible et ce bruit insolite ne lui dit rien qui vaille. Il jugea prudent de grimper sur un gros arbre qui s'élevait sur une petite colline : de là, bien caché, il pourrait observer tout ce qui se passait à la ronde.

C'était une bonne idée ! Car à peine était-il dans l'arbre qu'une troupe de cavaliers arriva au pied de la colline. Ils s'arrêtèrent, attachèrent leurs chevaux aux arbres, et chargèrent de lourds sacs sur leurs épaules. À voir leurs armes étincelantes, leurs grandes barbes noires, leurs mines terribles, pas de doute : c'étaient des brigands qui transportaient leur

butin... Ali Baba les vit passer en file sous son arbre et il put facilement les compter. Ils étaient quarante, pas un de moins, pas un de plus.
Ils arrivèrent devant un grand rocher, au pied de la colline, et le chef s'écria :
– Sésame, ouvre-toi !
Aussitôt, le rocher s'ouvrit en deux et les voleurs pénétrèrent dans la colline, le chef le dernier. Puis il dit :
– Sésame, ferme-toi !
Et le rocher se referma.
Du haut de son arbre, Ali Baba s'émerveillait et s'inquiétait tout à la fois. « Pourvu que par leur magie ils ne s'aperçoivent pas de ma présence et ne me raccourcissent de moitié ! » se disait-il. Enfin, après un assez long moment, le rocher s'ouvrit de nouveau et les quarante voleurs

sortirent de la caverne, leurs sacs vides à la main. Le chef prononça de nouveau la formule :
— Sésame, ferme-toi !
Et les deux moitiés du rocher se rejoignirent. Chacun sauta sur son cheval et toute la troupe partit au galop.
Par prudence, Ali Baba resta un moment sur son arbre. Sait-on jamais ? Les voleurs auraient pu avoir oublié quelque chose dans la caverne. « S'ils revenaient à l'improviste, tu saurais ce qu'il en coûte à un pauvre diable comme toi de se mettre sur la route de si puissants seigneurs », pensait Ali Baba. Mais une curiosité irrésistible finit par le pousser à descendre de l'arbre et à aller examiner le rocher. Il eut beau le tâter de bas en haut, il le trouva parfaitement lisse : pas une fissure où glisser la pointe d'une aiguille ! « Pourtant, se disait-il, ils sont bien entrés, les quarante ! »
Alors ce fut plus fort que lui. Il dit au rocher :
— Sésame, ouvre-toi !
Et le rocher se sépara en deux. Épouvanté, Ali Baba aurait bien voulu s'enfuir, mais la stupéfaction le clouait sur place. Au lieu d'une caverne sombre, il avait devant lui une large galerie, bien éclairée par des ouvertures ménagées dans le haut. Il s'avança et les deux moitiés du rocher se refermèrent derrière lui, ce qui l'effraya un peu, puis il se dit : « Bah ! je connais la formule pour le faire s'ouvrir. »
Et il s'abandonna à la contemplation de toutes les merveilles entassées là. Lui qui n'avait jamais vu la couleur de l'or, il avait sous les yeux des coffres débordants de lingots, des sacs ruisselants de pièces, il butait à chaque pas sur des tas de bijoux, de pierres précieuses et d'objets d'orfèvrerie. Alors il se dit : « Grâces soient rendues à Allah ! Si tout cela est arrivé, c'est pour que vous soyez désormais à l'abri du besoin, toi et ta famille ! Tu vas pouvoir faire un bon usage du produit du pillage. » En paix avec sa conscience, il apporta près de l'entrée trois sacs de pièces d'or, autant qu'en pouvaient porter les trois ânes qui l'attendaient dans la forêt, prêts à être chargés de fagots. Puis il dit :

– Sésame, ouvre-toi !
Le rocher s'ouvrit. Il courut chercher ses ânes, les amena à l'entrée de la galerie, les chargea puis commanda au rocher :
– Sésame, ferme-toi !
Les deux moitiés du rocher se rejoignirent. Alors il cacha les sacs avec des branchages, puis il rentra chez lui comme s'il rentrait de son travail quotidien, emportant l'or qui lui permettrait de vivre tranquille avec ses enfants.

Quand Ali Baba déchargea les sacs d'or dans la cuisine, sa femme se mit à se frapper le visage, à déchirer ses habits et à crier :
– Ah ! miséricorde ! Que deviendront nos enfants ?
Transporté de colère, il lui dit :
– Qu'as-tu à ululer ainsi ? Tu t'imagines sans doute que j'ai volé cet or ? Bien sûr que non ! Je vais te raconter comment il est entré en ma possession.
Lorsqu'elle eut entendu le récit de toute l'aventure, l'épouvante fit place dans son cœur à une grande joie. Elle s'assit sur ses talons devant le tas d'or et commença à compter les pièces. Ali Baba lui dit :
– Nous n'avons pas de temps à perdre. Aide-moi à creuser une fosse dans la cuisine, pour faire disparaître toutes traces de l'or.
Mais l'épouse d'Ali Baba aimait l'ordre en toutes choses.
– Je t'en prie, dit-elle, laisse-moi aller chercher une mesure chez une voisine. Nous saurons ainsi exactement ce que nous pouvons dépenser ou garder pour nos enfants.
Or, non loin de là habitait Kassim, le frère d'Ali Baba. Il avait eu la chance d'épouser la fille d'un riche commerçant et depuis, il méprisait son frère. Et c'est chez lui que l'épouse d'Ali Baba alla emprunter une mesure ! Voulant savoir quelle sorte de grain sa belle-sœur allait mesurer, elle qui était si pauvre, l'épouse de Kassim frotta le dessous de la mesure avec de la graisse. Puis elle la lui donna et, loin de se méfier, l'épouse d'Ali Baba la remercia de sa bonté.

Elle se dépêcha de retourner chez elle mesurer les pièces d'or, puis alla rendre la mesure à sa belle-sœur. La pauvre ! Elle ne savait pas qu'une pièce était restée collée sous la mesure... L'épouse de Kassim attendit qu'elle ait le dos tourné et se dépêcha de regarder le dessous de la mesure. Est-ce qu'un grain d'orge ou d'avoine, ou une fève, était resté collé ? Non, par Allah ! c'était une pièce d'or ! Alors elle envoya sa servante chercher en toute hâte son mari à la boutique.

Dès que Kassim fut devant elle, elle lui mit la pièce sous le nez et l'apostropha :

– Ah ! tu te crois riche ! Eh bien ton frère, lui, ne se contente pas de compter son or, comme toi ! Par Allah ! Il le mesure, comme le grainetier mesure le grain ! Débrouille-toi pour trouver d'où vient cet or !

En entendant sa femme, Kassim fut saisi d'une violente jalousie et courut chez son frère. Ali Baba avait fini d'enterrer l'or. Sans le saluer, sans même l'appeler « frère », Kassim lui dit :

– Ah ! père des ânes ! Tu fais le cachottier, tu fais semblant d'être pauvre, mais dans ta cabane à poux et à punaises, tu mesures l'or comme le grainetier mesure le grain !

Et il lui montra la pièce d'or.

– Cette pièce est restée collée à la mesure empruntée par ta femme. Combien de pièces d'or semblables à celle-ci as-tu volé, honte de notre famille ?

Alors Ali Baba lui raconta toute l'histoire, mais sans lui révéler la formule magique. Et il ajouta :

– Nous sommes frères. Tout ce qui m'appartient t'appartient. Fais-moi la grâce d'accepter la moitié de l'or que j'ai rapporté de la caverne.

Kassim répondit :

– C'est bien mon intention. Mais je veux également que tu me dises la formule magique pour que je puisse entrer moi aussi dans

ALI BABA ET LES QUARANTE VOLEURS

la caverne. Si tu ne me la dis pas, je te dénonce à la police comme complice des voleurs !

Alors le brave Ali Baba pensa au triste sort de sa femme et de ses enfants s'il était dénoncé. Et puis il était d'un caractère accommodant. Sans faire de difficultés, il révéla à son frère les formules pour ouvrir et fermer le grand rocher et lui indiqua l'emplacement exact de la caverne. Kassim partit aussitôt, sans lui dire merci, et le lendemain, dès l'aurore, il poussait vers la forêt dix mulets chargés de coffres. Il comptait faire autant de voyages qu'il le faudrait pour vider la caverne.

Il arriva bientôt au pied du rocher et prononça la formule :

— Sésame, ouvre-toi !

Le rocher se fendit, il pénétra dans la caverne, qui se referma derrière lui. Aussitôt, il se mit à remplir des sacs qu'il viderait ensuite dans les coffres. Puis il revint près de l'entrée et dit :

— Orge, ouvre-toi !

Il eut beau répéter « Orge, ouvre-toi ! », le rocher ne bougea pas. La tête tournée par toutes ces richesses, Kassim avait oublié la formule magique ! Alors il cria :

— Fève, ouvre-toi ! Seigle, ouvre-toi ! Pois chiche, ouvre-toi ! Maïs, ouvre-toi ! Blé, ouvre-toi ! Riz, ouvre-toi !

Il énuméra toutes les céréales et les graines que la main du Créateur a semées sur la terre, mais en oubliant celle qui possédait la vertu d'ouvrir le rocher : le sésame. Voyant qu'il ne parvenait pas à ouvrir le rocher, Kassim se mit à chercher une autre sortie, mais il ne rencontrait partout que des parois désespérément lisses.

Vers midi, les quarante voleurs revinrent à la caverne et virent les dix mulets chargés de coffres attachés aux arbres. Dès que le chef eut prononcé les paroles magiques pour ouvrir le rocher, Kassim affolé se jeta dehors la tête la première avec tant de violence qu'il fit tomber le chef de tout son long. Aussitôt, les trente-neuf brigands se jetèrent sur lui et en un clin d'œil ils le coupèrent en morceaux.

Telle fut sa destinée !

À la nuit tombée, voyant que Kassim ne rentrait pas, sa femme alla confier son inquiétude à Ali Baba, qui s'efforça de la rassurer et lui promit d'aller à la caverne dès l'aurore. Le pauvre Ali Baba était bien inquiet en approchant de la caverne, car il ne voyait pas trace des dix mulets, et il le fut plus encore quand il vit du sang au pied du rocher. En tremblant, il prononça les mots magiques et entra dans la caverne.

Et là, il faillit s'évanouir, car, pour effrayer les indiscrets et leur faire perdre l'envie de revenir à leur caverne, les voleurs avaient disposé près de l'entrée les morceaux de Kassim : la tête, les deux bras, les deux jambes, et le tronc. Ali Baba aurait bien voulu s'enfuir en courant, mais il ne pouvait pas abandonner le corps de son frère. Il mit les morceaux dans des sacs et les chargea sur un des ânes. Puis, se disant qu'il était inutile de laisser les deux autres ânes faire le voyage à vide, il leur mit deux sacs d'or sur le dos et rentra chez lui.

Dès son arrivée, il appela Morgane. C'était une esclave qu'Ali Baba et sa femme avaient recueillie toute petite et qu'ils avaient élevée comme leur propre enfant. Il lui dit :

— Morgane, ma fille, c'est aujourd'hui que tu vas me donner la preuve de ton intelligence, de ton dévouement et de ta finesse.

Il lui raconta comment était mort son frère et ajouta :

— Je vais annoncer la triste nouvelle à sa veuve, pendant ce temps, cherche un moyen pour le faire enterrer sans que personne ne devine la vérité.

Alors Morgane alla dans une boutique où l'on vendait toutes sortes de médicaments et dit au marchand :

— Hélas, le frère de mon maître est bien malade ! Il a été transporté chez nous pour être soigné, mais personne ne comprend rien à sa maladie.

Elle acheta des médicaments et rentra chez Ali Baba. Le lendemain, elle retourna à la boutique. En pleurant, elle demanda encore des médicaments et dit au marchand :

— Hélas ! Si ce remède n'agit pas, le frère de mon maître est perdu !

ALI BABA ET LES QUARANTE VOLEURS

Sur le chemin du retour, elle prit soin de mettre tous les gens du quartier au courant de ce cas désespéré. Puis elle alla chez un vieux savetier qui ne la connaissait pas et lui demanda de venir avec elle.
—C'est juste un petit travail de couture, lui dit-elle, mais il faut que je te bande les yeux.
Pour une pièce d'or, il accepta et se laissa conduire, les yeux bandés, jusqu'à la cave de la maison d'Ali Baba. Mais quand il vit les six morceaux de Kassim, il recula, épouvanté. Alors Morgane lui glissa une pièce d'or dans la main et lui en promit une autre s'il faisait le travail rapidement. Le vieux savetier se mit à la besogne. Quand il eut recousu les six morceaux de Kassim, Morgane lui donna la récompense promise puis lui banda les yeux et le reconduisit chez lui.

Ensuite Ali Baba aida Morgane à habiller le corps reconstitué et l'enterrement eut lieu selon les usages. Ainsi, grâce à Morgane, personne ne soupçonna rien de la caverne, du trésor et de la triste fin de Kassim.

Quand les quarante voleurs revinrent à la caverne, ils furent très éton-nés de ne pas trouver trace des six morceaux de Kassim. Ils comprirent que quelqu'un connaissait leur secret.
Le chef déclara :
– Que l'un de nous aille à la ville et tâche de découvrir s'il n'est pas question de celui que nous avons coupé en morceaux. Il faut savoir où est sa maison.
Un des voleurs partit et entra dans la ville alors qu'il était encore tôt le matin. Toutes les boutiques étaient fermées, sauf celle d'un vieux savetier. Le voleur s'approcha et s'émerveilla de lui voir, à son âge, de si bons yeux et des doigts si experts. Le vieil homme, très flatté, lui répondit :
– Par Allah ! je suis encore capable d'enfiler l'aiguille du premier coup, et même de recoudre les six quartiers d'un mort au fond d'une cave sans lumière !
En entendant ces mots, le voleur faillit sauter de joie et remercia la chance qui le conduisait directement au but souhaité. Faisant semblant de serrer la main du vieil homme, il lui glissa une pièce d'or et lui demanda de le conduire à l'endroit où il avait fait cet étrange travail de couture. Le savetier lui dit :
– J'ai été conduit les yeux bandés, mais je crois que si on me bandait les yeux à nouveau, je saurais faire le même trajet en me guidant avec les mains.
Alors le voleur lui banda les yeux et tous les deux arrivèrent à la maison d'Ali Baba.
– Je reconnais la maison à son odeur de crottin d'âne ! s'écria le savetier.

Le voleur fit une marque à la craie sur la porte, puis il donna encore une pièce d'or au savetier et le laissa partir. Puis il courut chercher ses compagnons dans la forêt.

Quand Morgane sortit pour aller au marché, elle vit la marque tracée à la craie. « Cette marque n'est pas là par hasard, se dit-elle, et la main qui l'a faite ne peut être qu'ennemie. » Elle courut chercher un morceau de craie et fit exactement la même marque, au même endroit, sur toutes les portes de la rue. Si bien que le lendemain, les voleurs ne purent reconnaître la maison d'Ali Baba !

Alors, le jour suivant, un brigand revint chez le vieux savetier, se fit conduire devant la maison où il avait cousu le mort coupé en morceaux, et fit une petite marque rouge sur la porte. Mais quand toute la bande revint le lendemain, elle trouva une marque identique sur toutes les portes de la rue. Car Morgane s'était méfiée et avait pris ses précautions, comme la première fois.

Alors le chef des brigands déclara :

– Désormais, je ne compterai que sur moi-même.

Et il partit pour la ville, mais au lieu de faire une marque sur la porte indiquée par le vieux savetier, il l'examina attentivement, pour bien se rappeler son emplacement. Puis il retourna dans la forêt et donna des ordres à ses hommes :

– J'ai découvert l'auteur du vol que nous avons subi. Par Allah ! sa punition sera terrible ! Vite, mes gaillards ! procurez-moi quarante grosses jarres de terre cuite vernissée, vides, sauf une que vous remplirez d'huile d'olive.

Obéissants, vingt voleurs bondirent sur leurs chevaux et galopèrent au souk des potiers. À leur retour, chaque cheval portait deux énormes jarres, l'une à droite, l'autre à gauche. Puis, sur l'ordre du chef, chaque voleur se déshabilla, ne gardant que ses armes, son turban et ses babouches, grimpa sur un cheval et se laissa glisser dans une jarre. Ils s'installèrent le mieux possible, repliés sur eux-mêmes comme les poussins dans les œufs, au vingtième jour. Le chef boucha les ouvertures avec des fibres de palmier pour cacher ses hommes tout en leur permettant de respirer et il leur dit :

— Quand vous entendrez les jarres résonner sous les cailloux que je vous lancerai, ce sera le moment de sortir.

Il prit de l'huile dans la jarre qui en contenait, en frotta l'extérieur des jarres, et se déguisa en marchand d'huile. Puis il prit le chemin de la ville.

Il n'eut même pas besoin de frapper à la porte, car Ali Baba en personne était assis sur le seuil, prenant le frais. Le chef des voleurs s'inclina et lui dit :

— Je suis un marchand d'huile et je ne connais personne dans cette ville. Nous accorderas-tu l'hospitalité, à moi et à mes bêtes, dans la cour de ta maison ?

— Marchand d'huile, mon frère, que ma demeure te soit un lieu de repos ! Sois le bienvenu, répondit aussitôt Ali Baba, qui se rappelait le temps où il était pauvre.

Il appela son jeune serviteur Abdallah pour qu'il aide à décharger les jarres, puis conduisit son invité à l'intérieur de la maison.

Pendant ce temps, Morgane s'affairait à la cuisine, mais soudain, par manque d'huile, sa lampe s'éteignit. Elle prit le pot à huile, alla dans la cour, déboucha une jarre et y plongea le pot. Ô stupéfaction ! au lieu d'entrer dans de l'huile, le pot heurta violemment quelque chose de dur et ce quelque chose s'exclama :

— Aïe ! Par Allah ! le caillou que le chef a lancé est un vrai rocher ! Allons-y, c'est le moment !

En un éclair, Morgane comprit tout et sans perdre sa présence d'esprit, elle dit tout bas :

— Non, non, pas encore. Attends !

Et elle se dépêcha de reboucher l'ouverture. Puis elle inspecta toutes les jarres, disant à chaque fois :
– Patience, c'est pour bientôt !
Et elle s'aperçut qu'il n'y avait qu'une seule jarre remplie d'huile. Cela lui donna une idée…
Elle alluma un grand feu sous la chaudière qui servait à faire la lessive et, avec son pot, elle remplit la chaudière d'huile en y vidant le contenu de la jarre. L'huile ne tarda pas à entrer en ébullition. Alors Morgane remplit le plus grand seau de l'écurie avec cette huile bouillante, souleva le couvercle d'une jarre et, d'un seul coup, versa le contenu du seau. Le bandit avala la mort avec le cri qu'il n'eut pas le temps de pousser !
Sans trembler, Morgane ébouillanta tous les bandits, qui périrent étouffés. Puis elle éteignit le feu sous la chaudière, reboucha les jarres et se cacha pour observer la suite de l'affaire.
Vers le milieu de la nuit, le marchand mit le nez à une fenêtre et commença à lancer des petits cailloux sur les jarres. En vain ! « Les fils de chiens, pensa-t-il, les bons à rien ! Ils dorment. » Il descendit pour aller les réveiller et fut surpris par une épouvantable odeur d'huile bouillante et de chair brûlée. Touchant les jarres, il s'aperçut qu'elles étaient brûlantes comme les parois d'un four. Alors il souleva les couvercles et découvrit les corps fumants et sans âme de ses hommes. À cette vue, il prit ses jambes à son cou et s'enfuit.
Le lendemain matin, Morgane montra à Ali Baba le contenu des jarres et lui raconta tout, sans oublier les marques blanche et rouge sur la porte, dont elle ne lui avait pas parlé pour ne pas l'inquiéter. Aidés par le jeune serviteur Abdallah, ils se dépêchèrent de creuser une fosse dans le jardin pour y faire disparaître les corps des voleurs, sans aucune cérémonie pour ne pas éveiller l'attention des voisins. Quand tout fut fini, Ali Baba serra Morgane dans ses bras en pleurant et lui dit :
– Ô fille bénie ! Certes tu n'as pas mangé mon pain avec ingratitude. Tu es ma fille et la fille de la mère de mes enfants. Désormais, tu seras à la tête de ma maison et l'aînée de mes enfants !

Le temps passa. Ali Baba prit la veuve de son frère Kassim comme seconde épouse et les deux familles n'en firent plus qu'une. Un jour, le fils aîné d'Ali Baba, qui dirigeait l'ancienne boutique de Kassim, dit à son père :

—Mon père, un nouveau marchand s'est installé dans notre souk et ne cesse de me combler de prévenances. Cinq fois déjà, j'ai partagé son repas de midi, et je voudrais bien l'inviter à mon tour.

—Certes, ô mon fils, et tu aurais dû m'en parler plus tôt, répondit Ali Baba.

Le fils d'Ali Baba invita donc son voisin le marchand à partager le pain et le sel de l'hospitalité, dès le lendemain soir. Mais le marchand répondit :

—Comment pourrais-je accepter, alors que depuis longtemps j'ai fait le serment de ne jamais toucher aux aliments contenant du sel ?

—Qu'à cela ne tienne, répondit le fils d'Ali Baba, le repas sera préparé sans sel.

Morgane fut extrêmement surprise de l'horreur de l'invité pour le sel. Comme elle était très curieuse de nature, elle aida le serviteur à porter les plats, en profitant à chaque fois pour jeter des coups d'œil sur l'invité.

Une heure après la fin du repas, elle réapparut, habillée en danseuse, avec à sa ceinture un poignard à manche de jade et à longue lame pointue. Elle était suivie du jeune serviteur, qui jouait du tambourin pour rythmer ses pas. Sous les yeux d'abord stupéfaits, puis émerveillés, d'Ali Baba, de son fils et du marchand, elle dansa la danse des écharpes, celle du mouchoir, celle du bâton, puis des danses grecques, juives, éthiopiennes et enfin la danse du poignard.

Alors, brandissant l'arme, elle bondit comme un chat sauvage et enfonça la lame jusqu'à la garde dans le cœur du marchand, qui s'écroula sur le tapis. Épouvantés et indignés, Ali Baba et son fils s'élancèrent vers Morgane, la croyant folle.

ALI BABA ET LES QUARANTE VOLEURS

Tremblante d'émotion, elle essuya avec son écharpe de soie le poignard sanglant et leur dit :

– Remerciez Allah, qui a dirigé le bras d'une faible jeune fille pour vous sauver de votre ennemi. Regardez ! Cet homme qui ne voulait pas goûter le sel sacré de l'hospitalité, c'est le marchand d'huile, le chef des voleurs !

Alors Ali Baba reconnut que, pour la seconde fois, le courage et le dévouement de Morgane les avaient sauvés, lui et sa famille. Il la serra dans ses bras, l'embrassa sur le front et lui dit :

– Ô Morgane, ma fille, veux-tu, pour mon bonheur, entrer définitivement dans ma famille en épousant mon fils, ce beau jeune homme ?

Le mariage des deux jeunes gens fut célébré sans retard. Quant au chef des voleurs, on l'enterra secrètement avec ses hommes. Et toute la famille d'Ali Baba vécut ensuite dans la paix et le bonheur, usant avec modération et prudence des richesses accordées par le Tout-Puissant.

POUR ALLER PLUS LOIN

Les Mille et Une Nuits sont un recueil de textes fort divers, aussi bien par leur origine géographique (Inde, Perse, Moyen-Orient, Égypte...) que par leur contenu (contes merveilleux, récits historiques, poésies, contes licencieux...) reliés par un mince fil conducteur : l'histoire du roi Shariar et de la belle Schéhérazade. Pour ne pas être trompé, le roi prend chaque jour une nouvelle épouse, passe une nuit avec elle et la fait décapiter le lendemain. Un jour, Schéhérazade demande à l'épouser et durant la nuit commence à lui raconter une histoire. Elle s'interrompt au petit matin, à un moment palpitant. Pour connaître la suite de l'histoire, le roi reporte l'exécution au lendemain. La nuit suivante, Schéhérazade termine l'histoire mais en commence une autre. Il en sera ainsi pendant mille et une nuits, au bout desquelles le roi renoncera à faire exécuter son épouse, qui, dans l'intervalle, lui a donné trois enfants. *Ali Baba et les Quarante Voleurs* est une des histoires les plus connues de ce receuil.

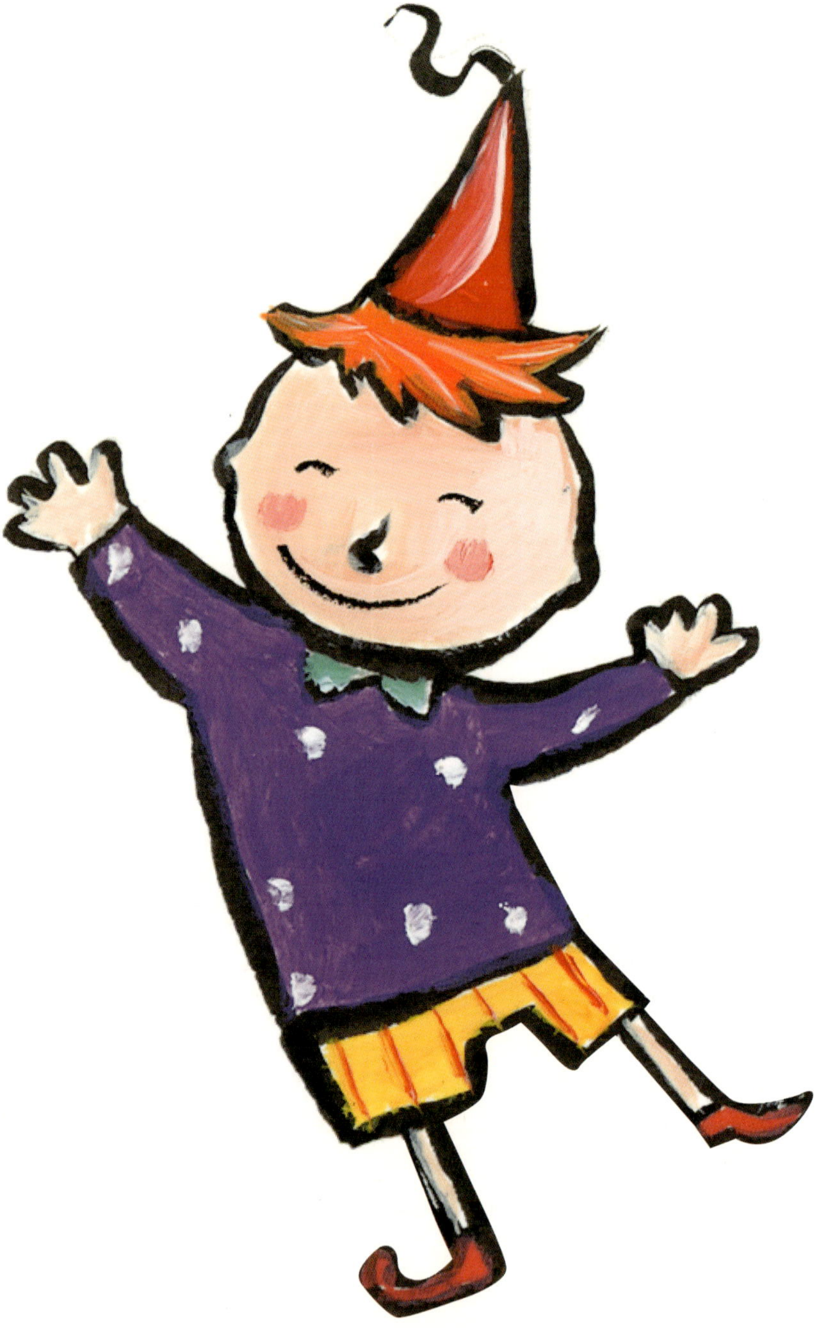

LES LUTINS CORDONNIERS

ILLUSTRÉ PAR ÉMILE JADOUL

ADAPTÉ D'UN CONTE DE GRIMM

À PARTIR DE 4 ANS   5 MINUTES   POUR HABILLER LES LUTINS

Il était une fois un cordonnier qui, par une suite de malchances, était devenu très pauvre. Il lui restait à peine assez de cuir pour fabriquer une seule paire de souliers. Il tailla donc ce cuir, puis, comme il était déjà très tard, il alla se coucher.

Le lendemain, dès la première heure, il s'apprêtait à coudre les souliers, quand il trouva sur sa table les chaussures terminées. Surpris, il les examina sous toutes les coutures il n'y avait pas un seul point de travers. C'était vraiment un travail magnifique.

Un client entra dans l'atelier et trouva les souliers si jolis qu'il les paya plus cher que le prix habituel. Avec cet argent le cordonnier acheta du cuir pour fabriquer deux paires de chaussures.

Le soir, il tailla le cuir et le lendemain, à son réveil, il trouva les chaussures cousues. Il les vendit sans peine et cet argent lui permit d'acheter du cuir pour quatre paires de chaussures. Mais il n'eut pas à les coudre : il les trouva terminées à son réveil. Et il en fut de même les jours suivants : les chaussures qu'il taillait le soir étaient toutes prêtes au matin. La pauvreté disparut de sa maison.

Un soir, aux environs de Noël, il tailla son cuir et dit à femme :
– Quelqu'un nous aide pendant la nuit. J'ai envie de veiller pour voir de qui il s'agit.
– C'est une bonne idée, répondit sa femme.
Ils laissèrent une lumière allumée et se cachèrent dans le placard. Quand minuit sonna, deux petits nains tout nus entrèrent dans l'atelier,

LES LUTINS CORDONNIERS

s'installèrent à la table de travail, et de leurs petites mains se mirent à battre le cuir et à le coudre. Ils travaillaient si vite et si bien qu'on avait du mal à en croire ses yeux. Ils ne s'arrêtèrent que lorsque toutes les chaussures furent terminées. Alors, ils disparurent d'un bond.

Le lendemain, la femme dit à son mari :

— Grâce à ces petits nains, nous sommes devenus riches. Il faut les remercier. Ils doivent souffrir du froid, à se promener tout nus comme cela. Sais-tu ce que nous allons faire ? Moi, je vais leur coudre à chacun une chemise, une veste, un pantalon, et leur tricoter des chaussettes ; toi, tu vas leur faire des souliers.

L'homme approuva sa femme, et le soir, au lieu des morceaux de cuir, ils placèrent sur l'établi les vêtements et les chaussures. Puis ils se cachèrent pour voir ce que les nains allaient faire.

À minuit, ils arrivèrent pour se mettre au travail. Quelle surprise quand ils virent les jolis petits vêtements au lieu du cuir ! Tout joyeux, ils s'habillèrent prestement et se mirent à chanter :

« Nous sommes si bien habillés,
Finis le cuir et les souliers ! »

Puis ils commencèrent à danser, à sauter sur les chaises et tout en bondissant, ils arrivèrent à la porte. À partir de ce jour, ils ne revinrent plus. Le cordonnier continua seul son travail et fut heureux le reste de ses jours.

LE ROI DES CORBEAUX

ILLUSTRÉ PAR FABRICE TURRIER

CONTE DE GASCOGNE

À PARTIR DE 6 ANS   10 MINUTES   POUR CONJURER UN SORTILÈGE

Il y avait une fois un homme qui était vert comme l'herbe et qui n'avait qu'un œil au milieu du front. Ses trois filles étaient belles comme le jour, mais la plus jeune était plus ravissante encore que les aînées. Elle n'avait que dix ans.

Un soir d'hiver, l'homme vert se mit à sa fenêtre. Tout d'un coup, dans un grand bruit d'ailes, un oiseau gros comme un veau et noir comme la nuit vint se poser sur le rebord de la fenêtre.

— Coac! Coac! Coac! Je suis le roi des corbeaux.

— Roi des corbeaux, que me veux-tu?

— Coac! Coac! Coac! Homme vert, je veux une de tes filles en mariage.

— Roi des corbeaux, attends-moi ici.

LE ROI DES CORBEAUX

L'homme vert alla dans la chambre de ses trois filles et leur dit :
—Le roi des corbeaux demande l'une de vous en mariage.
—Père, répondit l'aînée, je suis fiancée depuis un an au fils du roi d'Espagne. Hier, mon amoureux m'a fait dire qu'il viendrait me chercher bientôt pour m'emmener dans son pays. Vous voyez bien que je ne peux pas épouser le roi des corbeaux.
—Père, dit la deuxième, je suis fiancée depuis un an au fils du roi des îles de la Mer. Hier, mon amoureux m'a fait dire qu'il viendrait me chercher bientôt pour m'emmener dans son pays. Vous voyez bien que je ne peux pas épouser le roi des corbeaux.
L'homme vert regarda sa dernière fille, mais la voyant si jeunette, il en eut pitié. Sans rien lui demander, il s'en revint trouver le roi des corbeaux qui attendait toujours, posé sur le rebord de la fenêtre.
—Roi des corbeaux, dit-il, aucune de mes filles ne veut de toi.
Alors le roi des corbeaux entra dans une colère terrible. D'un coup de bec, il creva l'œil que l'homme vert avait au milieu du front et s'envola dans la brume. L'homme vert se mit à crier et ses filles arrivèrent en courant.
—Père, qu'avez-vous ? Qui vous a crevé l'œil ?
—C'est le roi des corbeaux, gémit-il, parce que vous l'avez toutes les trois refusé en mariage.
—Père, dit doucement sa plus jeune fille, moi, je ne l'ai pas refusé.
Le lendemain, le roi des corbeaux revint demander une fille en mariage. L'homme vert lui dit :
—Roi des corbeaux, tu auras ma plus jeune fille.
Alors le roi des corbeaux lui rendit la vue et lui dit :
—Coac ! Coac ! Coac ! Dis à ma fiancée qu'elle soit prête demain à la pointe du jour.
Le lendemain, le ciel était noir de corbeaux. Ils emportèrent leur nouvelle reine à travers les airs, dans leur pays de froid, de neige et de gel, où il n'y avait ni arbres ni fleurs. Au soleil couchant, ils la déposèrent devant la porte du château du roi. Elle entra. Partout des

lumières étaient allumées et le feu brûlait dans les cheminées, mais elle ne vit personne. Tout en se promenant de chambre en chambre, elle arriva dans une grande salle où était dressée une table couverte de plats et de boissons. Il n'y avait qu'un seul couvert. Mais elle n'avait pas le cœur à manger. Elle alla se coucher dans un lit orné de rideaux d'or et d'argent, et attendit, en laissant une lumière allumée.
Au premier coup de minuit, elle entendit un grand bruit d'ailes. C'était le roi des corbeaux. Il s'arrêta devant sa porte et lui dit :
— Coac ! Coac ! Coac ! Éteins la lumière.
La reine souffla la chandelle et le roi des corbeaux entra, dans l'obscurité.
— Coac ! Coac ! Coac ! Écoute-moi. Il y a longtemps, j'étais roi parmi les hommes. Aujourd'hui, je suis roi parmi les corbeaux. Un méchant sorcier nous a changés, moi et mon peuple, en corbeaux. Mais grâce à toi, notre épreuve va finir. Je viendrai dormir près de toi chaque nuit, mais tu n'as que dix ans et tu ne seras véritablement ma femme que dans sept ans. D'ici là, n'essaye surtout pas de me voir, car arriveraient de grands malheurs à mon peuple et à moi.
La reine entendit le roi des corbeaux quitter son plumage, puis il se coucha près d'elle. Elle avança la main et sentit le froid d'une épée qu'il avait posée entre eux deux. Au matin, alors qu'il faisait encore nuit, elle l'entendit reprendre son plumage et son épée et partir.
Comme elle s'ennuyait à vivre toute seule, la pauvre petite prit l'habitude de partir se promener dans la campagne, malgré le gel et la neige. Elle emportait quelques provisions et ne rentrait que le soir. Un jour, en gravissant une montagne, elle arriva devant un lavoir. Une vieille femme y lavait un linge noir comme la suie en chantant :

« Lavandière, continue de laver.
Quand donc va arriver
La fillette épousée ? »

— Bonjour, lavandière, dit la reine. Je vais vous aider à laver votre linge.
— Avec plaisir, pauvrette, répondit la vieille femme.
À peine la reine avait-elle trempé le linge dans l'eau qu'il devint blanc comme le lait. Alors la vieille lavandière se mit à chanter :

« Enfin elle est arrivée,
La fillette épousée. »

Et elle dit à la reine :
— Pauvrette, il y a longtemps que je t'attendais. Grâce à toi, mon épreuve est terminée. Mais toi, tu n'as pas fini de souffrir. Maintenant va-t'en, et ne reviens ici que le jour où tu en auras grand besoin.
La reine retourna au château. Pendant sept ans moins un jour, elle vécut ainsi, sans voir son mari.

Enfin, elle se dit : « Le temps de mon épreuve va finir. Un jour de moins, ça ne compte pas. Ce soir, je saurai à quoi ressemble le roi des corbeaux. »
Le soir, elle cacha une lumière dans sa chambre. Quand le roi des corbeaux fut endormi, elle alla prendre la chandelle et le regarda : c'était un jeune homme beau comme le jour ! Elle s'approcha pour mieux le voir, et un peu de cire brûlante tomba sur lui. Alors il s'éveilla.
— Femme, lui dit-il, qu'as-tu fait ? Si tu avais attendu demain, j'aurais été à toi pour toujours sous la forme où tu me vois maintenant. Mais ce qui est fait est fait. Quitte ce château, car il va s'y passer des choses que tu ne dois pas voir, et va où tes pas te conduiront.
La reine quitta le château en pleurant. Le méchant sorcier qui tenait le roi des corbeaux en son pouvoir entra dans la chambre, enchaîna son ennemi et l'emporta à travers les nuages en haut d'une montagne. Là, il enfonça l'extrémité de la chaîne dans le roc et y coula du plomb fondu. Il fit garder le roi des corbeaux par deux grands loups : l'un était blanc et veillait le jour, l'autre était noir et veillait la nuit.

Pendant ce temps, en pleurant, la reine avait pris le chemin de la montagne, pour aller demander de l'aide à la vieille lavandière. Celle-ci lui donna une besace qui contenait du pain, une gourde qui contenait toujours du vin, un couteau d'or et des sabots de fer.
— Mets ces sabots de fer et cherche l'herbe bleue qui chante nuit et jour et brise le fer. Quand tes sabots se briseront, tu ne tarderas pas à retrouver ton mari.
La reine partit. Elle marcha longtemps et arriva dans un pays où le soleil brillait jour et nuit. Elle le parcourut pendant un an et trouva une herbe bleue. Elle saisit son couteau d'or.
— Reine, lui dit l'herbe bleue, je ne suis pas l'herbe bleue qui chante jour et nuit, et qui brise le fer.
Alors la reine repartit. Elle arriva dans un pays où la lune brillait jour et nuit. Elle le parcourut un an et trouva une herbe bleue qui chantait jour et nuit. Elle prit son couteau.

LE ROI DES CORBEAUX

—Reine, lui dit l'herbe bleue, je suis l'herbe qui chante jour et nuit mais je ne suis pas l'herbe qui brise le fer.
Alors la reine repartit. Elle arriva dans un pays où il faisait toujours nuit. Au bout d'un an, elle entendit chanter dans la nuit :
—Je suis l'herbe bleue qui chante jour et nuit, l'herbe qui brise le fer.
Alors les sabots de la reine se brisèrent. Elle marcha vers d'où venait la chanson, trouva l'herbe bleue et la coupa avec son couteau d'or.
Pendant sept jours et sept nuits, elle marcha encore et elle finit par sortir du pays de la nuit. Elle arriva au pied d'une montagne et aperçut le roi des corbeaux enchaîné au sommet blanc. Le loup blanc veillait, tandis que le loup noir dormait. L'herbe bleue chantait toujours :
—Je suis l'herbe bleue qui chante jour et nuit, l'herbe qui brise le fer.
Bercé par cette chanson, le loup blanc ferma les yeux, se coucha et s'endormit. La reine s'approcha et, de son couteau d'or, égorgea le loup blanc et le loup noir. Puis, avec l'herbe bleue, elle toucha les chaînes qui emprisonnaient le roi des corbeaux. Aussitôt, l'herbe bleue se flétrit, les chaînes se brisèrent et le roi des corbeaux se leva, libre. Des quatre coins du ciel arrivèrent des corbeaux. Au fur et à mesure qu'ils se posaient sur la montagne, ils reprenaient leur forme d'homme. Le roi dit à son épouse :
—Merci, grâce à toi, mes épreuves et celles de mon peuple sont terminées. Désormais, nous pourrons être heureux.

POUR ALLER PLUS LOIN

Madame Leprince de Beaumont a écrit une version de ce conte,
La Belle et la Bête (1757) dans le receuil *Le Magasin des enfants*.
Jean Cocteau en a donné une célèbre adaptation *La Belle et la Bête*,
film en noir et blanc de 1946.

BLANCHE-NEIGE

ILLUSTRÉ PAR ÉMILE JADOUL

ADAPTÉ DU CONTE DE GRIMM

À PARTIR DE 4 ANS   20 MINUTES   POUR ÊTRE LA PLUS BELLE DU ROYAUME

Il était une fois, par un jour d'hiver, une reine qui cousait auprès d'une fenêtre en bois d'ébène. Dehors, il neigeait. La reine ouvrit la fenêtre pour regarder danser les flocons et elle se piqua avec son aiguille. Quelques gouttes de sang tombèrent dans la neige. C'était si joli, ce rouge sur le blanc, que la reine dit :
—Je voudrais un enfant qui ait la peau blanche comme la neige, les lèvres et les joues rouges comme le sang, et les cheveux noirs comme l'ébène de la fenêtre.

Quelque temps après, elle mit au monde une petite fille qui avait la peau blanche comme la neige, les lèvres et les joues rouges comme le sang, et les cheveux noirs comme l'ébène. On l'appela Blanche-Neige.

Mais la reine tomba malade et mourut.
Le roi se remaria avec une femme très belle mais très orgueilleuse. Elle possédait un miroir magique, et chaque matin, elle se regardait et demandait :

« Miroir, miroir magique,
Dis-moi qui est la plus belle ? »

Et le miroir répondait :

« Ô reine, tu es la plus belle en ce royaume. »

Mais Blanche-Neige grandissait et devenait de plus en plus belle. Un jour, le miroir répondit :

« Ô reine, tu es très belle,
Mais Blanche-Neige est la plus belle en ce royaume. »

En entendant ces mots, la reine devint pâle de rage et de jalousie. Elle se mit à haïr Blanche-Neige, et bientôt, elle ne put supporter de la voir. Alors elle appela un de ses serviteurs et lui dit :
— Conduis Blanche-Neige au plus profond de la forêt et tue-la. Je ne veux plus la voir. Pour preuve de sa mort, rapporte-moi son cœur.
Le serviteur obéit et il emmena Blanche-Neige au plus profond de la forêt. Mais quand il tira son couteau de chasse, Blanche-Neige se mit à pleurer.
— Laisse-moi la vie, lui dit-elle ; je m'en irai dans les bois et je ne reviendrai jamais.
Elle était si belle que le chasseur se laissa attendrir.
— Va, sauve-toi vite ! lui dit-il, tout en étant certain que les bêtes sauvages auraient vite fait de la dévorer.

Il transperça d'une flèche une petite biche et prit son cœur pour le rapporter à la reine.

Blanche-Neige resta seule dans la forêt. Elle se mit à marcher, à marcher. Autour d'elle, il y avait toutes sortes de bêtes sauvages, mais aucune ne lui fit du mal. Elle arriva enfin à une petite maison où il n'y avait personne. Ses petits pieds n'avaient plus la force de marcher, alors elle entra dans la maison pour se reposer.
À l'intérieur, tout était propre et bien rangé. Sur la table, il y avait sept petites assiettes, avec sept petits couverts, sept petits verres remplis de vin et sept petits pains. Comme elle avait très faim, elle mangea un petit bout de chaque pain et comme elle avait très soif, elle but une gorgée de vin dans chaque verre.
Le long du mur étaient alignés sept petits lits. Elle les essaya l'un après l'autre : ils étaient trop longs ou trop courts ; mais le dernier se trouva juste à sa taille. Elle s'y coucha et s'endormit.
Quelques instants plus tard arrivèrent les maîtres de la maison. C'étaient sept nains qui travaillaient à chercher de l'or dans la montagne. Ils allumèrent leurs sept lampes et virent que tout n'était pas comme ils l'avaient laissé.
Le premier dit :
– Qui s'est assis sur ma chaise ?
Le deuxième :
– Qui a mangé dans mon assiette ?
Le troisième :
– Qui a pris un morceau de mon pain ?
Le quatrième :
– Qui a touché ma cuillère ?
Le cinquième :
– Qui s'est servi de ma fourchette ?
Le sixième :
– Qui a coupé avec mon couteau ?

BLANCHE-NEIGE

Le septième :
– Qui a bu dans mon verre ?
Puis le premier vit que son lit avait été dérangé et dit :
– Qui s'est couché sur mon lit ?
Les autres arrivèrent en courant et s'écrièrent :
– Qui s'est couché sur mon lit ?
Mais le septième trouva Blanche-Neige sur son lit et appela les autres pour la leur montrer.
– Oh ! comme elle est belle ! dirent-ils tous.
Ils étaient si heureux de la voir qu'ils ne la réveillèrent pas. Le septième nain dormit une heure avec chacun de ses compagnons et ainsi passa la nuit.
Au matin, lorsqu'elle s'éveilla, Blanche-Neige eut d'abord très peur en voyant les sept nains. Mais ils avaient l'air si gentils qu'elle finit par leur raconter ses aventures. Alors les nains lui dirent :
– Si tu veux, tu peux rester avec nous. Tu feras la cuisine et le ménage et tu ne manqueras de rien.
– Oh oui ! dit Blanche-Neige, je veux rester avec vous.
Elle s'installa donc avec eux et s'occupa de la maison.
Le matin, les nains partaient travailler dans la mine d'or et Blanche-Neige était seule toute la journée. Ils lui dirent cependant de se méfier :
– La reine saura bientôt que tu es ici. Surtout, ne laisse entrer personne !
De son côté, la reine croyait que Blanche-Neige était morte et que désormais personne ne la surpassait en beauté. Elle alla se regarder dans le miroir et dit :

« Miroir, miroir magique,
Dis-moi qui est la plus belle ? »

Et le miroir répondit :

« Ô reine, tu es très belle,
Mais derrière les sept collines, dans les bois,
Auprès des nains, Blanche-Neige
Est mille fois plus belle que toi. »

La reine fut bouleversée, car elle savait que le miroir ne mentait jamais. C'était donc le serviteur qui l'avait trompée ! Rongée de jalousie, elle chercha un moyen pour se débarrasser de Blanche-Neige.
Elle se déguisa en vieille marchande et parcourut les sept collines pour arriver à la maison des nains. Elle frappa à la porte en criant :
— Dentelles et rubans à vendre, corsages et lacets à vendre !
« Une marchande, se dit Blanche-Neige, je peux bien la laisser entrer. »
Elle déverrouilla la porte et acheta un joli corsage.
La vieille lui dit :
— Viens, je vais te l'ajuster comme il faut !
La jeune fille ne se doutait de rien. Elle la laissa serrer le corsage avec un lacet. Mais la vieille serra de toutes ses forces, si bien que Blanche-Neige perdit le souffle et tomba comme morte.
— Maintenant, c'est moi la plus belle ! ricana la fausse marchande en s'enfuyant.
Peu de temps après, les nains arrivèrent

et trouvèrent Blanche-Neige inanimée. Effrayés, ils la soulevèrent et virent que le lacet était trop serré. Ils se dépêchèrent de le couper et elle recommença à respirer doucement, puis elle reprit conscience. Quand ils surent ce qui s'était passé, ils lui dirent :
– Bien sûr, cette marchande, c'était la reine elle-même ! Sois très prudente, ne laisse entrer personne quand tu es seule.
Dès son retour, la reine se précipita vers son miroir et lui demanda :

« Miroir, miroir magique,
Qui est la plus belle ? »

Et le miroir répondit :

« Ô reine, tu es très belle,
Mais, derrière les sept collines, dans les bois,
Auprès des nains, Blanche-Neige
Est mille fois plus belle que toi. »

Le cœur de la reine s'arrêta de battre quand elle entendit ces mots. Elle comprit que Blanche-Neige était toujours vivante et se dit : « Je vais trouver un autre moyen pour te faire disparaître à jamais ! »
Comme elle était sorcière, elle empoisonna un peigne, puis elle prit l'apparence d'une vieille femme. Elle retourna à la maison des nains et frappa à la porte. Blanche-Neige regarda par la fenêtre et dit :
– Passez votre chemin, madame, je ne dois ouvrir à personne.
– Tu peux tout de même regarder, dit la vieille. Vois ce joli peigne. Viens, je vais te peigner.
Blanche-Neige se pencha à la fenêtre et se laissa faire. Dès que le peigne toucha ses cheveux, elle tomba sans connaissance.
– C'en est fini de ta beauté, enfin ! dit la reine en s'en allant.
Quand les nains virent Blanche-Neige comme morte par terre, ils pensèrent tout de suite à la méchante reine et cherchèrent ce qu'elle

avait fait à leur amie. Ils trouvèrent le peigne, le retirèrent et aussitôt Blanche-Neige revint à elle. Ils lui recommandèrent une fois de plus de se méfier et de n'ouvrir à personne.
Rentrée chez elle, la reine se regarda dans le miroir et lui demanda :

« Miroir, miroir magique,
Qui est la plus belle ? »

Et le miroir répondit :

« Ô reine, tu es très belle,
Mais derrière les sept collines, dans les bois,
Auprès des nains, Blanche-Neige
Est mille fois plus belle que toi. »

Quand la reine entendit ces mots, tout son corps se mit à trembler de rage et elle s'écria :
— Blanche-Neige mourra, même si je dois en mourir moi aussi !

Elle se retira dans une chambre secrète et empoisonna une pomme. C'était une jolie pomme, blanche d'un côté et rouge de l'autre, et si appétissante que, rien qu'à la voir, on avait envie d'y mordre. Mais il suffisait d'en avaler un petit bout pour mourir.

Puis la reine se maquilla et se déguisa en paysanne. Elle parcourut les sept collines et arriva à la maison des nains. Elle frappa à la porte, mais Blanche-Neige, en se penchant à la fenêtre, lui dit :

— Je ne peux laisser entrer personne ; les sept nains me l'ont interdit.

— Tant pis, dit la vieille femme, j'irai vendre mes pommes ailleurs, mais tu es si mignonne, laisse-moi t'en offrir une.

— Non, non, dit Blanche-Neige, je ne dois rien accepter.

— Petite sotte, s'écria la vieille, de quoi as-tu peur ? Tu crains qu'elle ne soit empoisonnée ? Regarde, je la coupe en deux ; j'en mange une moitié, et toi l'autre.

La méchante reine se mit à manger la moitié blanche, qui n'était pas empoisonnée, et tendit la moitié rouge à Blanche-Neige. La pauvre petite avait très envie de cette pomme, et voyant que la vieille en mangeait, elle ne résista plus. Elle tendit la main, prit la moitié rouge et croqua une bouchée. Elle tomba aussitôt sur le sol, morte.

La reine la regarda avec une joie méchante et ricana :

— Cette fois, les nains ne pourront pas te sauver !

Elle se dépêcha de rentrer chez elle pour demander au miroir :

« Miroir, miroir magique,
Qui est la plus belle ? »

Le miroir répondit :

« Ô reine, tu es la plus belle en ce royaume. »

Et son cœur jaloux fut heureux, pour autant qu'un cœur jaloux puisse être heureux.

Quand les nains rentrèrent chez eux, ils trouvèrent Blanche-Neige par terre, inanimée. Vite, ils la soulevèrent, desserrèrent son corsage, coiffèrent ses cheveux, lui lavèrent le visage avec de l'eau, lui firent respirer du vin. Mais rien n'y fit : la pauvre petite était bien morte. Ils la pleurèrent trois jours durant et se préparèrent à l'enterrer, mais son visage était beau comme celui d'un être vivant et ses joues restaient rouges. Alors ils se dirent : « Ce n'est pas possible de la mettre dans la terre froide et noire ! »

Ils fabriquèrent un cercueil de verre qui permettait de la voir par transparence, la placèrent à l'intérieur et écrivirent dessus en lettres d'or : « Princesse Blanche-Neige ». Ils portèrent le cercueil en haut de la montagne et chaque jour l'un d'eux monta la garde près de lui. Les oiseaux vinrent aussi et pleurèrent sur Blanche-Neige : d'abord un hibou, puis un corbeau, puis une colombe.

Blanche-Neige resta longtemps dans son cercueil de verre, toujours aussi jolie. Avec sa peau blanche comme la neige, ses lèvres et ses joues rouges comme le sang et ses cheveux noirs comme l'ébène, elle semblait dormir. Un jour, un prince qui était en voyage s'arrêta chez les nains pour y passer la nuit. Il vit le cercueil, Blanche-Neige et les mots en lettres d'or ; il dit aux nains :

– La princesse Blanche-Neige est si belle que je veux l'avoir toujours près de moi. Dites-moi ce que vous voulez en échange de ce cercueil.

– Même pour tout l'or du monde, nous ne voulons pas nous en séparer, répondirent-ils.

– Alors donnez-le-moi pour rien, je vous en prie, dit le prince, car je ne pourrai plus vivre sans avoir Blanche-Neige près de moi. Désormais, je n'aurai pas d'autre bien-aimée qu'elle.

En voyant l'amour du prince, les nains eurent pitié de lui et lui donnèrent le cercueil. Les serviteurs du prince l'emportèrent sur leurs épaules, mais en marchant, l'un d'eux trébucha sur un caillou et la secousse fit sortir de la bouche de Blanche-Neige le morceau de pomme empoisonnée.

BLANCHE-NEIGE

Aussitôt, elle ouvrit les yeux, leva le couvercle du cercueil et demanda :
– Mon Dieu ! Où suis-je ?
– Près de moi, répondit le prince.
Il lui raconta tout ce qui s'était passé et ajouta :
– Je t'aime plus que tout au monde. Viens avec moi au château de mon père et nous nous marierons.
Blanche-Neige accepta de l'accompagner et le prince prépara un magnifique mariage. Il envoya une invitation à tous les rois et à toutes les reines qu'il connaissait. La méchante reine, la belle-mère de Blanche-Neige, reçut elle aussi une invitation. Elle se maquilla, mit sa plus belle robe, ses plus beaux bijoux et se regarda dans le miroir en demandant :

« Miroir, miroir magique,
Qui sera la plus belle de la fête ? »

Et le miroir répondit :

« Ô reine, tu es la plus belle ici,
Mais au mariage, la jeune fiancée
Sera mille fois plus belle que toi. »

En entendant ces mots, elle cria les plus affreux jurons et devint folle de rage. D'abord, elle se dit qu'elle n'irait pas au mariage, mais elle avait trop envie de voir cette fiancée si belle. Dévorée de curiosité et de jalousie, elle se rendit à la fête et quand la mariée apparut, elle reconnut Blanche-Neige. Elle resta un instant paralysée de terreur en voyant vivante celle qu'elle croyait morte, puis elle se mit à danser, sans pouvoir s'arrêter. Elle dansa tellement qu'elle tomba morte d'épuisement sur le sol.
Quant à Blanche-Neige, elle vécut très heureuse avec le prince.

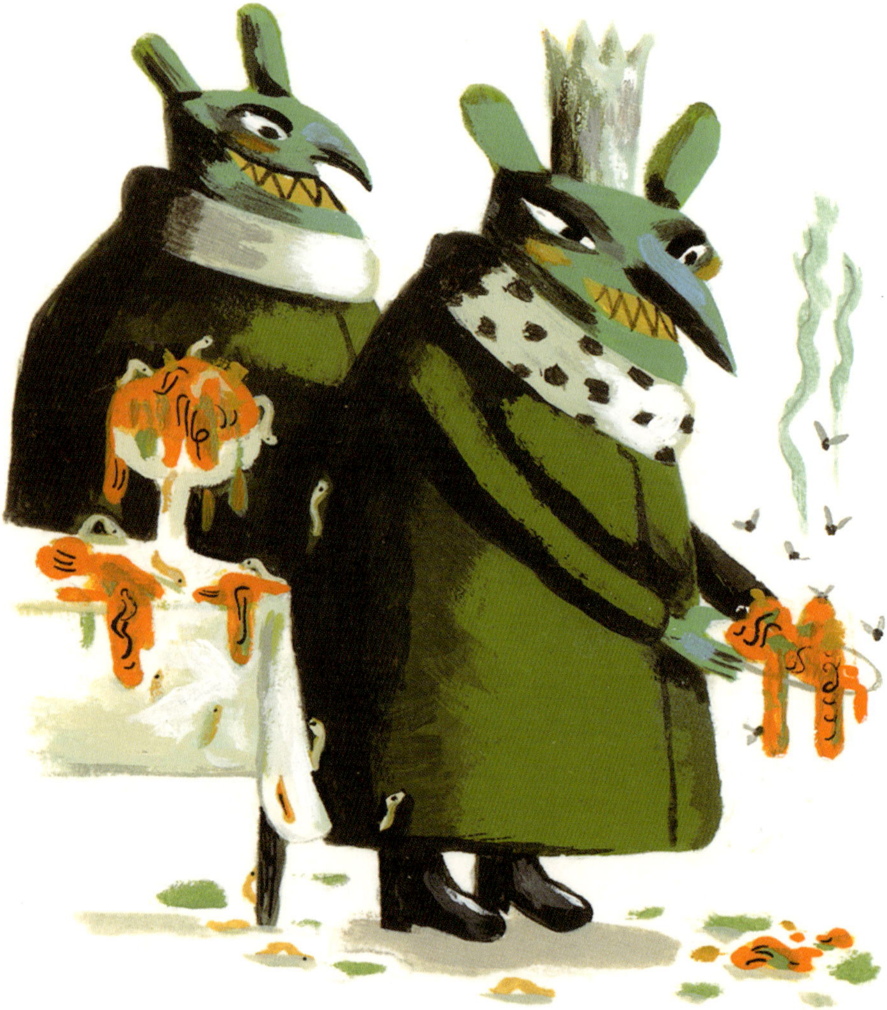

Pierre le paresseux et le roi des trolls

ILLUSTRÉ PAR FABICE TURRIER

CONTE DE NORVÈGE

À PARTIR DE 5 ANS   10 MINUTES   POUR ÉCHAPPER AUX TROLLS

Pierre le paresseux portait bien son nom. Il ne pensait qu'à vagabonder dans la montagne, dormir au bord des torrents ou boire à l'auberge avec des chenapans de son espèce. Et, depuis la mort de son père, sa pauvre mère s'épuisait à travailler seule les champs.
Dès que Pierre rentrait à la maison, elle essayait de lui faire entendre raison.
— Tu ne pourras pas vagabonder toute ta vie ! lui disait-elle. Il est temps que tu te maries et que tu travailles. Répare au moins le toit de la maison, il va bientôt me tomber sur la tête !
— Je ne suis pas fait pour être paysan ou charpentier, répondait Pierre. Un jour, j'épouserai une princesse, je vivrai dans un beau château et j'aurai des tas de serviteurs !

Alors la pauvre femme haussait les épaules et se taisait. Un soir, Pierre décida d'aller au bal, mais il ne prit pas la peine de se laver ni de changer de vêtements. Quand les jeunes filles le virent arriver, crasseux, mal peigné et les vêtements crottés, aucune d'elles ne voulut danser avec lui. Il resta donc tout seul et se mit à bouder dans un coin. Tout à coup, il vit entrer la jolie Sueva et ses parents. Aussitôt, il bondit devant elle, l'invita, et sans même attendre sa réponse, il l'entraîna au milieu des danseurs. Sueva était si douce et si gentille qu'elle ne se fâcha pas de ces vilaines manières. Il faut dire aussi que Pierre était plutôt joli garçon... Mais la mère de Sueva connaissait sa réputation de paresseux et fut très fâchée de voir sa fille danser avec lui. Elle lui fit signe de revenir auprès d'elle.

– Pierre, laisse-moi, ma mère m'appelle, dit Sueva à l'oreille de son cavalier.

Pour toute réponse, il la serra plus fort. Elle insista :

– Je t'en prie, ne me retiens pas.

– Si ! Moi, je veux danser avec toi !

Tout le monde riait de les voir se disputer. Elle parvint enfin à se dégager et s'en alla en pleurant.

Furieux d'être délaissé par sa cavalière, Pierre partit dans la montagne. C'était la pleine lune et on y voyait presque comme en plein jour, bien qu'il fût près de minuit. Tout à coup, il se rendit compte que quelqu'un marchait près de lui. Il s'arrêta, le cœur battant, et vit que c'était simplement une jeune fille. Mais il la trouva bien étrange, avec son long nez qui balançait de-ci, de-là, comme la trompe d'un éléphant.

– De quel village êtes-vous ? demanda-t-il.

– Mais je ne viens pas d'un village, dit-elle. Je suis la fille du roi Baboro.

Il comprit alors qu'elle appartenait au peuple des trolls et ne put s'empêcher de frissonner. Puis il se dit que c'était l'occasion rêvée de fréquenter une princesse... mais est-ce qu'une princesse accepterait de se marier avec un simple paysan ?

PIERRE LE PARESSEUX ET LE ROI DES TROLLS

Alors il répondit effrontément :

— Moi, je suis le prince Pierre, fils de la reine Mathilda. Je me promène dans le pays pour voir comment vivent mes sujets. Et vous, princesse, que faites-vous dans la montagne à cette heure ?

— Je suis sortie me rafraîchir un peu, dit-elle. Il fait si chaud dans la salle de bal du palais !

— Tiens, vous aussi vous avez bal ce soir ? dit Pierre. Mais où est votre palais ?

— Venez, prince Pierre, je vais vous le montrer. Je vous invite au grand bal des trolls !

Pierre était paresseux, mais il n'avait pas froid aux yeux. Sans hésiter, il suivit la princesse troll jusqu'à un sentier qui s'enfonçait au cœur de la montagne et conduisait à une immense caverne. Le sol grouillait de trolls qui dansaient, tandis que d'autres mangeaient et buvaient à une grande table présidée par le roi Baboro.

L'arrivée de Pierre fut très remarquée et les demoiselles trolls se mirent à couiner et à glousser en le voyant. D'abord Pierre se rengorgea et prit un air avantageux, mais il se sentit vite mal à l'aise en les entendant parler :

— Je voudrais lui croquer les fesses ! disait l'une.

— Non, laissez-le-moi, protestait une autre, je vais le couper en morceaux et le faire griller !

— Vous êtes bien assez grosses comme ça, disait une autre. Moi aussi, je veux y goûter.

Tous les trolls se pressaient autour de Pierre en sautillant de joie et en se léchant les babines.

Heureusement, la princesse alla parler à son père et celui-ci frappa dans ses mains.

— Silence, cria-t-il.

Et il ajouta en s'adressant à Pierre :

— Ainsi donc, tu es prince ?

— Oui, je suis le prince Pierre, fils de la reine Mathilda.

—Parfait, parfait, marmotta le roi. Et tu veux épouser ma fille ?

—Heu... je... je n'y avais pas pensé, mais puisque vous me le proposez, j'accepte sa main et votre royaume comme dot.

—Holà, pas si vite ! protesta le roi, tu auras mon royaume après ma mort. D'abord il faut que tu supportes des épreuves. Mais ne t'inquiète pas, si tu n'es pas digne d'être mon gendre... tu seras toujours digne d'être mangé !

À ces mots, une tempête de cris, de rires et de trépignements se déchaîna parmi les trolls.

—Les épreuves ! Com-men-çons les é-preuves ! criaient des centaines de bouches aux dents pointues.

Pour devenir roi, Pierre était prêt à tous les sacrifices. Il déclara fièrement :

—Je réussirai les épreuves !

—Tout d'abord, reprit le roi, il faut que tu portes une queue comme nous. C'est un signe de noblesse.

Un troll alla chercher la queue de la vache servie au banquet, et l'attacha au derrière de Pierre. Il se mit à remuer en cadence le bas du dos pour faire voltiger fièrement l'insigne de sa noblesse. Les cris de joie et les trépignements se déchaînèrent.

« Mon peuple m'acclame déjà ! » pensa Pierre.

—Maintenant, reprit le roi quand le silence se fut rétabli, tu vas manger et boire avec moi.

Deux trolls apportèrent des plats et des coupes. Le roi se pencha pour humer d'un air gourmand l'odeur de pourriture et d'excréments qui s'en dégageait. Il tendit une coupe à Pierre en disant :

—Ce sont des spécialités de mon royaume... de ton futur royaume !

Mais l'odeur était si repoussante que Pierre refusa énergiquement. Aussitôt, les trolls se rapprochèrent. En voyant les babines retroussées sur les dents pointues, Pierre s'empara de la coupe, se pinça le nez et avala le liquide sans respirer. Alors les trolls l'acclamèrent :

—Hourra ! Vive le prince Pierre !

Et dans le tintamarre, personne ne prit garde que Pierre se retournait pour vomir ce qu'il venait d'avaler.
– Parfait, dit le roi, continue à te régaler pendant le spectacle.
Les trolls se massèrent tous sur les côtés de la caverne, tandis que des musiciens et des danseuses prenaient place au centre. Imaginez trente chats, la queue pincée dans des pièges à souris, et vous aurez une idée de la musique. Imaginez trois éléphants qui sautillent et dix cochons qui se tortillent, vous aurez une idée des danseuses.
Les trolls poussaient des soupirs et s'essuyaient les yeux, car ils étaient très émus par le spectacle. Mais Pierre se tordait de rire.

Quand le roi s'en aperçut, il frémit d'indignation. En frappant dans les mains, il arrêta le spectacle, se leva et, s'adressant à Pierre, il dit d'un air solennel :

— Je vois que malheureusement tu n'es pas sensible à la musique et à la danse, pas plus qu'aux fines nourritures. Hélas ! À quoi te servent tes yeux, tes oreilles et ta langue ? Heureusement, j'ai pour toi beaucoup d'affection et je vais te le prouver : je vais t'arracher les yeux et la langue. Ainsi tu pourras demeurer parmi nous sans problème.

Pierre se leva à son tour, épouvanté, et commença à reculer vers la sortie. Il cria au roi :

— Mais arrêtez ! Je ne veux pas être aveugle et muet, je ne veux pas rester avec vous ! D'ailleurs, je ne suis pas prince. J'ai menti, j'ai tout inventé !

Les trolls se rapprochaient dangereusement, alors il se mit à courir vers la sortie, de toutes ses forces. La horde des trolls se jeta sur ses traces en hurlant.

La tête en feu, la poitrine prête à éclater, Pierre courait le long du chemin qui montait vers la sortie. Enfin, il aperçut au loin une lueur : la liberté, la vie ! Mais déjà les trolls s'accrochaient à ses vêtements et commençaient à les déchirer à coups de griffes et de dents.

À quelques pas de la sortie, il s'effondra, épuisé, et la meute hurlante le recouvrit.

« Cette fois, tout est perdu », pensa Pierre.

Alors dans le silence de la nuit, s'éleva le ton grave d'une cloche. Aussitôt, les trolls se bouchèrent les oreilles en gémissant et refluèrent vers l'intérieur de la montagne.

En quelques secondes, ils avaient tous disparu et Pierre resta seul, hébété, meurtri, mais vivant. Sans attendre, il descendit vers la vallée, vers la cloche qui sonnait toujours. Arrivé au village, il alla droit à l'église.

« Je veux savoir qui sonne les cloches en pleine nuit, il ne l'a sans doute pas fait exprès, mais il m'a sauvé la vie. »

Dès qu'il entra dans l'église, le sonneur de cloches se jeta dans ses bras : c'était Sueva. Elle lui dit :
— Je t'ai vu partir dans la montagne. Alors j'ai attendu. Comme tu ne revenais pas, j'ai pensé aux trolls, j'ai eu peur pour toi et j'ai sonné les cloches pour les effrayer.
— Et tu as parfaitement réussi, répondit Pierre. Si tu savais comme j'ai eu peur ! Je crois que ça m'a guéri de l'envie de vagabonder dans la montagne… Figure-toi que j'ai failli devenir le prince des trolls, mais à partir d'aujourd'hui, je n'aurai pas d'autre princesse que toi.
Quelques jours plus tard, Pierre épousa Sueva. Pour qu'elle vienne habiter chez lui, il répara le toit de la maison et se mit à travailler dur. Il resta toute sa vie un simple paysan, mais cela ne l'empêcha pas d'être heureux… comme un roi !

POUR ALLER PLUS LOIN

Le personnage principal de ce conte, vagabond et fanfaron, apparaît dans de nombreux récits norvégiens.
L'écrivain Henrik Ibsen en a fait une pièce intitulée *Peer Gynt* (1867), mise en musique par Edvard Grieg.

LA PRINCESSE GRENOUILLE

ILLUSTRÉ PAR CHRISTIAN GUIBBAUD

ADAPTÉ D'UN CONTE DE RUSSIE

À PARTIR DE 5 ANS   20 MINUTES   POUR RETROUVER LA PRINCESSE

Il était une fois un roi qui avait trois fils. Un jour, il leur dit :
– Mes fils, il est temps de vous marier. Voici pour chacun de vous un arc et une flèche. Vous allez tirer dans une direction différente et vous prendrez pour femme celle qui ramassera votre flèche.
Chacun tira sa flèche, puis alla voir où elle était tombée. Celle du fils aîné était tombée dans le jardin d'un général et la fille du général l'avait ramassée. Alors le fils aîné lui demanda de l'épouser. La flèche du deuxième fils était tombée dans la cour d'un marchand et la fille du marchand l'avait ramassée. Alors le deuxième fils lui demanda de l'épouser. La flèche du fils cadet était tombée très loin, dans un marécage. Longtemps il la chercha en se disant : « Hélas, ma flèche est tombée dans un marécage. Comment trouver une femme ici ? ».

LA PRINCESSE GRENOUILLE

Tout à coup, il entendit une petite voix qui disait :
— Prince Ivan, voici ta flèche.
Il regarda tout autour de lui : personne.
— Prince Ivan, regarde à tes pieds, dit la petite voix.
Il regarda par terre et vit une grenouille qui tenait la flèche dans sa bouche.
— Merci, petite grenouille, d'avoir trouvé ma flèche, lui dit-il.
— Je suis très heureuse de t'avoir rendu ce service, répondit doucement la grenouille, et j'espère que je serai une bonne épouse pour toi.
— Quoi, s'écria le prince Ivan, tu crois que je vais t'épouser ?
La petite grenouille le regarda avec des yeux si brillants qu'on aurait dit qu'ils étaient pleins de larmes. Elle lui dit :
— C'est moi qui ai trouvé ta flèche et tu ne veux pas m'épouser ?
Alors le prince Ivan prit la grenouille et retourna au palais. Les trois fils revinrent devant le roi et chacun raconta comment il avait retrouvé sa flèche. Puis les deux aînés présentèrent leurs fiancées, qui firent de belles révérences au roi. Quand vint son tour, Ivan sortit la grenouille de sa poche et dit :
— C'est elle qui a trouvé ma flèche.
— Alors, mon fils, il faut que tu l'épouses, répondit gravement le roi.
— C'est justice, dit le frère aîné.
— C'est justice, dit le deuxième frère.
Ivan pleura beaucoup, mais on célébra ses noces avec la grenouille. Pour que personne ne marche sur elle, un serviteur la tenait sur un plateau.

Quelque temps après, le roi dit à ses fils :
— Je veux savoir laquelle de mes belles-filles est la plus habile. Demandez à vos épouses de tisser un tapis.
Maintenant qu'elles étaient princesses, la fille du général et la fille du marchand ne voulaient plus travailler. Elles commandèrent :
— Nourrice, tisse un tapis pour le roi !

Maintenant qu'elles étaient au service d'une princesse, les nourrices ne voulaient plus se fatiguer à tisser. Elles commandèrent :
— Servante, tisse un tapis pour le roi !
Alors les servantes se dépêchèrent de tisser un tapis, mais elles n'étaient pas très habiles.
En entendant l'ordre du roi, Ivan se sentit très triste et rentra chez lui en pleurant. La petite grenouille s'avança à sa rencontre en sautillant.
— Oh ! Mon gentil prince, pourquoi pleures-tu ? demanda-t-elle.
— Les épouses de mes frères vont tisser de beaux tapis pour le roi mon père, mais toi, tu ne sais pas tisser, dit Ivan en soupirant.
— J'ai promis d'être une bonne épouse pour toi et je ferai tout ce qu'une bonne épouse doit faire, répondit la grenouille. Va te coucher et dors tranquille, je m'occupe de tout.
Pendant qu'Ivan dormait, la princesse quitta sa peau de grenouille et se transforma aussitôt en une belle jeune fille. Elle ouvrit la fenêtre et vit une araignée qui tissait sa toile dans l'embrasure. Elle demanda :

« Araignée de la nuit,
S'il te plaît, donne-moi
Un peu de ton fil de soie. »

Et l'araignée lui donna du fil de soie. Puis elle dit à la lune :

« Lune de printemps
S'il te plaît, donne-moi
Un rayon d'argent. »

Et la lune lui donna un rayon d'argent. Puis la princesse grenouille prit des fleurs qui étaient dans un vase et avec tout cela elle tissa un tapis. Quand le prince Ivan se réveilla, il trouva la grenouille assise sur un coffret.

LA PRINCESSE GRENOUILLE

Elle lui dit :
— Mon gentil prince, ce que tu m'as demandé est dans ce coffret. Attends que tes frères aient offert leur cadeau au roi pour lui offrir le tien.
Le roi fit appeler ses fils et l'aîné présenta le tapis que lui envoyait son épouse.
— Peuh ! dit le roi, les servantes de mon palais en font autant.
Et il repoussa le tapis.
Le deuxième fils présenta le tapis offert par son épouse.
— Peuh ! dit le roi, les servantes de mon palais en font autant.
Alors Ivan s'avança, ouvrit le coffret et déplia le tapis tissé par la grenouille. Tous les courtisans assemblés poussèrent des oh ! et des ah ! Le tapis était doux comme de la soie et brillait tellement que toute la salle était illuminée d'argent. Son dessin représentait un merveilleux jardin rempli de toutes sortes de fleurs, si belles qu'à les voir on croyait sentir le parfum des nuits d'été. Le roi fut ravi de ce cadeau et il dit à Ivan :
— Je te remercie. Je serai très heureux de voir danser ta femme au grand banquet qui aura lieu demain soir.
Et il ajouta, pour ses autres fils :
— Vos épouses sont invitées elles aussi.

Ivan rentra chez lui encore plus triste que la fois précédente. Il dit à la grenouille :

—Demain soir, il y a un banquet où danseront les belles-filles du roi. Les épouses de mes frères vont danser, mais toi, qu'est-ce que tu vas faire ? Tu vas sautiller en faisant « couac » et moi, je vais mourir de honte.

—Demain tu partiras seul au banquet, répondit la grenouille. J'arriverai au bout d'une heure. Ne t'inquiète pas, le roi sera aussi content de ma danse que de mon tapis.

Quand Ivan arriva au banquet, ses belles-sœurs se cachèrent pour rire : « Hi hi ! Il n'a pas osé amener sa grenouille ! » Pendant ce temps, la grenouille avait repris son apparence de jeune fille, et se préparait, seule dans sa chambre. Elle se coiffa, se fit belle puis partit pour la salle du banquet. Dès qu'elle entra, tous les regards se portèrent sur elle et il se fit un grand silence. En un instant, Ivan comprit qu'il s'agissait de sa femme, mais déjà tous les courtisans, les comtes, les ducs, les princes se précipitaient pour lui offrir leur bras et Ivan eut bien du mal à parvenir jusqu'à elle.

Enfin il réussit à la prendre par la main pour la conduire à table.

Les belles-sœurs étaient muettes d'étonnement. Elles se dirent : « Nous nous sommes trompées, ce n'est pas une grenouille, c'est une magicienne ! » Elles observèrent tout ce que faisait la princesse et elles la virent mettre des os dans sa manche droite et verser du vin dans sa manche gauche. Alors elles firent la même chose. À la fin du banquet, quand le roi demanda aux épouses des fils aînés d'ouvrir le bal, elles refusèrent en disant :

—Nous laissons l'honneur de commencer à l'épouse d'Ivan...

Car elles voulaient observer ses gestes.

Alors la princesse se leva et se mit à danser avec Ivan, aussi légère qu'une plume. Quand elle agitait sa manche droite, on voyait des oiseaux. Quand elle agitait sa manche gauche, on voyait des paysages de montagnes ruisselantes de cascades. Les autres belles-filles se mirent à danser, en imitant ses gestes ; mais quand elles agitèrent leur manche droite, elles lancèrent les os sur la tête des invités, et quand elles agitèrent leur manche gauche, elles les inondèrent de vin. Tout à coup, ping ! le roi reçut un os de dinde sur le nez, et splatch ! du vin dans les yeux.

Alors il se mit très en colère et frappa dans ses mains pour arrêter la danse :

– Ça suffit, ça suffit ! Vous deux, allez vous asseoir ! dit-il aux épouses de ses fils aînés.

Le bal dura longtemps, car tous les invités voulaient danser avec la princesse. Pendant ce temps, Ivan rentra chez lui, trouva la peau de grenouille et la brûla. Quand la princesse arriva, elle se mit à chercher la peau, mais il lui dit :

– Tu ne la trouveras pas, je l'ai brûlée ! Maintenant, tu es ma femme pour toujours.

Il la prit dans ses bras, et cette nuit-là, ils dormirent ensemble.

Au petit matin, la princesse dit à Ivan :

– Tu as été trop impatient. Cette nuit, j'ai été ta femme, mais je ne peux pas rester près de toi. Adieu ! Si tu m'aimes, cherche-moi dans le trentième royaume.

Et elle disparut.

Alors Ivan partit à sa recherche. Pendant des mois, il marcha, marcha, demandant partout : « Connaissez-vous le chemin du trentième royaume ? » mais personne ne pouvait lui répondre. Un soir, alors qu'il était bien fatigué, il vit au bord du chemin une maisonnette montée sur des pattes de poule, le devant tourné vers la forêt, le dos vers la route. Il lui dit :

– Petite maison, petite maison ! Tourne-toi comme ta mère t'avait placée : le devant vers la route, le dos vers la forêt.

Alors la maison se tourna vers lui, la porte s'ouvrit et une vieille femme en sortit.

—Bonsoir, grand-mère, dit Ivan. J'ai marché toute la journée et je suis bien fatigué. Pourrais-tu me donner un morceau de pain et un coin pour dormir ?

—Entre, mon enfant, entre ! répondit la vieille.

Yvan entra, sans se méfier. Il ne savait pas qu'il était chez Baba-Yaga, la terrible sorcière ! Il mangea et dit à la vieille :

—Merci, bonne grand-mère. Dis-moi, toi qui as vécu longtemps, peut-être as-tu entendu parler du trentième royaume ?

—Que veux-tu aller faire dans le trentième royaume ? demanda Baba-Yaga, en plissant ses petits yeux.

—Je veux retrouver ma femme. C'est là qu'elle a disparu.

—Alors tu es le prince Ivan, reprit Baba-Yaga. Intéressant, très intéressant...

—Comment sais-tu mon nom ? demanda Ivan, étonné.

—J'ai entendu parler de ton histoire. Ta femme est prisonnière de Katcheï l'immortel, le maître du trentième royaume. Pour la retrouver, tu devras marcher longtemps encore, jusqu'à la mer. Au milieu de la mer, il y a une île, c'est le royaume de Katcheï.

—Je vais y aller et je tuerai ce brigand, s'écria Ivan.

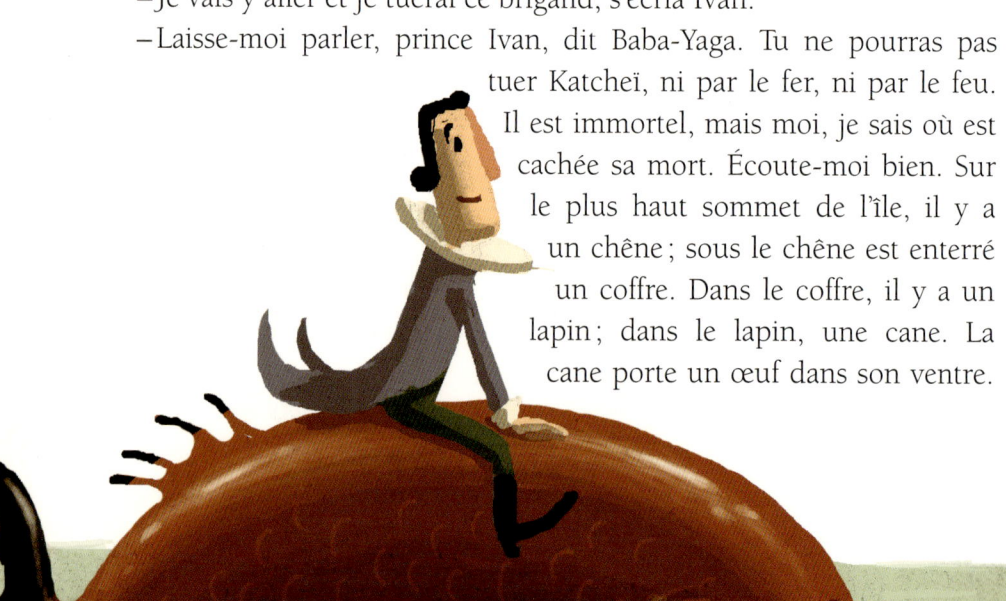

—Laisse-moi parler, prince Ivan, dit Baba-Yaga. Tu ne pourras pas tuer Katcheï, ni par le fer, ni par le feu. Il est immortel, mais moi, je sais où est cachée sa mort. Écoute-moi bien. Sur le plus haut sommet de l'île, il y a un chêne ; sous le chêne est enterré un coffre. Dans le coffre, il y a un lapin ; dans le lapin, une cane. La cane porte un œuf dans son ventre.

Dans l'œuf, il y a la mort de Katcheï. Détruis l'œuf et tu détruiras Katcheï. Alors, moi, Baba-Yaga, je serai vengée de mon pire ennemi !

Et la sorcière, au lieu de dévorer Ivan ou de le changer en pierre, le laissa partir, pour qu'il cherche la mort de Katcheï. Il marcha longtemps et enfin il arriva au bord de la mer. De petits poissons s'amusaient à sauter au milieu des vagues ; l'un d'eux sauta trop haut : il tomba sur le sable et se mit à se tortiller, sans pouvoir regagner la mer. Ivan l'attrapa et dit :

— Tu tombes bien. J'avais très faim, je vais te manger !

— Non, je t'en prie, ne fais pas de mal à mon fils, dit un gros poisson en sortant la tête hors de l'eau. Remets-le dans la mer et je te rendrai service.

Alors Ivan rendit le petit poisson à son père. Puis il se mit à marcher, tout le long de la plage, cherchant une barque ou un pont, un moyen d'accéder à l'île. Mais il ne trouvait rien.

— Tu veux traverser la mer ? dit une voix.

C'était le gros poisson.

— Oui, dit Ivan. Est-ce que tu peux m'aider ?

— Grimpe sur mon dos, répondit le poisson.

C'est ainsi qu'Yvan traversa la mer, arriva sur l'île et commença à gravir la montagne. Il avait toujours très faim. Tout à coup, il entendit un bruit dans un buisson : c'étaient deux petits loups qui jouaient. « Ma foi, se dit Ivan, c'est mieux que rien. » Il tira son poignard pour les égorger, mais une voix cria :

— Non, non !

À cent mètres de lui, une louve le regardait d'un air suppliant.

— Je t'en prie, dit-elle, ne tue pas mes petits, et moi, je te rendrai service.

Alors Ivan rendit les petits loups à leur mère. Il continuait à gravir la montagne, quand deux boules de fourrure roulèrent à ses pieds : c'étaient deux oursons. Il leva son poignard, mais une voix cria :

— Non, non !

Du haut d'un rocher, la mère ourse l'appelait :
— Je t'en prie, ne tue pas mes petits, et moi, je te rendrai service.
Alors il rendit les petits ours à leur mère et continua son chemin. Là-haut, dans le ciel, planaient deux aigles, un gros et un petit. Comme le petit se posait sur un arbre, Ivan prit son fusil et le visa. Mais la maman aigle cria :
— Non, je t'en prie, ne tue pas mon petit, et moi, je te rendrai service.
Alors Ivan abaissa son fusil et reprit sa marche.
Enfin, il arriva en haut de la montagne. Le chêne se dressait au milieu d'un amas de rochers. Comment creuser pour trouver le coffre ? Ivan essaya de bouger les rochers, mais il ne les déplaça pas d'un centimètre. C'est alors qu'arriva l'ourse. D'un coup de patte, elle déracina le chêne et souleva les rochers. Ivan trouva le coffre mais quand il l'ouvrit, frrrt ! le lapin s'échappa et se mit à dévaler la montagne.
Ivan s'élança à sa poursuite en courant de toutes ses forces. Peine perdue, le lapin disparut dans la forêt et Ivan dut s'arrêter, à bout de souffle. Mais quelques instants plus tard, il vit la louve sortir de la forêt et venir vers lui, tenant dans sa gueule le lapin. Vite, il lui ouvrit le ventre... et la cane s'envola à tire-d'aile ! Désespéré, impuissant, Ivan regardait vers le ciel quand tout à coup, il vit un éclair noir fondre sur la cane : c'était l'aigle. Il lui apporta la cane. Yvan la posa à terre, s'agenouilla, prit le poignard et lui ouvrit soigneusement le ventre : l'œuf était dedans...
C'est alors qu'une ombre se dressa devant le jeune prince. Il releva la tête et vit un homme tout habillé de noir, très pâle, qui le regardait fixement.
— Ne touche pas cet œuf, dit l'homme d'une voix pressante, surtout ne le touche pas !
— Tu es Katcheï ! s'écria Ivan.
— Oui, dit l'homme. Je dormais dans mon palais mais mon corps a tremblé dès que tu as ouvert le coffre. Tu veux ta femme ? Je vais te la

LA PRINCESSE GRENOUILLE

rendre. Je te donne aussi toutes les princesses qui sont prisonnières dans mon palais et toutes mes richesses, mais donne-moi l'œuf.
Ivan prit l'œuf et demanda :
– Où est ton palais ?
– De l'autre côté de la montagne. Donne-moi l'œuf, bientôt tu seras riche, répondit Katcheï.
Tout doucement, il s'approchait d'Ivan et tendait ses mains tremblantes pour s'emparer de l'œuf. Alors Yvan brisa l'œuf contre un rocher. Katcheï poussa un grand cri ; il s'écroula par terre, et aussitôt, son corps fut réduit en poussière.
Yvan passa de l'autre côté de la montagne et pénétra dans le palais d'or et d'argent du magicien. Là, il trouva beaucoup de princesses que Katcheï avait faites prisonnières, mais il ne les regarda pas. Il chercha dans toutes les chambres jusqu'à ce qu'il retrouve sa femme. Alors il l'embrassa et la fit monter dans le chariot volant du magicien. Ivan et son épouse retournèrent chez eux et ne se quittèrent plus jamais.

POUR ALLER PLUS LOIN

Cette histoire est formée de deux contes :
La Fiancée animale et *Le Corps sans âme*.
En France de nombreuses versions de *La Fiancée animale*
ont pour héroïne une chatte blanche comme *La chatte blanche*
de Madame d'Aulnoy (1698).

CENDRILLON

ILLUSTRÉ PAR FABRICE TURRIER

ADAPTÉ D'UN CONTE DE PERRAULT

À PARTIR DE 3 ANS   15 MINUTES   POUR RÉCUPÉRER UNE PANTOUFLE DE VERRE

Il y avait une fois un homme qui était veuf. Un jour, il se remaria avec une femme dure et orgueilleuse, mère de deux filles qui lui ressemblaient en tout. De son côté, le mari avait une fille qui était douce et gentille. Dès le lendemain des noces, la belle-mère laissa éclater sa mauvaise humeur. Elle se mit à maltraiter la fille de son mari : au lieu de jolis habits, elle lui donna de vieilles robes toutes déchirées ; elle l'obligea à faire les plus durs travaux ; à laver la vaisselle, à nettoyer la maison, à aller chercher le bois. Pendant ce temps, ses propres filles avaient des robes magnifiques et passaient leurs journées à se prélasser. Quand la pauvre petite avait fini son travail, elle allait s'asseoir au coin de la cheminée, dans les cendres, si bien qu'on la surnomma Cendrillon.

CENDRILLON

Craignant de se faire gronder, elle n'osait pas se plaindre à son père, car il se laissait entièrement dominer par sa femme.

Il arriva que le fils du roi donna un grand bal, auquel furent invitées les deux sœurs de Cendrillon. Les voilà bien contentes et bien occupées à choisir leurs habits et leur coiffure. Elles appelèrent Cendrillon pour lui demander son avis, car elle avait bon goût. Cendrillon leur donna d'excellents conseils et leur proposa même de les coiffer. Une autre qu'elle aurait profité de l'occasion pour se venger et les aurait coiffées de travers ; mais Cendrillon était si gentille qu'elle les coiffa parfaitement. Ses sœurs lui demandèrent :

– Cendrillon, serais-tu heureuse d'aller au bal ?

– Hélas, mesdemoiselles, vous vous moquez de moi. Comment pourrais-je y aller ?

– Tu as raison ! On rirait bien si on te voyait au bal avec tes vilains habits.

Quand elles furent prêtes, elles se rendirent au bal. Cendrillon les suivit des yeux le plus longtemps possible. Lorsqu'elle ne les vit plus, elle se mit à pleurer et sangloter :

– Je voudrais... je voudrais...

– Tu voudrais aller au bal ? murmura une voix tout près d'elle.

Étonnée, Cendrillon leva la tête. Devant la cheminée se tenait une vieille femme qui s'appuyait sur un bâton.

– Qui êtes-vous ? demanda Cendrillon.

– Ta marraine, la fée. Et ce bâton est ma baguette magique. Maintenant, arrête de pleurer, va dans le jardin et apporte-moi une citrouille.

Cendrillon courut aussitôt cueillir la plus belle citrouille du jardin et la porta à sa marraine, en se demandant bien comment cela lui permettrait d'aller au bal. Sa marraine creusa le fruit, ne lui laissant que l'écorce, puis elle le frappa de sa baguette magique : la citrouille se transforma aussitôt en un beau carrosse doré.

Ensuite, la fée regarda dans la souricière, où elle trouva six souris.

Elle dit à Cendrillon de lever un peu la trappe de la souricière. Au fur et à mesure que les souris sortaient, la fée leur donnait un coup de baguette magique et elles étaient aussitôt transformées en chevaux ; ce qui fit un bel attelage de six chevaux, de couleur gris souris pommelé. Comme la fée se demandait avec quoi elle ferait un cocher, Cendrillon lui dit :

– Je vais voir s'il n'y a pas quelque rat dans la ratière ; nous en ferons un cocher.

– Tu as raison, dit sa marraine, va voir.

Dans la ratière, il y avait trois gros rats. La fée choisit celui qui avait la plus belle barbe et le toucha de sa baguette. Il fut changé en un gros cocher, qui avait une des plus belles moustaches qu'on ait jamais vues. Puis elle dit à Cendrillon :

– Va dans le jardin, tu y trouveras six lézards derrière l'arrosoir, apporte-les-moi.

Les lézards furent changés en six laquais aux habits chamarrés, qui montèrent derrière le carrosse comme s'ils avaient fait cela toute leur vie.

La fée dit alors à Cendrillon :

– Eh bien, voilà de quoi aller au bal, n'est-ce pas ? Es-tu heureuse ?

– Oui, dit Cendrillon, mais je ne peux pas y aller comme cela, avec mes vilains habits.

Sa marraine ne fit que la toucher avec sa baguette, et les vilains habits devinrent une belle robe brodée d'or et d'argent. La fée lui donna ensuite une paire de jolies pantoufles de verre[1]. Cendrillon était prête pour le bal ! Mais avant de la laisser partir, sa marraine lui fit une dernière recommandation :

– Surtout, rentre avant minuit. Car au douzième coup de minuit, ton carrosse redeviendra citrouille, tes chevaux, souris, tes laquais, lézards, et ta robe, un vieux tablier !

Cendrillon promit à sa marraine de lui obéir, la remercia, monta en carrosse et partit, toute joyeuse. Quand le fils du roi apprit qu'une belle princesse inconnue venait d'arriver, il se précipita pour la recevoir. Il lui donna la main à sa descente du carrosse et la mena dans la salle où se trouvaient les invités. Aussitôt, il se fit un grand silence. Les danseurs se figèrent sur place, les violons se turent et chacun contempla l'inconnue. On n'entendait qu'un murmure confus :

– Ah ! qu'elle est belle !

Le fils du roi l'invita à danser. Elle dansa avec tant de grâce qu'on l'admira encore plus. Le jeune prince était si occupé à la contempler qu'il ne pensait pas à goûter aux mets délicieux qui étaient posés sur les tables. Cendrillon parla aimablement avec ses sœurs, mais elles ne la reconnurent pas. Tout à coup, elle entendit sonner onze heures trois quarts.

Elle fit aussitôt une grande révérence à la compagnie, et s'en alla le plus vite possible. Dès son retour, elle alla trouver sa marraine, la remercia, et lui dit qu'elle souhaitait retourner au bal le lendemain, car le fils

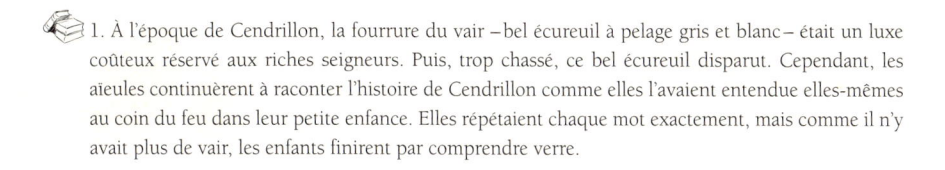

---

1. À l'époque de Cendrillon, la fourrure du vair – bel écureuil à pelage gris et blanc – était un luxe coûteux réservé aux riches seigneurs. Puis, trop chassé, ce bel écureuil disparut. Cependant, les aïeules continuèrent à raconter l'histoire de Cendrillon comme elles l'avaient entendue elles-mêmes au coin du feu dans leur petite enfance. Elles répétaient chaque mot exactement, mais comme il n'y avait plus de vair, les enfants finirent par comprendre verre.

du roi l'avait invitée. Un peu plus tard, les deux sœurs frappèrent à la porte. Cendrillon alla leur ouvrir.

—Que vous avez mis du temps à revenir! leur dit-elle en bâillant et en se frottant les yeux, comme si elle venait de se réveiller.

—Si tu étais venue au bal, lui dit une de ses sœurs, tu ne t'y serais pas ennuyée : il est venu la plus belle des princesses et elle a été si aimable avec nous!

Cendrillon ne se sentait pas de joie.

—Quel est le nom de cette princesse? demanda-t-elle.

—Personne ne la connaît, répondirent-elles, et le fils du roi donnerait tout pour savoir qui elle est.

Le lendemain, les deux sœurs se rendirent au bal, et Cendrillon aussi, mais encore plus magnifiquement parée que la première fois. Le fils du roi lui tint compagnie et ne cessa de lui parler. La jeune demoiselle était si occupée qu'elle en oublia les recommandations de sa marraine. Elle croyait qu'il n'était que onze heures quand elle entendit sonner minuit. Vite, elle se leva et s'enfuit aussi légèrement qu'une biche. Le prince eut beau la suivre, il ne put l'attraper. Elle courait si vite qu'elle laissa tomber une de ses pantoufles de verre. Le prince la ramassa bien soigneusement. Cendrillon arriva chez elle essoufflée, sans carrosse, sans laquais, et avec ses vilains habits : il ne lui restait de toute sa magnificence qu'une de ses petites pantoufles. On demanda aux gardes de la porte du palais s'ils n'avaient pas vu sortir une princesse, mais ils répondirent qu'ils avaient vu courir une jeune fille fort mal vêtue, et qui avait plutôt l'air d'une paysanne que d'une demoiselle.

Quand ses deux sœurs revinrent du bal, Cendrillon leur demanda si elles s'étaient encore bien amusées et si la belle dame était venue.

—Oui, dirent-elles, mais elle s'est enfuie quand minuit a sonné, et si vite qu'elle a laissé tomber une de ses pantoufles de verre. Le fils du roi l'a ramassée, et il n'a fait que la regarder pendant tout le reste du bal. Assurément, il est fort amoureux de la belle personne à qui appartient la petite pantoufle.

CENDRILLON

Elles disaient vrai, car peu de jours après, le fils du roi fit proclamer qu'il épouserait celle dont le pied entrerait exactement dans la pantoufle. On l'essaya aux princesses, ensuite aux duchesses, puis à toute la cour, mais inutilement. On l'apporta chez les deux sœurs, qui firent tout leur possible pour faire entrer leur pied dans la pantoufle, mais sans résultat. Cendrillon, qui les regardait, et qui avait reconnu la pantoufle, dit en riant :

– Voyons si elle ne m'irait pas !

Ses sœurs se mirent à rire et à se moquer d'elle. Le gentilhomme qui faisait l'essai de la pantoufle regarda attentivement Cendrillon et la trouva fort belle ; il dit qu'il avait l'ordre de l'essayer à toutes les filles. Il fit asseoir Cendrillon et, approchant la pantoufle de son petit pied, s'aperçut qu'elle y entrait sans peine. L'étonnement des deux sœurs fut grand, mais plus grand encore quand Cendrillon tira de sa poche l'autre petite pantoufle qu'elle mit à son pied. C'est alors qu'arriva la marraine ; elle donna un coup de sa baguette magique sur le vieux tablier de Cendrillon et le transforma en une robe somptueuse.

Alors ses deux sœurs la reconnurent pour la belle personne qu'elles avaient vue au bal. Elles se jetèrent à ses pieds pour lui demander pardon de tous les mauvais traitements qu'elles lui avaient fait subir. Cendrillon les releva, et leur dit en les embrassant qu'elle les pardonnait de bon cœur. On la mena chez le jeune prince, parée comme elle était. Il la trouva plus belle que jamais, et peu de jours après, il l'épousa. Cendrillon, qui était aussi bonne que belle, fit loger ses deux sœurs au palais, et les maria dès le jour même à deux grands seigneurs de la cour.

JACK ET LE HARICOT MAGIQUE

ILLUSTRÉ PAR ÉMILE JADOUL

ADAPTÉ D'UN CONTE DE GRANDE-BRETAGNE

À PARTIR DE 4 ANS   10 MINUTES   POUR DUPER L'OGRE

Jack vivait avec sa mère, dans une petite ferme. Ils travaillaient dur tous les deux, mais ils étaient très pauvres. Un jour, leur vieille vache ne donna plus de lait et la mère de Jack décida de la vendre.
– C'est moi qui vais la conduire au marché, dit Jack.
– Si tu veux, mais ne te laisse pas faire, répondit sa mère, demandes-en au moins dix pièces d'argent. Et Jack partit au marché, emmenant la vache au bout d'une corde. Il avait à peine fait quelques centaines de pas qu'il rencontra un petit vieux, qui marchait tout courbé sur un bâton.
– Bonjour, Jack, dit le petit vieux. Où vas-tu donc avec cette vache ?
– Bonjour, monsieur, répondit Jack. Je vais la vendre au marché, et je vais en tirer un bon prix !

– Si tu veux, tu peux devenir riche comme tu n'as jamais rêvé de l'être, dit le petit vieux. Je t'achète ta vache. Regarde ! Je te donne en échange ce haricot.

– Vous vous moquez de moi ! s'écria Jack. J'en veux au moins dix pièces d'argent et vous croyez l'avoir pour un haricot ?

– Oui, mais c'est un haricot magique. Si tu le plantes, en une nuit il poussera jusqu'au ciel.

– Jusqu'au ciel ! répéta Jack.

Il était émerveillé à l'idée de posséder une plante magique et déjà il imaginait les voisins et tout le village qui défilaient dans son jardin pour admirer le haricot géant.

Alors Jack vendit sa vache pour un haricot et s'empressa de rentrer à la maison, très content de lui. Inutile de dire qu'après avoir expliqué à sa mère la bonne affaire qu'il venait de réaliser, il perdit vite son air triomphal. « Âne, sot, niais... », sa mère le traita de tous les noms et finit par s'effondrer sur une chaise en pleurant comme une fontaine. Très contrarié de faire pleurer sa mère, Jack jeta le haricot par la fenêtre et se mit à pleurer lui aussi. Après une bien triste soirée, il alla se coucher, le cœur gros.

Le lendemain, il se leva le premier et se précipita à la cuisine pour préparer le petit déjeuner de sa mère. Mais impossible d'ouvrir les volets ! Il sortit voir ce qui les coinçait. Quelle surprise ! Un énorme pied de haricot montait contre le mur, et poussait si haut que la tige se perdait dans les nuages.

Sans hésiter, Jack commença à grimper de branche en branche, de feuille en feuille. Il grimpa... grimpa... grimpa encore... plus haut... jusqu'au ciel. Puis il suivit une route au milieu des nuages et finit par arriver devant un château qui semblait inhabité. Il entra et se promena dans toutes les pièces.

Quelle merveille ! Elles étaient pleines de beaux meubles et de toutes sortes de richesses. Mais tout à coup se dressa devant lui une géante.

Sans perdre son aplomb, Jack lui dit :
—Bonjour, madame, pourriez-vous me donner un peu à manger, s'il vous plaît ? J'ai bien faim.
—Mon pauvre enfant, dit la géante, que viens-tu faire ici ? Mon mari est un ogre. Au lieu de te donner à manger, c'est lui qui va te manger !
Jack n'eut pas le temps de répondre, car à ce moment, on entendit un grand bruit. Boum ! Bam ! Boum ! Bam !
—Vite, dit la géante, cache-toi derrière le buffet !
Jack se cacha et vit entrer un géant qui portait dans une main un sac et dans l'autre un mouton. Le géant jeta le sac dans un coin et des pièces d'or s'en échappèrent. Il se mit à renifler de tous côtés, puis s'écria :
—Ça sent la chair fraîche !
—Bien sûr, dit la femme, vivement. C'est ce mouton que vous apportez. Dépêchez-vous de le préparer pour que je puisse le faire cuire !
L'ogre obéit. La femme fit cuire le mouton, l'ogre le mangea et alla se coucher. Bientôt ses ronflements faisaient trembler les murs. Alors Jack, tout doucement, sortit de sa cachette, prit le sac de pièces d'or et, en courant, s'en revint comme il était venu.

Pendant ce temps, sa mère l'avait cherché et elle était très inquiète de sa disparition. « Pauvre petit, se disait-elle, je l'ai tellement grondé hier soir que peut-être il est parti et ne reviendra pas. » Elle fut bien surprise de le voir descendre du haricot et se précipita pour l'embrasser.
—Eh bien, petite mère, lui dit Jack, tu vois que c'était vraiment un haricot magique. Tiens, c'est pour toi !
Et il lui donna le sac de pièces d'or.
La pauvre femme remercia le ciel de lui avoir donné un fils si habile et tous les deux vécurent des jours heureux grâce à l'or du géant.

Au bout de quelques mois, les pièces d'or furent toutes dépensées et Jack décida de revenir au château des nuages. De branche en branche, de feuille en feuille, il grimpa le long de la tige du haricot.

Quand il se trouva devant la géante, il la salua bien poliment :
—Bonjour, madame, pourriez-vous me donner à manger, s'il vous plaît ?
—Gredin ! s'écria la géante, n'as-tu pas honte de me demander à manger alors que la dernière fois que tu es venu, tu nous as volé un sac de pièces d'or ?
Avant que Jack ouvre la bouche pour répondre, le château retentit d'un terrible bruit de pas : Boum ! Bam ! Boum ! Bam !
—Vite, cache-toi dans le four ! s'écria la géante.
Jack bondit dans le four pour se cacher, mais il laissa la porte entrouverte, de façon à pouvoir observer ce que faisait le géant. Il le vit poser sur la table un cochon et une cage... Puis le géant se mit à arpenter la cuisine en reniflant de tous côtés.
—Ça sent la chair fraîche ! s'écria-t-il.
—Mais, dit la géante, c'est ce cochon bien gras que vous avez apporté. Aidez-moi à le préparer pour le faire cuire.
—Oui, dit le géant, j'ai bien envie d'un cochon rôti au four.
—Non, dit la géante, ce cochon sera meilleur cuit à la broche.
Ils firent donc cuire le cochon dans la cheminée. L'ogre le mangea avec grand appétit, puis il ouvrit la cage et en sortit une oie d'or. Il la posa sur la table et dit :
—Ponds un œuf d'or.
Et l'oie pondit un œuf d'or. Le géant caressa un moment l'oie d'or puis ses yeux se fermèrent et il s'endormit dans son fauteuil. Aussitôt, Jack sortit de sa cachette, prit l'oie et à toutes jambes s'en revint comme il était venu.
Désormais, Jack et sa mère n'eurent plus de soucis, car l'oie pondait un œuf d'or tous les jours.
Mais les mois passèrent et Jack finit par trouver ennuyeuse sa petite vie tranquille. Il avait envie de voir encore une fois tous les trésors que le géant entassait dans son château. Alors, de branche en branche, de feuille en feuille, il reprit la route des nuages.

DÉMONS ET MERVEILLES

Cette fois, il jugea plus prudent de ne pas se faire voir de la géante. Il se faufila dans le château, gagna la cuisine et grimpa sur une étagère. Là, il se cacha derrière le pot de farine. Au bout d'un moment, il entendit : Boum ! Bam ! Boum ! Bam ! À peine entré dans la cuisine, l'ogre se mit à renifler de tous côtés en criant :
— Ça sent la chair fraîche ! Ça sent la chair fraîche !
La femme regarda derrière le buffet, où Jack s'était caché la première fois, puis dans le four, mais elle ne le trouva pas. Ils cherchèrent le garçon partout, mais n'eurent pas l'idée de regarder derrière le pot de farine. À la fin, ils pensèrent qu'ils s'étaient trompés. Jack les vit déjeuner d'une vache rôtie. Puis le géant prit dans un placard une harpe d'or et la posa sur la table.
— Joue, harpe d'or, dit le géant.
Et la harpe se mit à jouer. Sa musique était si douce que le géant et sa femme ne tardèrent pas à fermer les yeux

JACK ET LE HARICOT MAGIQUE

et à s'endormir. Dès que retentirent les ronflements, Jack sortit de sa cachette et prit la harpe. Mais, en quittant le château, il cogna la harpe contre la porte et elle résonna : Doïng ! Doïng !

À ce bruit, le géant se réveilla en sursaut et poussa un cri terrible en voyant Jack emporter la harpe. Il s'élança aussitôt pour le rattraper. Ah ! mes amis, quelle course ! Le géant allait saisir le garçon, mais celui-ci sauta sur la tige du haricot et commença à descendre.

Comme une sauterelle, le petit bondissait de feuille en feuille, tandis que le géant descendait lourdement. Il n'avait pas fait la moitié du chemin que Jack était déjà par terre et courait chercher une hache dans la grange, pour couper le pied du haricot. Vite, le géant arrive... Trop tard pour lui. Crraac ! le haricot s'écroule comme un arbre sous les coups du bûcheron et le géant s'écrase par terre !

Désormais, Jack ne pouvait plus revenir au château des nuages. Mais il avait eu si peur qu'il n'en avait pas envie ! Grâce aux œufs d'or, il vécut sans soucis, et quand il voulait se distraire, il écoutait la douce musique de la harpe d'or.

POUR ALLER PLUS LOIN

En 1809, en Angleterre, a été publiée une version de ce conte intitulée
« Jack and the Beanstalk » (« Jacques et la tige du haricot »)
tiré du recueil *Popular Stories for the Nursery*.

Jean de l'Ours

Illustré par Virginie Guérin

Conte d'Occitanie

À PARTIR DE 5 ANS   15 MINUTES   POUR VIVRE UNE GRANDE AVENTURE

Il y avait une fois une jeune fille qui était allée ramasser du bois mort dans la montagne. Un ours était caché derrière un rocher. Il saisit la jeune fille, l'emporta et l'enferma dans la grotte qui lui servait de tanière. Chaque jour, l'ours ramenait des fruits, des champignons, de la viande, mais il fermait toujours l'entrée de la grotte avec un gros rocher. La jeune fille fut obligée de rester avec lui et de devenir sa femme. Au bout d'un an, elle mit au monde un enfant qui était tout poilu, comme un ours. Elle l'appela Jean. Quand il sut parler, sa mère lui expliqua qu'elle aurait bien voulu revenir vivre avec ses parents, dans son village. Il essaya de déplacer le rocher, mais il n'était pas assez fort.
Les années passèrent, Jean de l'Ours grandit. Quand l'ours n'était pas là, le garçon essayait de déplacer le rocher et, un jour, il réussit enfin à

dégager un passage : sa mère et lui étaient libres ! Ils se mirent à courir vers le village, craignant d'être rattrapés par l'ours. Mais quand celui-ci s'aperçut de leur fuite, ils étaient déjà en sécurité chez les grands-parents de Jean de l'Ours. Pendant plusieurs nuits, l'ours vint hurler devant la maison et secouer la porte, puis il repartit dans sa montagne et on ne le revit plus jamais.

Jean de l'Ours devint un gaillard d'une force extraordinaire. Il décida d'apprendre le métier de forgeron. Pendant son apprentissage, il se fabriqua une canne en fer, d'un poids de cinq quintaux. Mais il s'ennuyait. Alors il dit adieu à sa mère et à ses grands-parents et partit dans le vaste monde, portant sa canne comme si c'était un brin d'osier.

Comme il cheminait, il rencontra un homme qui construisait un mur de pierre. Avec ses mains, il arrachait les rochers de la montagne comme si c'étaient de petits cailloux et les lançait en tas. Jean de l'Ours lui dit :

— Salut, l'homme. Je suis parti pour voir le vaste monde. Veux-tu venir avec moi ?

— Ma foi, répondit l'autre, pourquoi pas ? Cela sera sans doute plus amusant que ce travail.

Et les voilà partis tous les deux.

Au bout d'un moment, ils arrivèrent près d'une rivière.

Comme il n'y avait pas de pont, un homme faisait traverser les voyageurs en les portant sur son dos. Jean de l'Ours lui demanda :

— Tu fais ce travail tous les jours ?

— Oui, dit l'homme, mais c'est fatigant.

— Pourquoi ne viens-tu pas avec nous ? dit Jean de l'Ours. Nous sommes forts tous les trois, nous trouverons du travail.

Et le passeur accepta de partir avec Jean de l'Ours et le lanceur de rochers. Quand la nuit arriva, ils se trouvaient près d'un château.

— Allons voir si les habitants de ce château accepteront de nous loger pour la nuit, dit Jean de l'Ours.

Mais il n'y avait aucune lumière, aucun bruit dans ce château. Ils eurent beau appeler, personne ne répondit. Jean de l'Ours poussa la porte, qui s'ouvrit sans difficulté. Ils entrèrent et explorèrent tout le château, sans trouver âme qui vive. Comme il y avait du bois dans une grange, ils firent du feu dans la cheminée de la grande salle et se chauffèrent. Puis ils mangèrent les provisions qui se trouvaient dans la cuisine.

– Demain matin, dit Jean de l'Ours, j'irai à la chasse avec l'un de vous deux. L'autre restera pour préparer le repas.

Le lendemain, il partit donc à la chasse avec le lanceur de rochers, tandis que le passeur restait au château pour préparer le repas.

Quand les deux chasseurs rentrèrent, chargés de lapins et de perdrix, ils trouvèrent la grande salle tout en désordre : les assiettes étaient cassées et la marmite renversée dans la cheminée.

Il n'y avait plus de traces du passeur. Jean de l'Ours et le lanceur de rochers le cherchèrent longtemps dans le château, sans le retrouver. Enfin, ils entendirent un appel étouffé :

– Au secours, faites-moi sortir !

La voix venait d'un placard. Ils ouvrirent la porte et sortir le passeur.

– Mais qu'est-ce que tu fais là ? demanda Jean de l'Ours. Qui t'a enfermé ?

Le passeur baissait la tête sans répondre, honteux. Comme Jean de l'Ours insistait, il avoua :

– Un petit poulet.

– Quoi ? s'exclamèrent les deux autres.

– Oui, un poulet. Il est sorti de je ne sais où, il a renversé la marmite dans la cheminée, il m'a battu et m'a enfermé dans le placard.

Les deux autres se mirent à rire et à se moquer de lui. Jean de l'Ours dit :

– Allons manger maintenant. Demain, tu viendras à la chasse avec moi et c'est le lanceur de rochers qui gardera le château.

Le lendemain, quand Jean de l'Ours et le passeur revinrent de la chasse, ils trouvèrent la marmite renversée dans la cheminée et les assiettes

cassées. Le lanceur de rochers avait disparu. Ils le cherchèrent dans tout le château et finirent par entendre un appel étouffé :
—Au secours, faites-moi sortir !
La voix venait d'une armoire. Ils ouvrirent la porte de l'armoire et firent sortir le lanceur de rochers.
—Alors, dit Jean de l'Ours, ce poulet est revenu ?
—Oui, avoua le lanceur de rochers. Il m'a battu et m'a enfermé dans l'armoire.
—Demain, vous irez chasser tous les deux, dit Jean de l'Ours, moi, je vais attendre ce poulet.
Le lendemain, Jean de l'Ours monta la garde pendant que ses deux compagnons allaient chasser. Il tenait fermement la canne de cinq quintaux dans la main et quand le poulet apparut, il lui flanqua une bonne correction à coups de canne. Voyant qu'il n'était pas le plus fort, le poulet s'échappa. Jean de l'Ours le vit disparaître dans un trou de la muraille. Quand les deux compagnons rentrèrent de la chasse, ils furent très vexés de voir que Jean de l'Ours ne s'était pas laissé battre par le poulet, mais ils ne demandèrent pas d'explications. Après le repas, Jean de l'Ours leur dit :
—Le poulet est revenu, mais je lui ai flanqué une bonne correction. Je l'ai vu disparaître dans un trou de la muraille. Il faut le retrouver et le tuer. Ainsi nous serons les seuls maîtres du château.
Il conduisit ses compagnons à l'endroit où le poulet avait disparu. Ils descellèrent des pierres de la muraille et trouvèrent un puits si profond qu'on ne voyait pas où il finissait. Jean de l'Ours alla chercher un tonneau, une grande corde et une lampe. Il donna la lampe au passeur et lui dit :
—Monte dans le tonneau. Nous allons te descendre dans le puits.
Le passeur commença à descendre. Du fond du puits montait un vent glacial qui menaçait d'éteindre la lampe. Le passeur eut peur et se mit à crier :
—Remontez-moi ! Remontez-moi !

Quand il fut remonté, Jean de l'Ours dit au lanceur de rochers de prendre sa place dans le tonneau. Mais au bout d'un moment, le lanceur de rochers fut effrayé et se mit à crier :
— Remontez-moi ! Remontez-moi !
Quand il fut remonté, Jean de l'Ours dit à ses compagnons :
— Vraiment, je croyais avoir rencontré deux hommes forts, mais vous êtes plus peureux que des enfants ! Allons, descendez-moi dans ce puits.
Jean de l'Ours descendit jusqu'au fond du puits et s'avança dans un souterrain. Il aperçut le poulet, mais celui-ci se cacha bien vite. En cherchant le poulet, il arriva dans une chambre où se trouvaient trois princesses. Quand elles virent cet homme poilu comme un ours, armé d'une énorme barre de fer, elles se mirent à pleurer, mais il leur dit :
— N'ayez pas peur, ne pleurez pas. Je ne vais pas vous faire de mal. Que faites-vous là ?
— Nous sommes prisonnières, répondirent-elles.
— Venez, dit Jean de l'Ours, je vais vous faire remonter.
Il les installa dans le tonneau, puis cria vers le haut du puits :
— Remontez le tonneau !
Quand le tonneau arriva en haut du puits, les deux compagnons furent bien étonnés : ce n'était pas Jean de l'Ours, mais trois belles princesses !
Ils entendirent Jean de l'Ours crier :
— Faites redescendre le tonneau !
Au lieu d'obéir, ils coupèrent le tonneau d'un coup de hache et jetèrent la corde au feu.
— Puisqu'il est si malin, qu'il se débrouille tout seul ! dirent-ils.
Et ils s'enfuirent en emmenant les princesses.
Quand Jean de l'Ours comprit que ses compagnons l'avaient abandonné au fond du puits, il ne perdit pas courage. Il explora le souterrain et les chambres jusqu'à ce qu'il retrouve le poulet. En le menaçant de sa barre de fer, il lui demanda :
— Comment faut-il faire pour sortir d'ici ?

—Il suffit de s'envoler, répondit le poulet.
—Mais moi, je ne peux pas voler, dit Jean de l'Ours.
—Écoute, dit le poulet. Au fond du couloir, tu trouveras un aigle blanc. Va lui demander s'il veut bien te remonter sur son dos.
Jean de l'Ours alla trouver l'aigle et lui demanda s'il voulait l'aider à sortir du puits.
—Tu es très lourd, répondit l'aigle. Le voyage sera très fatigant pour moi. Pour reprendre des forces, il faudra que je m'alimente sans arrêt. Va dans le pré que tu vois là-bas, et ramène-moi un bœuf.

Jean de l'Ours alla chercher un bœuf et l'aigle lui expliqua :
—Tue le bœuf et coupe-le en morceaux. Tu me donneras à manger quand je crierai « viande » ! D'un coup de sa barre de fer, Jean de l'Ours tua le bœuf ; il le coupa en morceaux à l'aide de son couteau de chasse, mit les morceaux dans un grand drap et les chargea sur son épaule.
—Allons-y, dit l'aigle.
Ils se rendirent au bas du puits, Jean de l'Ours monta sur le dos de l'aigle et l'oiseau s'envola. Au bout de quelques instants, l'aigle cria :
—Viande ! Viande !
Jean de l'Ours lui fit passer un morceau de bœuf. Quelques instants plus tard, l'aigle cria encore :
—Viande ! Viande !
Jean de l'Ours lui fit passer un morceau de bœuf. Quelques instants plus tard, l'aigle cria de nouveau :
—Viande ! Viande !
Et Jean de l'Ours lui donna à manger. L'aigle montait lentement vers le haut du puits et Jean de l'Ours commençait à voir la lumière. Bientôt, tout le bœuf fut englouti par l'aigle qui criait toujours :
—Viande ! Viande !
—Je n'ai plus de viande, répondit Jean de l'Ours.
—Si tu ne me donnes pas à manger, je ne pourrai pas continuer, dit l'aigle.
Et l'oiseau s'envola.
—Mais nous sommes presque arrivés, dit Jean de l'Ours, nous sommes presque au bord du puits.
L'aigle était épuisé, il battait péniblement des ailes, sans pouvoir avancer.
Alors Jean de l'Ours, avec son couteau de chasse, se coupa un morceau de la cuisse et le donna à l'aigle. D'un dernier coup d'aile, l'aigle parvint à se poser sur le rebord du puits. Jean de l'Ours le remercia, puis il partit à la recherche de ses compagnons. Il monta sur la plus haute tour du château et les vit qui s'enfuyaient en emmenant les princesses.

JEAN DE L'OURS

Il s'élança à leur poursuite. Quand ils se rendirent compte que Jean de l'Ours était à leurs trousses, ils abandonnèrent les princesses pour courir se cacher dans la forêt. Jean de l'Ours s'arrêta près des princesses et leur demanda où étaient les deux hommes qui les accompagnaient.
—Ils ont eu peur en vous voyant, dit la plus jeune.
—Je vais les retrouver, ces brigands, et leur flanquer une correction, dit Jean de l'Ours.
—Non, dit la plus jeune des princesses, vous ne pouvez pas courir avec une telle blessure ; reposez-vous, je vais vous soigner.

La princesse connaissait les plantes qui guérissent. Elle en cueillit quelques-unes, les mit sur la cuisse de Jean de l'Ours et déchira son jupon pour lui faire un bandage.

Jean de l'Ours lui dit :
—Tant pis pour ces brigands, qu'ils aillent où ils veulent. Je vais vous ramener chez vous.

Il accompagna les trois princesses et les remit à leurs parents, qui les reçurent avec des larmes de joie. Jean de l'Ours épousa la plus jeune des trois et vécut heureux avec elle.

LA REINE DES NEIGES

ILLUSTRÉ PAR CHRISTIAN GUIBBAUD

ADAPTÉ D'UN CONTE D'ANDERSEN

À PARTIR DE 5 ANS   30 MINUTES   POUR RECHERCHER UN AMI PERDU

Un jour, le diable fabriqua un miroir qui ne montrait le monde que sous un aspect affreux et méchant : reflétés dans ce miroir, les plus beaux paysages se transformaient en déserts et les plus jolis visages devenaient laids à faire peur. Avec son miroir, le diable parcourut le monde, en prétendant qu'il voyait enfin comment la terre et les hommes sont en réalité. Puis il s'envola vers le ciel, pour aller se moquer des anges. Mais le miroir se mit à trembler de plus en plus fort, si bien qu'il échappa des mains du diable, tomba sur la terre et se brisa en millions de morceaux, plus grands qu'un grain de sable.
Ces petits morceaux furent emportés par le vent ; si l'un d'eux tombait dans l'œil de quelqu'un, aussitôt le malheureux voyait le mal et

la laideur partout ; si un éclat de miroir sautait dans le cœur d'une personne, ce cœur devenait insensible comme un bloc de glace.

Dans une grande ville vivaient deux petits enfants qui n'avaient pour jardin que quelques pots de fleurs. Ils n'étaient pas frère et sœur, mais ils s'aimaient autant que s'ils l'avaient été. Le petit garçon s'appelait Kay et la petite fille Gerda. Ils habitaient chacun dans une mansarde, située tout en haut de deux maisons qui se faisaient face. La rue était si étroite qu'il aurait suffi d'enjamber la ruelle pour passer d'une fenêtre à l'autre. Ils n'en avaient pas le droit, bien sûr. Mais ils avaient pris l'habitude de s'installer chacun sur un petit tabouret, au milieu des fleurs, de chaque côté de la ruelle. Et ils passaient là des moments merveilleux.

Un jour d'été, ils jouaient sur leur petit balcon planté de rosiers. Le soleil brillait, mais à l'ombre des rosiers, il faisait bon. Tout à coup, Kay s'écria :

— Aïe, quelque chose m'a piqué le cœur, et une poussière m'est entrée dans l'œil !

Gerda regarda soigneusement son œil et dit :

— Je ne vois rien, elle a dû partir.

Hélas, la poussière n'était pas partie. C'était un éclat de cet affreux miroir inventé par le diable, et Kay en avait aussi reçu un dans le cœur. Il s'écria :

— Oh ! Mais ces rosiers poussent de travers, et ces roses sont très laides !

Et il arracha tous les rosiers. Comme Gerda pleurait, il lui cria :

— Pourquoi pleures-tu, tu es laide quand tu pleures !

Abandonnant son amie, il rentra chez lui. À partir de ce jour, il ne s'intéressa plus aux livres d'images ni aux contes que sa grand-mère racontait, et il devint très méchant avec la petite fille.

Un jour d'hiver, il sortit faire du traîneau sur la place. Les garçons les plus hardis s'amusaient à attacher leur traîneau aux charrettes des paysans et à se faire traîner un bout de chemin.

Ce jour-là arriva sur la place un grand traîneau blanc. Une personne enveloppée de fourrures blanches et coiffée d'un bonnet blanc le conduisait. Kay accrocha son petit traîneau au grand traîneau blanc, et les voilà partis.

Kay s'amusait beaucoup! De temps en temps, la personne qui conduisait se retournait et adressait à Kay un signe amical. Mais bientôt, le petit garçon commença à trouver qu'il était entraîné trop loin. Il voulut détacher son traîneau : impossible! Déjà, les deux traîneaux sortaient de la ville et ils filaient de plus en plus vite. La neige se mit à tomber. Épouvanté, Kay n'y voyait plus rien, et il avait beau crier, personne ne semblait l'entendre. Enfin le grand traîneau s'arrêta et la personne qui le conduisait s'approcha de Kay : c'était une dame grande et mince ; son manteau et son bonnet n'étaient faits que de neige étincelante : c'était la reine des Neiges.

– Nous avons fait du chemin, dit-elle à Kay, mais tu es glacé, viens dans mon traîneau.

Elle le prit contre elle et l'enveloppa de son manteau : l'enfant eut l'impression de tomber dans un gouffre de neige.

– As-tu encore froid? demanda-t-elle en l'embrassant sur le front.

Son baiser était plus froid que la glace et il pénétra jusqu'au cœur déjà à demi glacé du petit garçon. Elle l'embrassa encore et il oublia tout, Gerda, sa grand-mère, la maison. Il n'avait plus froid, il n'avait plus peur ; il trouvait la reine des Neiges plus belle que tout et il s'envola avec elle par-dessus les forêts et les océans. Au-dessus d'eux, la lune brillait. Sous leurs pieds, le vent du nord hurlait et la neige blanche scintillait. Pour Kay, ce fut une longue nuit d'hiver. Au matin, il s'endormit aux pieds de la reine des Neiges.

Pour Gerda, les jours de cet hiver-là furent sombres. Elle pleura beaucoup la disparition de Kay mais elle ne pouvait pas croire à sa mort. Quand revint le printemps, elle se leva un jour de bonne heure, embrassa sa grand-mère qui dormait, mit ses jolis souliers rouges et partit au bord de la rivière.

LA REINE DES NEIGES

Elle demanda à la rivière :
– Est-ce toi qui m'as pris mon ami ? Je te donnerai mes souliers rouges si tu me le rends.

Il lui sembla que les remous lui faisaient signe, alors elle enleva ses souliers rouges et les jeta dans l'eau. Mais ils tombèrent tout près du bord et les remous les lui ramenèrent. La rivière ne voulait pas accepter les petits souliers puisqu'elle n'avait pas pris Kay. Mais Gerda se dit qu'elle n'avait pas lancé les souliers assez loin.

Elle grimpa dans une barque, et jeta de nouveau les souliers dans l'eau. Mais le bateau était mal attaché et il s'éloigna au fil de l'eau, en emportant Gerda. D'abord, elle eut très peur, puis elle se dit : « Peut-être que la rivière va m'amener auprès de Kay ? », et elle reprit courage. Le voyage dura longtemps, puis la barque s'échoua près d'une petite maison avec des fenêtres rouge et bleu, un toit de chaume et deux soldats de bois qui montaient la garde. Gerda les appela, croyant qu'ils étaient vivants. Naturellement, ils ne répondirent pas. Gerda appela plus fort.

Alors sortit de la maison une vieille femme qui portait un grand chapeau de paille orné de fleurs peintes. Elle aida Gerda à prendre pied sur la berge et la petite lui raconta son histoire, lui demandant si elle n'avait pas vu passer Kay.

— Je ne l'ai pas encore vu, dit la vieille femme, mais il va sans doute arriver, ne t'inquiète pas et viens goûter.

Elle la fit entrer dans sa maison et lui donna des cerises à manger.

— J'avais tellement envie d'avoir une jolie petite fille comme toi ! dit la vieille femme. Tu vas voir, nous allons bien nous entendre !

Tout en parlant, elle peignait Gerda avec un peigne d'or, et, au fur et à mesure, la petite fille oubliait son camarade et sa vie passée. Car cette vieille femme était une magicienne et elle avait décidé de garder la petite fille auprès d'elle.

Puis la magicienne sortit dans le jardin et fit disparaître sous terre tous les rosiers, car elle avait peur qu'en voyant les roses Gerda se souvienne des rosiers près desquels elle jouait avec son ami Kay.

Gerda resta avec la magicienne.

Tous les jours, elle jouait dans le merveilleux jardin rempli de toutes les espèces de fleurs. Pourtant, il lui semblait qu'il en manquait une, mais laquelle ? Elle ne pouvait pas le dire.

Un jour, elle remarqua que des fleurs étaient peintes sur le chapeau de paille de la vieille femme. La plus belle de ces fleurs était une rose.

— Comment ? s'écria-t-elle. Il n'y a pas de roses ici ?

Elle chercha dans tous les parterres, mais n'en trouva aucune. Alors elle s'assit et pleura et ses larmes tombèrent à l'endroit où justement un rosier s'était enfoncé. Lorsque Les larmes mouillèrent la terre, l'arbuste reparut, encore plus beau qu'auparavant. Gerda l'entoura de ses bras et tout à coup elle se souvint de ses rosiers et de son petit ami Kay.

—Oh! je me suis attardée, dit-elle, alors que je voulais chercher Kay. Savez-vous où il est, demanda-t-elle aux roses. Croyez-vous vraiment qu'il soit mort?

—Non, il n'est pas mort, répondirent les roses, nous avons été sous la terre, où sont tous les morts, et Kay n'y était pas!

—Merci, merci, dit Gerda, et elle alla interroger les autres fleurs: Savez-vous où est le petit Kay?

Alors chaque fleur, le lis rouge, le liseron, le perce-neige, la jacinthe, le bouton-d'or, le narcisse lui racontèrent leur histoire, mais aucune ne parlait de Kay. Gerda courut au bout du jardin. La porte était fermée à clé, mais elle secoua la charnière toute rouillée, qui céda. La porte s'ouvrit et Gerda s'élança, sans chaussures. Elle se retourna trois fois pour voir si personne ne la suivait. Puis, fatiguée de courir, elle s'assit sur une grosse pierre et regarda autour d'elle: l'automne était très avancé, alors que dans le jardin enchanté il y avait toujours du soleil et toutes les fleurs des quatre saisons.

—Mon Dieu, comme j'ai perdu du temps! s'écria la petite fille. C'est déjà l'automne! Je n'ai pas le droit de me reposer.

Elle repartit. Ses petits pieds étaient douloureux et fatigués. Autour d'elle, tout était froid et gris. Le brouillard se condensait en gouttes qui roulaient sur les feuilles jaunes des saules.

Elle marcha longtemps, puis la neige se mit à tomber, formant un tapis de plus en plus épais. La petite fille fut obligée de s'asseoir pour se reposer.

—Kra! Kra! Bonjour! Bonjour!

Une corneille vint sautiller près d'elle. Elle demanda à la petite fille où elle allait toute seule à travers le monde et Gerda lui raconta tout, lui demandant si elle n'avait pas vu Kay.

La corneille hochait la tête et semblait réfléchir.
– Peut-être, c'est possible, répondit-elle.
– Vraiment, tu crois ? cria la petite fille, et elle faillit étouffer l'oiseau, tellement elle l'embrassait.
– Doucement, doucement, fit la corneille. Cela pourrait bien être Kay, mais il t'a remplacée par la princesse.
– Il est chez une princesse ? demanda Gerda.
– Écoute, je vais t'expliquer, dit la corneille. J'ai une fiancée, qui est apprivoisée et qui se promène librement dans le château, c'est elle qui m'a tout raconté. Notre princesse est très intelligente et elle a décidé de se marier avec un homme capable de parler avec esprit. Elle a fait publier des annonces dans tous les journaux et une foule de prétendants est arrivée au château. Ils parlaient tous très facilement quand ils étaient dehors, mais, une fois entrés dans le château, après avoir vu les gardes en uniforme brodé d'argent, les laquais en habit brodé d'or et les grands salons illuminés, ils étaient tout intimidés. Ils restaient plantés devant le trône de la princesse, tout juste capables de répéter les derniers mots qu'elle prononçait…
– Mais Kay, mon petit Kay, l'interrompit Gerda, quand m'en parleras-tu ?
– Patience, nous y arrivons, dit la corneille. Le troisième jour arriva un petit personnage sans cheval ni carrosse, qui monta au château d'un pas décidé. Il avait des yeux brillants comme les tiens et de beaux cheveux longs, mais ses vêtements étaient pauvres.
– C'est Kay, jubila Gerda en battant des mains, je l'ai enfin retrouvé.
– Il était plein d'assurance, continua la corneille, et il n'était pas venu comme prétendant, mais pour juger l'intelligence de la princesse. Il la trouva remarquable et elle le trouva très bien.
– C'est lui ! s'écria Gerda, il est si intelligent, il sait même faire le calcul mental avec les chiffres décimaux. Oh ! conduis-moi au château !
La corneille s'envola pour aller prévenir sa fiancée, puis elle revint près de Gerda, lui rapportant un petit pain. Ensuite, elle la conduisit au château, dont les lumières s'éteignaient l'une après l'autre.

Elles entrèrent par une petite porte entrebâillée et montèrent un escalier. Oh ! comme le cœur de Gerda battait ! La corneille apprivoisée les fit passer dans des salles toutes plus belles les unes que les autres et elles arrivèrent à la chambre à coucher.

Le plafond ressemblait à un grand palmier aux feuilles de vitrail. Au milieu du parquet, deux lits ressemblaient à des lis. L'un était blanc et la princesse y était couchée. L'autre était rouge et c'est dans celui-là que Gerda se mit à chercher Kay. Elle écarta quelques pétales rouges et aperçut une nuque brune.

—Oh ! c'est Kay, s'écria-t-elle en approchant la lampe.

Le dormeur s'éveilla, tourna la tête vers elle… mais ce n'était pas Kay…

Alors Gerda se mit à pleurer et raconta toute son histoire.

—Pauvre petite ! s'exclamèrent le prince et la princesse.

Ils la firent coucher au château et le lendemain, ils l'invitèrent à rester avec eux et à couler des jours heureux. Mais elle leur demanda une voiture attelée d'un cheval et une paire de bottines, car elle voulait repartir à la recherche de Kay. Alors ils lui donnèrent une jolie robe, des bottines et un manchon et firent préparer un carrosse d'or avec un cocher et des domestiques. Le prince et la princesse l'aidèrent à monter en voiture et lui souhaitèrent bonne chance. La corneille l'accompagna pendant quelques kilomètres, puis elles durent se séparer et la corneille alla se poser dans un arbre ; elle battit de ses ailes noires aussi longtemps qu'elle put voir le carrosse, qui brillait comme le soleil…

Comme le carrosse traversait une forêt épaisse, des brigands l'aperçurent et s'écrièrent :

—De l'or, de l'or !

Ils s'élancèrent sur leurs chevaux, tuèrent le cocher et les valets et tirèrent Gerda de la voiture. Une vieille brigande qui portait sa fille sur son dos s'apprêtait à la tuer, quand sa fille lui dit :

—Laisse-la. Qu'elle me donne son manchon, sa jolie robe et je la laisserai coucher dans mon lit. Nous jouerons ensemble.

Et elle ajouta :
— Je veux monter dans le carrosse.
Les brigands en passèrent par où elle voulait. Elle monta à côté de Gerda et le carrosse repartit, s'enfonçant encore plus profondément dans la forêt, jusqu'à un château tout lézardé. C'était le repaire des brigands. Dans une salle toute noire de fumée brûlait un grand feu ; une grande marmite de soupe bouillait et des lièvres et des lapins rôtissaient sur des broches.

Après lui avoir donné à boire et à manger, la fille des brigands emmena Gerda dans un coin où il y avait de la paille et des couvertures.
— Tu vas dormir avec moi et mes petits animaux préférés ! dit-elle.
Sur des lattes étaient perchés des pigeons, d'autres se tenaient dans un trou du mur fermé par une quantité de barreaux.
— Ce sont les sauvages de la forêt, ceux-là, ils s'échappent si on ne les enferme pas bien, expliqua la fille des brigands. Et voilà mon préféré, mon vieux Bêê !
Elle tira un renne attaché par une corde.
— Il faut l'attacher, celui-là, sinon il se sauve. Et tous les soirs, je lui caresse le cou avec mon couteau, il en a une peur terrible !
Et elle saisit un couteau et le passa en riant sur le cou du pauvre renne qui ruait. Elle entraîna Gerda vers le lit, sans lâcher son couteau.
— Raconte-moi qui tu es et ce que tu fais toute seule.
Et Gerda lui raconta qu'elle était à la recherche de son petit camarade Kay. Quand la fille des brigands commença à ronfler, les pigeons de la forêt dirent :
— Crourou ! Crourou ! Nous avons vu le petit Kay. Il était dans le traîneau de la reine des Neiges, qui passait au-dessus de la forêt. Nous étions dans notre nid, la reine a soufflé sur nous et nos petits sont morts. Crourou ! Crourou !
— Que dites-vous, là-haut ? s'écria Gerda. Où est allée la reine des Neiges, le savez-vous ?
— Elle allait sûrement vers la Laponie, où il y a toujours de la glace et de la neige. Demande au renne.
— Il y a de la glace et de la neige, et c'est si agréable de courir en liberté dans les plaines brillantes, dit le renne. C'est là que la reine des Neiges a sa résidence d'été, mais son palais est près du pôle Nord, sur une île appelée Spitzberg.
— Oh ! mon petit Kay, soupira Gerda.
— Si tu ne te tiens pas tranquille, dit la fille des brigands à moitié endormie, je te plante mon couteau dans le ventre.

Au matin, Gerda lui raconta ce que les pigeons et le renne lui avaient dit. Quand les brigands furent sortis, la fille des brigands dit au renne :
— Cela m'aurait amusé de te chatouiller encore longtemps le cou avec mon couteau, tu es si drôle quand tu as peur ! Mais tant pis, je vais te détacher et tu vas emmener cette petite fille en Laponie, au château de la reine des Neiges.
Le renne sauta en l'air de joie. La fille des brigands souleva Gerda, l'installa sur le dos du renne, et l'attacha soigneusement.
— Prends tes bottines fourrées, car il fera froid, mais le manchon, je le garde, il est trop joli. Cependant je ne veux pas que tu aies froid, alors je te donne les moufles de ma mère.
Gerda pleurait de joie.
— Assez pleurniché, dit la fille des brigands, je n'aime pas ça, tu devrais avoir l'air contente au contraire. Et voilà deux pains et un jambon, tu ne souffriras pas de la faim.
Elle détacha le renne et ouvrit la porte.
— Va maintenant, cours, mais fais bien attention à la petite fille !
Gerda agita ses mains gantées des immenses moufles pour dire au revoir à la fille des brigands et le renne détala ; au milieu des buissons et des arbustes, à travers la forêt, à travers les marais, à travers la steppe, il courait de toutes ses forces, jour et nuit. Et ils arrivèrent en Laponie.
Là, ils frappèrent à la cheminée d'une petite maison, car il n'y avait même pas de porte.
Une femme les fit entrer dans la maison bien chaude et enleva à Gerda ses moufles et ses bottines pour qu'elle n'ait pas trop chaud. Le renne lui raconta d'abord sa propre histoire, puis celle de Gerda.
— Le jardin de la reine des Neiges commence à quinze kilomètres d'ici, dit la femme. Conduis-y la petite fille, fais-la descendre près du buisson couvert de baies rouges et reviens vite.
La femme replaça Gerda sur le dos du renne, qui repartit alors à toute vitesse.

– Oh ! mes bottines, mes moufles, je ne les ai plus ! s'écria la petite fille en sentant le froid cuisant.

Mais le renne n'osa pas s'arrêter, et courut, courut jusqu'au buisson couvert de baies rouges. Là, il fit descendre Gerda. Il l'embrassa en pleurant, puis partit en courant, sans se retourner.

Et voilà la pauvre Gerda sans chaussures, sans gants, dans le froid terrible ! Elle se mit à courir aussi vite qu'elle pouvait, mais un régiment de flocons de neige l'attaqua. Ils ne tombaient pas du ciel, qui était parfaitement clair, ils couraient au ras du sol. Leurs formes étaient bizarres ; certains étaient comme d'affreux hérissons, d'autres comme des nœuds de serpents, d'autres encore ressemblaient à des oursons. Et tous étaient d'une éclatante blancheur. C'étaient les gardes de la reine des Neiges.

Alors Gerda se mit à chanter et l'haleine qui sortait de sa bouche comme une fumée à cause du froid repoussa l'armée des flocons, les faisant éclater en mille morceaux. D'un pas intrépide, la petite fille arriva au château.

Ses murs étaient faits de neige, ses fenêtres et ses portes de vents coupants, et il comprenait plus de cent salles formées par des tourbillons de neige et éclairées de magnifiques aurores boréales. Tout était grand, vide, glacialement étincelant.

Aucune gaieté, jamais un petit bal où les ours blancs auraient pu danser sur les pattes de derrière, en prenant l'air distingué. Jamais une partie de cartes permettant de se disputer, jamais une invitation à goûter pour ces demoiselles les renardes blanches.

Au milieu de ces salles neigeuses, désertes et infinies, il y avait un lac gelé dont la glace était fendue en mille morceaux identiques. Au centre trônait la reine des Neiges.

Près d'elle, Kay était bleu de froid, mais il ne s'en apercevait pas. Le baiser de la reine l'avait rendu insensible au froid et son cœur était un bloc de glace. Il jouait à disposer des morceaux de glace pour obtenir des figures. La reine des Neiges lui avait dit : « Si tu arrives

à écrire le mot "éternité", je t'offrirai le monde entier et une paire de patins neufs. » Mais Kay n'arrivait pas à écrire le mot « éternité » en assemblant les morceaux de glace.
La reine lui dit :
— Maintenant, je vais m'envoler vers les pays chauds. Je vais les blanchir. C'est très joli, la neige sur les arbres en fleurs.
Elle partit et Kay resta seul. Au même moment, Gerda entrait dans le château. Elle arriva enfin dans l'immense salle vide et aperçut Kay. Elle lui sauta au cou, le serra dans ses bras en criant :
— Kay, mon petit Kay, je te retrouve enfin !
Mais il restait immobile et si froid qu'on aurait pu le croire mort. Alors Gerda se mit à pleurer de chaudes larmes qui tombèrent sur la poitrine du petit garçon, réchauffèrent son cœur, firent fondre le bloc de glace et en chassèrent le morceau de miroir.
Il la regarda et éclata en sanglots. Il pleura tellement que la poussière, le petit éclat de miroir qu'il avait reçu, coula hors de son œil.
Fou de joie, il cria :
— Gerda, chère petite Gerda, où étais-tu pendant tout ce temps ? Et moi, pourquoi suis-je ici ?
Il regarda autour de lui.
— Qu'il fait froid, que tout est vide et grand !
Ils s'embrassaient, en riant et pleurant à la fois. Devant tant de bonheur, les morceaux de glace se mirent à danser et formèrent d'eux-mêmes le mot que la reine des Neiges avait dit à Kay d'écrire : « éternité ».
Alors les deux enfants, en se tenant par la main, sortirent du château et allèrent à l'arbuste aux baies rouges. Le renne les y attendait, en compagnie d'une jeune femelle aux mamelles pleines. Elle donna aux enfants son lait chaud et les réchauffa de ses baisers.
Puis les deux animaux portèrent Kay et Gerda chez la femme lapone, qui avait cousu pour eux des vêtements neufs et avait préparé un traîneau. Le renne et la jeune femelle les accompagnèrent jusqu'à

l'endroit où apparaissent les premières prairies. Là, les enfants dirent adieu aux deux rennes et à la femme lapone : « Adieu, adieu ! et merci ! » et ils continuèrent leur voyage.

La main dans la main, ils marchèrent à travers la forêt pleine de petites pousses vertes et de fleurs : c'était le printemps. Ils arrivèrent dans une grande ville où les cloches sonnaient et ils reconnurent les hautes tours : c'était la ville où ils étaient nés. Ils allèrent à leur maison et entrèrent dans la chambre, où tout était à la même place qu'autrefois. Rien n'avait changé, sauf une chose : eux-mêmes. Ils étaient devenus des adultes... mais dans leur cœur, ils étaient encore des enfants.

DU COQ À L'ÂNE

LES TROIS PETITS COCHONS

ILLUSTRÉ PAR VIRGINIE GUÉRIN

ADAPTÉ D'UN CONTE DE FRANCE

À PARTIR DE 3 ANS   10 MINUTES   POUR SOUFFLER TRÈS FORT

Il y avait une fois trois petits cochons qui vivaient dans une ferme. Comme ils s'ennuyaient, un beau jour, ils sautèrent par-dessus la barrière et s'en furent dans le bois. Tout en se promenant, ils arrivèrent dans une clairière. Cet endroit était si joli qu'ils eurent envie de s'y installer. Le plus grand dit à ses frères :
— Il nous faut une maison pour nous mettre à l'abri du loup. Allons chercher des briques et du ciment au village et nous construirons dans cette clairière une jolie maison pour tous les trois.
Mais les deux autres cochons ne voulaient pas aller chercher des briques.
— C'est trop lourd, dirent-ils.

— Je vais ramasser de la paille et m'en faire une maison, dit l'un.
— Moi, dit l'autre, je vais ramasser des branches et m'en faire une maison.
Alors, chacun construisit sa propre maison. Les deux plus jeunes eurent vite fini et ils se mirent à jouer à se rendre visite.
— Bonjour, monsieur, disait l'un, vous avez une belle maison.
— Bonjour, monsieur, répondait son frère, je vous en prie, entrez, venez prendre le thé.
Pendant qu'ils jouaient, leur frère travaillait dur : il portait des briques, fabriquait du ciment et se construisait une maison solide, avec un toit hérissé de clous.

Quand la nuit tomba, chacun s'enferma dans sa maison. Tout à coup, un hurlement sinistre retentit dans la forêt :
— Aououh !
C'était le loup. Il arriva dans la clairière, s'approcha des petites maisons, renifla, sniff, sniff !
Ça sentait le petit cochon ! Voyant la maison de paille, il se mit à rire :

« Ha ! ha ! ha !
Je vais frapper,
La maison va s'effondrer !
Je vais souffler,
La maison va s'envoler ! »

Il frappa, et la maison s'effondra. Il souffla et la maison s'envola. Mais le petit cochon se sauva chez son frère à la maison de branches en criant :
— Ouvre-moi ! Vite ! Le loup veut me manger !
Son frère le fit entrer dans sa maison de branches et ferma vite la porte. Déjà le loup arrivait ! Quand il vit la maison de branches, il éclata de rire :

« Ha ! ha ! ha !
Je vais frapper,
La maison va s'effondrer !
Je vais souffler,
La maison va s'envoler ! »

Il frappa et la maison s'effondra. Il souffla et la maison s'envola. Mais les deux petits cochons se sauvèrent chez leur frère à la maison de briques en criant :
— Ouvre-nous ! Vite ! Le loup veut nous manger !
Le petit cochon les fit entrer dans sa maison de briques et ferma vite la porte.

Déjà, le loup arrivait ! Quand il vit la petite maison de briques, il éclata de rire :

« Ha ! ha ! ha !
Je vais frapper,
La maison va s'effondrer !
Je vais souffler,
La maison va s'envoler ! »

Il frappa... et il se fit bien mal à la patte ! La maison ne bougea pas. Il souffla, mais il eut beau souffler à en tirer la langue jusqu'à terre, la maison ne bougea pas. Alors il dit :

« Je vais monter sur le toit,
Je vais trépigner
Jusqu'à tout casser !
La maison s'effondrera ! »

Il monta sur le toit et se mit à trépigner, mais le toit était hérissé de clous et il se piqua très fort les pieds ! Il courut vite à la rivière pour les rafraîchir dans l'eau et il se dit : « Il faut que je fasse sortir les petits cochons de cette maison. »

Il retourna à la maison et dit aux petits cochons :
— Vous ne pouvez pas rester enfermés dans cette maison, vous allez mourir de faim ! Pourquoi n'allez-vous pas cueillir des pommes au verger du père François ?
— Nous irons demain quand le soleil sera levé, répondit le troisième petit cochon.
Alors, le loup rentra chez lui. Au lever du soleil, il alla au verger et se cacha derrière un arbre pour guetter les petits cochons. Il attendit longtemps, longtemps, sans voir le bout d'oreille d'un petit cochon.

Alors, il revint à la maison de briques. Sniff, sniff! ça sentait la compote de pommes! Il frappa à la porte: toc, toc!
— Petit cochon, es-tu là?
— Oui, je suis là, je fais cuire de la compote de pommes.
— Petit cochon, quand as-tu cueilli les pommes?
— Ce matin, avant que le soleil se lève, pendant que tu ronflais.
— Petit cochon, il y a de beaux raisins bien mûrs à la vigne du père Matthieu, n'as-tu pas envie d'y goûter?
— Oui, j'irai en cueillir ce soir, après le coucher du soleil.
Le loup renifla une dernière fois la bonne odeur de la compote et s'en alla, très en colère. Le soir, après le coucher du soleil, il se rendit à la vigne du père Matthieu et se cacha derrière une souche. Il attendit longtemps, longtemps, sans voir le bout de la queue d'un petit cochon. Alors, il revint à la maison de briques. Sniff, sniff! ça sentait la tarte aux raisins! Il frappa à la porte: toc, toc!
— Petit cochon, es-tu là?
— Oui, je suis là, je fais cuire une tarte aux raisins.
— Petit cochon, quand as-tu cueilli les raisins?
— Cet après-midi, pendant que tu faisais la sieste.
Le loup reniflait la bonne odeur de la tarte aux raisins et il était de plus en plus en colère. Il se dit: « Puisque je ne peux pas les attraper quand ils sortent, je vais entrer dans leur maison! »
Il alla cueillir des fougères et s'en fit des chaussons pour pouvoir marcher sur le toit hérissé de clous. Il y grimpa et commença à descendre par la cheminée... Mais les petits cochons se méfiaient! Ils avaient allumé du feu dans la cheminée et mis à chauffer une grande marmite d'eau. Plouf! Le loup tomba dans la marmite et mourut. Les trois petits cochons portèrent la marmite aux corbeaux et leur dirent:
— Voici un loup bien cuit, bouilli et rebouilli. Voulez-vous le manger?
Les corbeaux mangèrent le loup. Les petits cochons rentrèrent chez eux et mangèrent la tarte aux raisins. À partir de ce jour, ils vécurent heureux et tranquilles dans leur petite maison.

LA DENT D'ELSA

CHANTAL CROVI,
TEXTE PUBLIÉ DANS LE MAGAZINE *TOBOGGAN* N°64, MARS 1986

À PARTIR DE 4 ANS   5 MINUTES   POUR ESPIONNER LES SOURIS

Quand Elsa perd une dent, elle va vite la mettre sous son oreiller et, la nuit, une souris vient la chercher. Depuis la rentrée, Elsa a déjà perdu trois dents. À chaque fois, la souris a emporté la dent, sans dire où elle allait, bien sûr !

— Mais que peut bien faire cette souris avec toutes les dents ? Et que font toutes ces souris avec toutes ces dents qu'elles ramassent chez les gens ? demande Elsa, le lendemain, à son papa. Est-ce qu'elles s'en servent pour réparer leurs dents cassées ? Est-ce qu'elles les jettent dans le fossé ?

— Rien de plus simple ! répond son papa. Cherche un trou de souris au ras du sol, mets-toi à plat ventre et glisse ton œil par le trou. Tu verras bien ce qui se passe de l'autre côté.

Aussitôt dit, aussitôt fait ! Elsa trouve un trou de souris sous le buffet de la salle à manger. Elle ouvre bien grand son œil et le colle au trou.

Quelle surprise de découvrir à travers le petit trou, de l'autre côté du mur, une véritable ville des souris ! Elle y voit des souris maigres, des souris grises, des souris blanches, des souris aux yeux verts et même des souris aux yeux rouges ! Mais oui ! Derrière le mur de la salle à manger d'Elsa, il y a une véritable ville de souris.
Elles trottent dans tous les sens, poussent des brouettes vides, tendent des ficelles. Une souris marron crie en sifflant :
– Attention, garez-vous ! Voilà le convoi de la nuit !

Les souris se mettent sur le bord des rues. Le convoi approche. Des dizaines de souris tirent des chariots chargés de dents récoltées sous les oreillers ! Il y a des dents de toutes sortes, des jeunes, des vieilles, des dents blanches, des dents cariées, des dents avec du plomb, des dents pointues et même des dents plates ! Chaque souris décharge son chariot sur la place et fait une pyramide avec les dents qu'elle a transportées. À l'heure du marché, les souris hurlent :
– Venez voir mon lot de dents... Par ici la dent nouvelle !... Dents fraîches ! Dents fraîches !

Elsa retient son souffle. Elle ne bouge pas. Les souris accourent de toute la ville avec leurs paniers. Une petite souris dit :
– Je voudrais trois dents creuses pour faire des tasses à café.
Et une grosse souris ronchonne :
– Je vous ai commandé cinq cents dents dorées pour finir mon palais. Dépêchez-vous de me livrer !
Voilà une maman souris accompagnée de tous ses petits qui emporte huit molaires pour faire des tabourets. Puis, une souris au long museau demande :
– Auriez-vous une grande canine ?

—Je suis désolée, il ne me reste qu'une dent de lait, répond la marchande.

Elsa sursaute.

—C'est ma dent ! Je la reconnais ! crie-t-elle.

Mais les souris ne l'entendent pas. Le trou est trop petit pour laisser passer sa voix.

Maintenant, un jeune souriceau s'approche et demande, l'air intéressé :

—Est-elle à vendre, cette magnifique dent de lait ? C'est tout à fait ce que je cherche ! Elle est tendre et propre à souhait. J'en ferai quatre bagues pour les pattes de ma fiancée !

Et, aussitôt, il emporte, tout ravi, la dent de lait. Elsa est bien étonnée :

—Faire des bagues avec ma dent de lait ! Quelle drôle d'idée.

En s'éloignant du trou de souris, elle est aussi un peu soucieuse : « Est-ce que ma dent de lait sera assez jolie en bague pour une fiancée ? »

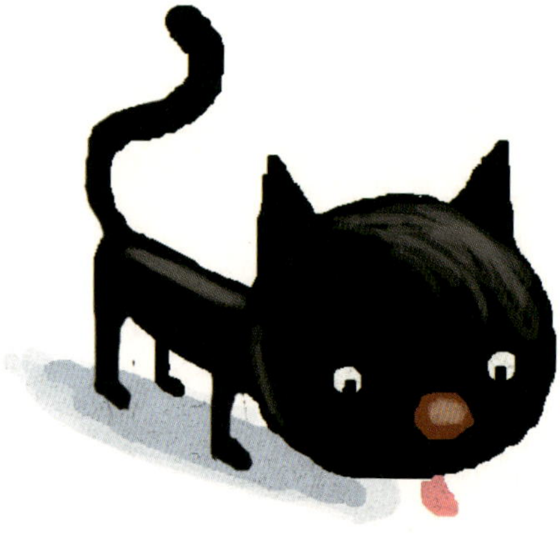

LE PETIT CHAT DÉSOBÉISSANT

ILLUSTRÉ PAR CHRISTIAN GUIBBAUD

CONTE DE RUSSIE

À PARTIR DE 3 ANS   10 MINUTES   POUR RETROUVER SA MAISON

Il y avait une fois un petit chat très gentil mais très désobéissant. Si on lui disait « Ne fais pas ça ! », aussitôt il avait une envie ir-ré-sis-ti-ble de le faire !

Un jour, il alla se promener dans le jardin et la petite fille qui était sa maîtresse lui dit :

— Reste près de la maison, sinon, tu vas te perdre.

Le portail du jardin était ouvert. Que fit le petit chat ? Il avança près du portail... mit une patte dehors... puis une autre... et, en trottinant, le voilà qui part fièrement vers le bois !

« Que de belles choses à voir ici, se dit-il, c'est plus amusant que de se promener dans le jardin. On dirait que je serais tigre... » Prenant un air important, il redressa fièrement la tête et joua à marcher entre les arbres comme un tigre dans la jungle. Longtemps, il s'amusa, sans voir que la nuit tombait... Tout à coup, il se rendit compte qu'il faisait noir, que les petits oiseaux ne chantaient plus, et qu'il était perdu ! Partout autour de lui, de grands arbres qui se ressemblaient. Comment retrouver le chemin de la maison ? Il s'assit et se mit à pleurer. Au bout d'un moment, un petit lapin passa près de là et s'approcha du chaton.

– Pourquoi tu pleures ? demanda le lapereau.

– Je suis perdu, répondit le petit chat.

– Qu'est-ce que tu vas faire ? reprit le petit lapin, tu vas rester là toute la nuit ?

À l'idée de rester là toute la nuit, le chaton se mit à pleurer de plus belle. Alors le petit lapin lui dit :

– Ne pleure plus, je t'emmène dans ma maison, mais il faut se dépêcher, maman doit m'attendre.

Les voilà partis tous les deux en courant. Arrivés au terrier, le lapereau dit au chaton :

– Qu'est-ce que tu cours vite et qu'est-ce que tu sautes bien ! Tu es le plus rapide de tous les petits lapins que je connaisse !

Puis il dit à la maman lapin :

– Maman, j'ai trouvé un bébé lapin perdu dans le bois, je lui ai dit de venir avec moi.

– Tu as bien fait, dit la maman lapin. Mangez et allez vite vous coucher.

Le petit lapin s'installa devant une belle salade et commença à manger. Mais le chaton se remit à pleurer.

– Qu'est-ce que tu as ? demanda le lapereau, bien étonné. Tu n'aimes pas la salade ?

– Non, gémit le petit chat, je n'en ai jamais mangé.

En entendant pleurer, la maman s'approcha et examina son jeune invité.

LE PETIT CHAT DÉSOBÉISSANT

Elle s'écria :
— Mais tu n'es pas un lapin !
Aussitôt, toute la famille fit le cercle autour de cette bête inconnue. La grand-mère, une vieille lapine pleine d'expérience, dit au chaton :
— Je parie que tu grimpes aux arbres.
— Bien sûr que je grimpe aux arbres, répondit-il.
— Les lapins ne montent pas aux arbres, reprit la grand-mère, mais les écureuils, oui ! Regardez, une longue queue, de petites oreilles... c'est un bébé écureuil.
— Un bébé écureuil ! un bébé écureuil ! Oh, qu'il est mignon ! s'écrièrent tous les petits lapins.
— Viens avec moi, dit le papa lapin, je vais te ramener chez les tiens.
Il le conduisit au pied d'un arbre et appela :
— Hou, hou ! monsieur Casse-Noisette !
— Oui, qu'est-ce que c'est ? cria une voix en haut de l'arbre.
— C'est un bébé écureuil qui est perdu. Vous pouvez le rendre à sa famille ?
— Bien sûr ! Dites-lui de monter.
Le petit chat n'avait pas l'habitude de grimper aux arbres, il lui fallut du temps pour arriver jusqu'en haut du tronc. Là, au creux des branches, il se glissa dans la maison de monsieur Casse-Noisette. Très occupé à ranger ses provisions d'hiver, celui-ci fit à peine attention à lui.
— Ne te gêne pas, lui dit-il. Mange, demain, nous chercherons tes parents.
Le petit chat avait très faim, mais il se mit en colère en voyant qu'il n'y avait que des noisettes. D'un coup de patte, il les éparpilla.
— Mais, qu'est-ce que c'est que ces manières ? s'écria monsieur Casse-Noisette. Je vais t'apprendre à jeter la nourriture, moi !
Déjà, il levait la patte pour battre le chaton, mais il s'arrêta.
— Mais... tu n'es pas un écureuil ! Qui es-tu ?
— Je ne sais pas, dit en pleurant le chaton. Je ne sais pas qui je suis, mais j'ai faim.

149

—Allons, ne pleure pas, répondit l'écureuil. Qu'est-ce que tu veux ? Des pommes de pin, des champignons séchés ?
—Non, dit le chaton, je veux une souris.
—Une souris ! s'écria l'écureuil. Pourquoi es-tu venu ici ? Tu n'avais qu'à dire tout de suite que tu es un petit hérisson ! Viens, je te ramène chez toi.
Ils descendirent tous les deux de l'arbre et l'écureuil emmena le petit chat chez madame Hérisson.
—Madame Hérisson, dit-il, voici un bébé hérisson qui s'était perdu dans le bois ; je vous le ramène. Bonne nuit !
—Merci, monsieur Casse-Noisette, bonne nuit ! répondit madame Hérisson, qui était couchée près de ses enfants. Va vite manger, dit-elle alors au chaton, il reste une souris, puis viens te coucher.
Le petit chat croqua vite sa souris, puis voulut se blottir contre les petits hérissons, mais il se piqua très fort.
—Aïe ! Vous m'avez fait mal, vous m'avez piqué ! cria-t-il, en s'élançant hors du nid.
Maman hérisson examina le petit chat.
—Tu es une drôle de bête, lui dit-elle. En tout cas, tu n'es pas un hérisson.
Elle retourna tranquillement près de ses enfants, sans plus s'occuper du chaton, qui se mit de nouveau à pleurer et à crier désespérément :
—Miaou ! Miaou !
Au bout d'un moment, une chouette vint se poser près de lui et lui dit :
—En voilà du bruit pour un si petit chat !
—Un petit chat ? Je suis un petit chat ? demanda le chaton, tout content.
—Bien sûr ! Tu habites dans la maison près du bois, de l'autre côté de la route, dit la chouette qui connaissait bien tous les environs.
—Oh ! S'il te plaît, ramène-moi à la maison, je suis perdu, supplia le petit chat.

LE PETIT CHAT DÉSOBÉISSANT

– Suis-moi, dit la chouette en s'envolant.

Le petit chat la suivit en courant. Ils traversèrent le bois, puis une route, et arrivèrent près d'une maison.

– Tu es sûre que c'est ici ? dit le chaton.

Mais déjà, la chouette était repartie vers le bois. Le petit chat examina le portail, le jardin, la maison et s'écria :

– Mais oui ! Je suis chez moi !

Et il se mit à appeler de toutes ses forces :

– Miaou ! Miaou !

… Jusqu'à ce que la petite fille vienne le chercher. Bien au chaud dans ses bras, il se dit : « Je n'irai plus jamais me promener tout seul dans le bois. »

L'ŒUF BLEU

Annie Bournat,
texte publié dans le magazine Toupie n°31, avril 1988

À PARTIR DE 2 ANS   5 MINUTES   UNE HISTOIRE DE GOURMAND

Ce matin, Bibou le petit lapin a trouvé un œuf dans le jardin. C'est un drôle d'œuf, un œuf tout bleu.
– Venez voir ! crie Bibou, très fier. Regardez le bel œuf que j'ai trouvé !
Les poules s'approchent en caquetant :
– Peuh ! Quel œuf ridicule ! disent-elles. Nous en pondons de bien plus beaux.
– Et les nôtres sont plus gros, ajoutent les oies, dédaigneusement. Tu nous ennuies avec ton pauvre petit œuf bleu.
« Personne ne veut admirer mon œuf ! se dit Bibou vexé. Eh bien, je vais le vendre, très cher. Je deviendrai riche et je pourrai m'acheter beaucoup de carottes. »

L'OEUF BLEU

Il s'en va au village et s'installe au milieu du marché. Il crie :
– Qui veut acheter mon bel œuf ?
– Oh ! quel vilain œuf bleu ! disent les gens. Il n'est sûrement pas bon à manger. Nous préférons les œufs bien blancs pour faire des omelettes.
« Personne ne veut acheter mon œuf, pense le petit lapin déçu. Eh bien, je l'offrirai à la fermière. Elle sera contente, et elle me donnera quelques carottes pour me remercier. »
Mais quand elle voit l'œuf bleu, la fermière crie :
– Quel œuf horrible ! Il y a peut-être un dragon dedans. Ou bien un monstre méchant avec de grandes dents. Va-t'en vite, Bibou, avec ton œuf qui fait peur !
« Personne n'aime mon œuf, tant pis ! » se dit Bibou. Et il rentre chez lui, tristement. Il pose l'œuf dans un coin. Mais ses pattes sont toutes bleues et collantes : c'est l'œuf qui a un peu fondu. Le petit lapin lèche alors ses pattes pour les nettoyer : hmmm ! c'est délicieux.
– Mon œuf bleu est en sucre ! s'écrie Bibou ravi.
Et maintenant, devine ce que fait Bibou. Il mange son œuf bleu.
Et il trouve que le sucre, c'est encore meilleur que les carottes.

RENART ET LES MARCHANDS DE POISSONS

ILLSUTRÉ PAR FABRICE TURRIER

ADAPTÉ DU ROMAN DE RENART

À PARTIR DE 2 ANS   5 MINUTES   POUR JOUER UN TOUR AU LOUP

Par un jour d'hiver très froid, Renart cherche quelque chose à manger, mais il a beau courir les champs et les bois, il ne voit rien à se mettre sous la dent. Tout à coup, il entend un bruit de charrette et une délicieuse odeur de harengs frais lui chatouille les narines. Ce sont des marchands qui reviennent du port, et leur charrette est remplie de paniers grouillants de poissons.
Aussitôt, Renart a une idée. Il se couche au milieu de la route, et là, jambes écartées, langue tirée, il fait le mort. La charrette approche. Un des marchands crie :
– Holà !
Les chevaux s'arrêtent, l'homme descend et s'approche prudemment du renard.

– Un goupil ! s'exclame-t-il. Il a l'air mort...
Il le pousse du pied, Renart ne bouge pas et le marchand le croit bien mort. Il l'attrape, et hop ! il le jette dans la charrette, au milieu des paniers de poissons, en disant à son compagnon :
– Voilà une peau magnifique ! Nous la vendrons cher.
Les chevaux repartent. Au milieu des paniers, Renart s'en donne à cœur joie, croquant tellement de poissons qu'il en a le ventre lourd. Puis il pense à sa femme et à ses renardeaux. Comment leur faire partager son festin ? Tout à coup, il aperçoit une botte de brins d'osier qui servent à attacher les poissons. Il en prend trois, les passe dans la tête des anguilles et les enroule autour de son cou. Puis il se laisse glisser sur la route, en faisant bien attention à ses colliers d'anguilles. Comme la charrette s'éloigne, il crie aux marchands :
– Adieu, vendeurs de poissons ! Je ne suis pas méchant : j'ai mangé vos plus beaux harengs, j'emporte vos meilleures anguilles, mais je vous laisse tout le reste !
Surpris, furieux, les marchands sautent de la voiture et courent après Renart en criant :
– Au goupil ! au goupil !

RENART ET LES MARCHANDS DE POISSONS

Mais Renart n'a pas peur d'eux ; bien qu'un peu gêné par ses colliers d'anguilles, il court plus vite que ses poursuivants et il est bientôt en sécurité chez lui. Ses fils sautent de joie en voyant les poissons. Ils les écorchent et les font griller sur la braise. Mmm ! quel festin !

Attiré par la bonne odeur, Isengrin le loup vient rendre visite à son compère Renart. Le goupil lui raconte sa ruse et lui conseille de faire pareil.

– Merci de ton conseil, Renart mon cher neveu, dit Isengrin. Moi aussi, je vais tromper les marchands et j'aurai tous les poissons que je voudrai.

Le voilà qui s'élance à travers champs, au triple galop, pour rejoindre la route. Il se couche et fait le mort, attendant l'arrivée des marchands. Voici un bruit de charrette, un cri : « Holà ! », la charrette s'arrête. Les marchands s'approchent. Isengrin est impatient de se retrouver dans la charrette, au milieu des poissons...

Mais tout à coup, aïe ! aïe ! pauvre loup, voilà qu'il reçoit une grêle de coups de bâton !

– Tiens, bandit ! voleur ! crient les marchands en le frappant de toutes leurs forces. Toi aussi, tu voulais nous voler des poissons ?...

À grand-peine, Isengrin parvient à s'échapper. Le corps endolori, il se traîne jusqu'à sa tanière. « Maudit Renart, se dit-il, toi et tes conseils ! Tu me le paieras ! »

Mais bien à l'abri dans sa maison, Renart se moque des menaces d'Isengrin.

POUR ALLER PLUS LOIN

Les poètes du Moyen Âge ont créé un cycle d'histoires dont les héros sont le loup (Isengrin), le chat (Tibet), le coq (Chanteclair), d'autres encore et surtout le *goupil*.
Le *Roman de Renart* est constitué de plusieurs « branches » ayant des auteurs différents. Pierre de Saint-Cloud est le seul nom connu.

COMMENT LE LIÈVRE DEVINT BLANC

LÉGENDE INDIENNE D'AMÉRIQUE DU NORD

À PARTIR DE 3 ANS   5 MINUTES   POUR DEVENIR INVISIBLE

Plume d'aigle était un grand chasseur. Armé simplement d'un arc et de flèches, il ramenait toujours du gibier pour nourrir sa femme et ses enfants.

Mais, un été, il y eut une terrible sécheresse. Pour ne pas mourir de soif dans la Grande Prairie, les animaux remontèrent vers le Nord. Plume d'aigle et les autres chasseurs grimpèrent dans leurs canoës et les suivirent.

Arrivés dans le Nord, ils se mirent à chasser. Plume d'aigle partit sur les traces d'un cerf, mais, tout à coup, la neige se mit à tomber.

Bientôt, toute la campagne fut blanche et le pauvre chasseur ne reconnaissait plus rien. Ébloui par la lumière qui se reflétait sur la neige, il marchait au hasard, en se disant : « Je suis perdu, je ne pourrai jamais rejoindre le campement. Mais si je meurs ici dans la neige, qui donnera à manger à mes enfants ? »

Soudain, il vit un lièvre brun qui le regardait. L'animal sautilla vers lui, s'arrêta et lui dit :

– Homme, tu n'as pas l'air de savoir où tu vas.

– C'est vrai, dit Plume d'aigle. Je suis perdu.

– Je sais où est ton campement, reprit le lièvre, viens, suis moi.

Un peu étonné, le chasseur suivit le lièvre et celui-ci le conduisit près du campement. Plume d'aigle s'agenouilla et caressa le lièvre en lui disant tristement :

– Merci, frère lièvre, tu m'as sauvé la vie. Hélas, nous sommes venus pour chasser, car il nous faut nourrir nos familles. Peut-être que l'un de nous te tuera demain.

Mais au fur et à mesure que l'homme le caressait, le pelage du lièvre blanchissait.

Bientôt, il fut tout blanc, du bout du nez à la queue, avec juste une tache noire au bout des oreilles. Il partit en sautant et Plume d'aigle le perdit tout de suite de vue : blanc dans la neige blanche, il était invisible. Aucun chasseur ne pourrait le tuer ! Et il en est encore ainsi aujourd'hui.

POUR ALLER PLUS LOIN

Tous les peuples vivant en étroite dépendance de la nature ont inventé des légendes visant à expliquer l'origine de telle ou telle particularité des êtres vivants : couleur, forme, cri ou chant quand il s'agit des animaux.

Le schéma de ces légendes est toujours le même : il fut un temps où l'animal n'était pas comme aujourd'hui ; à un moment donné, il a eu un comportement qui lui a permis d'acquérir une qualité que ses descendants possèdent encore.

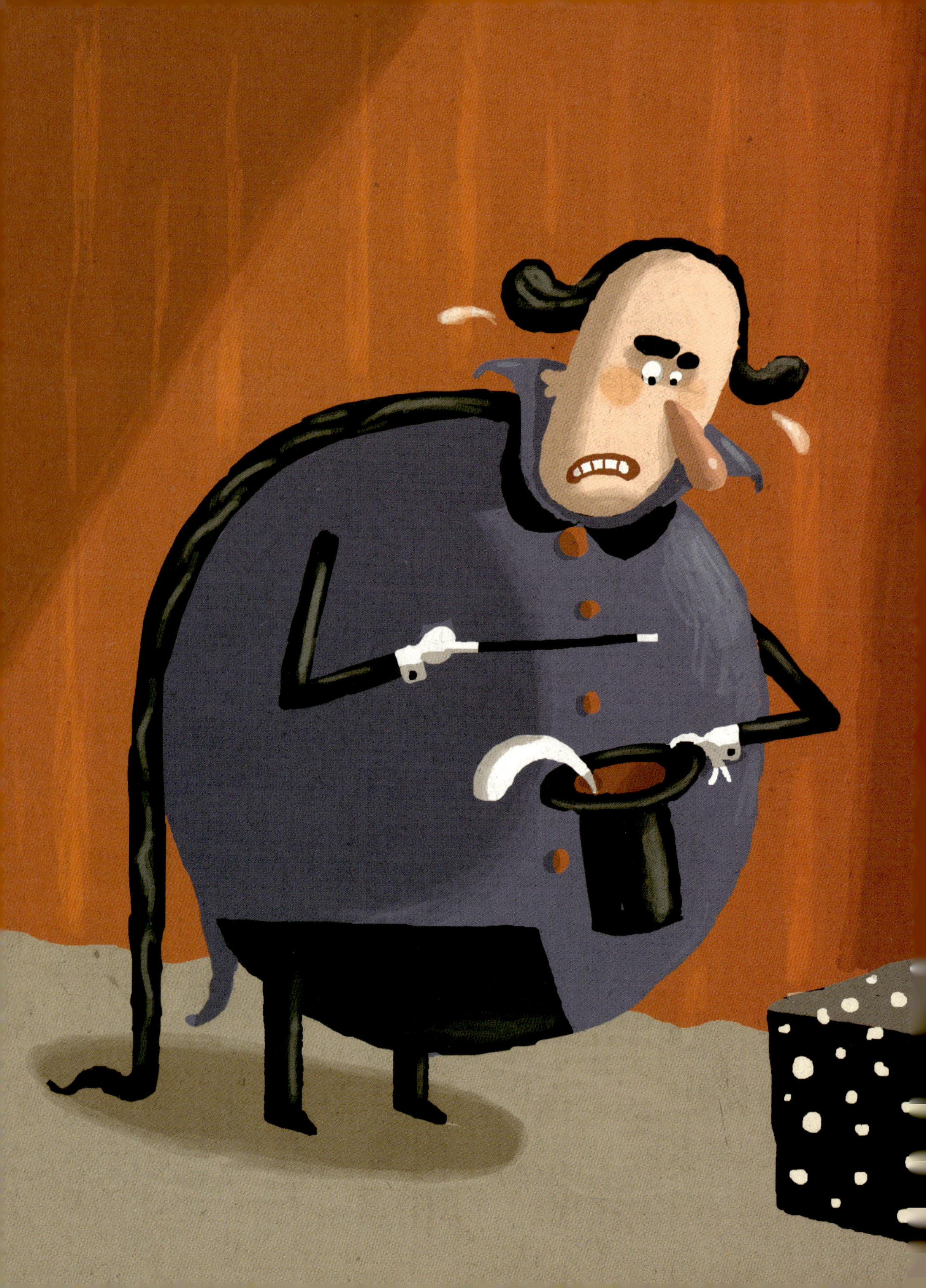

LES TROIS PETITS MAGICIENS

ILLUSTRÉ PAR CHRISTIAN GUIBBAUD

CLAUDE CLÉMENT,
TEXTE PUBLIÉ DANS LE MAGAZINE *TOBOGGAN* N°38, JANVIER 1984

À PARTIR DE 4 ANS   5 MINUTES   POUR SORTIR DU CHAPEAU

Trois petits lapins habitaient chez un fermier : un petit lapin gris très gentil mais très gourmand, un petit lapin noir très dégourdi mais très coléreux et un petit lapin blanc très charmant mais toujours dans la lune.

Un jour, le petit lapin gris et gourmand grignota toutes les carottes du jardin et le fermier en colère dit :

– Un petit lapin gris, ce n'est pas gentil. Je vais le vendre au marché !

Au marché, un petit garçon dit :

– Ce petit lapin gris est très joli. Je vais l'acheter pour me tenir compagnie.

Et il l'emporta chez lui dans un panier bien fermé.

Pendant ce temps, à la ferme, les deux autres lapins, pour se consoler de l'absence de leur ami, se remirent à jouer. Mais le petit lapin noir et dégourdi, en faisant une acrobatie, renversa un pot à lait. À son retour, le fermier dit :
– Un petit lapin noir, cela fait des histoires. Je vais le vendre au marché !
Au marché, un autre petit garçon dit :
– Ce petit lapin noir a l'air bien dégourdi. Je vais l'acheter pour me tenir compagnie.

À la ferme, le petit lapin blanc se retrouva tout seul. Comme il s'ennuyait, il fit le tour de toute la maison et visita la cheminée, qui noircit sa belle fourrure. En revenant, le fermier le vit tout sale et s'écria :
– Un petit lapin blanc, c'est trop salissant ! Je vais le vendre au marché !
Au marché, un magicien le vit et dit :
– Ce petit lapin blanc est très charmant. Je vais l'acheter pour faire un tour de magie.

Arrivé chez lui, le magicien expliqua au petit lapin :
– Tous les soirs, je travaille dans un théâtre. Tu m'aideras à faire un numéro : tu te cacheras au fond de mon chapeau, et quand je ferai toc ! toc ! toc ! avec ma baguette magique, tu sortiras et tu feras coucou avec tes grandes oreilles.
Comme toujours, le petit lapin blanc qui était dans la lune dit : « D'accord ! » sans bien écouter.
Au théâtre, le petit garçon et son petit lapin gris étaient assis au premier rang, comme le petit garçon et son lapin noir. Quand le magicien fit toc ! toc ! toc ! sur le chapeau avec sa baguette magique, le petit lapin blanc avait complètement oublié ce qu'il devait faire. Alors le magicien se fâcha et cria au petit lapin qu'il allait le taper avec sa baguette magique ! À ces mots, le petit lapin noir dégourdi vola au secours de son ami en se perchant sur la baguette du magicien pour l'empêcher de s'en servir.

LES TROIS PETITS MAGICIENS

Mais le petit lapin blanc restait caché au fond du chapeau. Pour le faire sortir, le magicien prit un morceau de chocolat et dit :
— Je connais un petit lapin qui aime ça !
— Oui, moi ! cria le petit lapin gris en sautant lui aussi sur la baguette.

Et le petit lapin blanc, qui avait reconnu la voix de son ami, sortit du chapeau et bondit à côté d'eux. Le public applaudit très fort, car il croyait que c'était un vrai numéro. Et le magicien et les trois petits lapins, très fiers, saluèrent. Après le spectacle, le magicien demanda aux deux petits garçons de lui donner leurs lapins : ils acceptèrent, ayant compris que les trois petits lapins étaient amis.
Et tous les soirs, les trois petits lapins recommencèrent leur numéro de magie et ne se quittèrent plus jamais.

LES MUSICIENS DE BRÊME

ILLUSTRÉ PAR VIRGINIE GUÉRIN

ADAPTÉ D'UN CONTE DE GRIMM

À PARTIR DE 3 ANS   10 MINUTES   POUR PARTIR EN VOYAGE

Un meunier possédait un âne qui, pendant des années, avait porté des sacs de grains, mais qui commençait à perdre ses forces. La pauvre bête comprit que son maître s'irritait de sa faiblesse et elle préféra s'enfuir. Comme l'âne marchait en direction de Brême, avec l'intention d'y devenir musicien au service de la municipalité, il rencontra un chien couché au bord de la route.
— Pourquoi gémis-tu ainsi ? demanda l'âne au chien.
— Ah ! répondit le chien, parce que je suis vieux. Je ne peux plus chasser et mon maître voulait me tuer. Je me suis enfui, mais comment vais-je gagner mon pain, maintenant ?
— Moi, dit l'âne, je vais à Brême pour y devenir musicien ; viens avec moi. Je jouerai du violon et toi, du tambour.

LES MUSICIENS DE BRÊME

Le chien fut ravi de cette proposition et les deux nouveaux amis se mirent en route. Bientôt, ils rencontrèrent un chat qui avait l'air triste, triste comme un jour de pluie.

—Qu'est-ce qui ne va pas, vieux matou ? demanda l'âne.

—Croyez-moi, soupira le chat, je n'ai pas envie de rire ! Je deviens vieux, mes dents s'usent et je passe plus de temps à dormir près du poêle qu'à attraper les souris. Ma maîtresse a voulu me noyer ; je me suis sauvé, mais, maintenant, je ne sais pas où aller.

—Viens à Brême avec nous, proposèrent l'âne et le chien, tu seras musicien.

Le chat accepta de les accompagner ; quelques instants plus tard, les trois fugitifs passèrent devant une ferme. Un coq chantait de toutes ses forces, perché sur le portail.

—Qu'as-tu donc à crier ainsi ? demanda l'âne.

—Demain, c'est dimanche, expliqua le coq. La fermière a des invités et elle veut me manger. Je chante tant qu'il me reste un peu de temps à vivre.

—Mais viens donc avec nous, plutôt que d'attendre la mort ! s'exclama l'âne. Tu as une belle voix, tu pourras faire de la musique.

Le coq accepta ce conseil et tous les quatre se dirigèrent vers la ville de Brême. Vers la fin de la journée, comme ils traversaient une forêt, ils décidèrent d'y passer la nuit. L'âne et le chien se couchèrent au pied d'un gros arbre, le chat sauta sur une branche et le coq se posa sur la cime. De là-haut, il vit briller une petite lumière dans le lointain.

Il appela ses amis et leur dit qu'il devait y avoir une maison de ce côté, car il voyait de la lumière. L'âne dit :
— Levons-nous et allons-y. Ici, ce n'est pas confortable.
Le chien pensa que quelques os avec un peu de viande autour seraient les bienvenus. Ils marchèrent donc tous vers la lumière qui grandissait au fur et à mesure qu'ils approchaient.
Finalement, ils arrivèrent à la maison, qui était habitée par des voleurs. L'âne regarda par la fenêtre.
— Qu'est-ce que tu vois ? demanda le coq.
— Ce que je vois ? répondit l'âne : une table bien servie et des gens en train de se régaler. Ce sont des voleurs.
— C'est une maison comme cela qu'il nous faudrait ! s'exclama le coq.
— Eh oui ! soupira l'âne. Mais comment faire ?
Les quatre amis discutèrent, cherchant un moyen de faire déguerpir les voleurs. Finalement, ils eurent une idée : l'âne appuya ses pattes de devant sur le bord de la fenêtre, le chien sauta sur son dos, le chat bondit sur le dos du chien et le coq se percha sur la tête du chat. Puis, ainsi installés, ils commencèrent leur musique.
— Hi han ! chantait l'âne.
— Ouah, ouah ! aboyait le chien.
— Miaou ! faisait le chat.
— Cocorico ! criait le coq.
Les voleurs furent épouvantés par un tel vacarme. Croyant entendre un fantôme ou un monstre, ils partirent en courant dans la forêt. Nos quatre musiciens s'installèrent à leur place et firent bombance. Puis, rassasiés, ils soufflèrent les bougies et chacun s'installa confortablement pour passer la nuit : l'âne se coucha dans la cour, sur le tas de paille, le chien près de la porte, le chat dans l'âtre, tandis que le coq se perchait dans le poulailler. Comme ils étaient fatigués de leur voyage, ils s'endormirent tout de suite.
Les voleurs n'étaient pas partis bien loin. Cachés dans la forêt, ils virent que la lumière était éteinte.

LES MUSICIENS DE BRÊME

Tout paraissait tranquille. Leur chef dit :
— Nous n'aurions pas dû nous laisser mettre à la porte comme cela. Toi, dit-il à l'un de ses hommes, va voir qui a pris notre place.
Le voleur s'approcha doucement de la maison, entra dans la cuisine et, comme il faisait noir, il voulut allumer une bougie. Il ramassa une brindille dans la cheminée et l'approcha des braises : mais ce n'étaient pas des braises, c'étaient les yeux du chat, qui brillaient dans la nuit ! Le matou n'apprécia pas la plaisanterie. Il se mit à cracher : fftt ! fftt ! et, toutes griffes dehors, il sauta au visage du voleur. L'homme voulut se sauver par la porte de derrière. Le chien, qui était couché à cet endroit, bondit sur lui et lui mordit les jambes. L'homme s'échappa dans la cour, mais, comme il passait près du tas de paille, paf ! l'âne lui expédia un terrible coup de sabot dans les fesses. Alors le coq, réveillé par tout ce bruit, cria du haut de son perchoir :
— Cocorico, cocorico !
Le voleur s'enfuit à toutes jambes dans la forêt et se réfugia auprès de ses camarades. Il leur dit :
— Dans la cuisine, il y a une affreuse sorcière. Elle m'a craché à la figure et m'a griffé avec ses ongles pointus. Derrière la porte, il y a un homme avec un couteau, il m'a tailladé les jambes. Dans la cour, il y a un monstre noir, il m'a donné un coup de marteau. Et sur le toit, il y a un juge qui s'est mis à crier : « Condamnez ce coquin ! Condamnez ce coquin ! »
— Fuyons ! Fuyons ! crièrent tous les voleurs épouvantés.
Jamais ils ne revinrent. Les quatre amis renoncèrent à être musiciens. Ils étaient si bien dans cette petite maison qu'ils y restèrent et y vécurent en paix.

UN BISOU POUR OUSSENOU

CATHERINE AOUIN,
TEXTE PUBLIÉ DANS LE MAGAZINE *TOUPIE* N°42, MARS 1989

À PARTIR DE 2 ANS   5 MINUTES   POUR LIRE AVEC GRAND-MÈRE

O ussenou le petit ours a passé tout l'hiver à dormir au fond de sa grotte. Mais, ce matin, un rayon de soleil vient le réveiller en lui chatouillant le bout du nez. Il entend ses parents qui lui crient :
– C'est le printemps ! Debout, paresseux !
Oussenou s'étire et dit :
– J'ai rêvé que j'étais sur les genoux de mamie et qu'elle me faisait un petit bisou, tout doux, et…
Mais ses parents n'ont pas le temps de l'écouter, car ils doivent dégager les énormes branches qui bouchent l'entrée de la grotte.
Oussenou trotte jusqu'à eux et leur demande :
– On pourra aller voir mamie ?… J'ai rêvé qu'elle me faisait un petit bisou, tout doux…

— Krongnongnon ! Pousse-toi d'ici ! Tu vois bien qu'on est occupés ! répondent ses parents en grognant.

Oussenou soupire :

— C'est pas une réponse, ça ! Moi, je voudrais savoir si on va bientôt aller chez mamie !

Mais ses parents sont en train de lancer de grands seaux d'eau sur les murs recouverts de toiles d'araignée.

— Krongnongnon ! Fais donc attention où tu mets les pieds ! grognent-ils. Tu vas être tout mouillé !

Oh ! là ! là ! ce nettoyage de printemps, Oussenou en a vraiment assez ! Non seulement ses parents sont occupés avec leurs balais et leurs chiffons, mais ils grognent tout le temps en le repoussant :

— Krongnongnon ! Enlève-toi d'ici ! Tu nous gênes... avec tes questions.

Oussenou décide de ne plus demander « Quand est-ce qu'on ira voir mamie ? », parce que ça les met de trop mauvaise humeur, et il se met à écrire :

« Chère mamie,
Viens vite me faire un bisou !
Je t'attends.
Oussenou. »

Puis, il envoie sa lettre par la poste.

Le lendemain, les parents ours continuent leur manège en grognant :

— Krongnongnon ! Un coup de balai par ici ! Krongnongnon ! un coup d'éponge par là !

Oussenou, pendant ce temps-là, attend sur le bord de la route, et quand il voit enfin sa mamie descendre de l'autobus, fou de joie, il court se jeter dans ses bras.

— Mamie ! mamie ! comme je suis content de te voir ! N'oublie pas ce que je t'ai demandé dans ma lettre !

Alors, mamie se met à rire et, pendant qu'Oussenou ferme les yeux, elle dépose tendrement sur le bout de son nez un petit bisou, tout doux.

LA PÊCHE À LA QUEUE

ILLUSTRÉ PAR ÉMILE JADOUL

ADAPTÉ DU *ROMAN DE RENART*

À PARTIR DE 3 ANS   5 MINUTES   POUR ÊTRE GLACÉ

C'est l'hiver ; il fait si froid que l'étang est gelé et que les paysans ont dû creuser un trou dans la glace pour pouvoir donner à boire à leurs bêtes. Ils ont laissé près du trou un seau qui sert à puiser de l'eau. Tout cela donne à Renart une nouvelle idée pour jouer un mauvais tour à Isengrin. Il conduit le loup au bord de l'étang et lui dit :
— Regardez cet étang, il est plein de poissons.
Puis en lui montrant le seau :
— Et voici l'engin qui sert à les pêcher. Il suffit de le plonger dans l'eau. Quand il est lourd, c'est qu'il est rempli de poissons.
— Je comprends, dit le loup, attachez-le-moi à la queue.

DU COQ À L'ÂNE

Renart attache solidement le seau à la queue d'Isengrin et dit :
— Voilà, c'est fait. Plongez le seau dans l'eau et surtout, ne bougez plus, il ne faut pas effrayer les poissons.
Le loup s'installe au bord du trou, la queue dans l'eau, pendant que Renart se couche sous un buisson, le museau entre les pattes. Isengrin tremble de froid, mais il se donne du courage en pensant aux poissons qu'il va attraper. Comme il fait très froid, l'eau commence à geler et petit à petit la queue du loup se trouve prise dans la glace. Isengrin sent des tiraillements dans son arrière-train, mais il pense que le poids des poissons alourdit le seau. Il attend un moment encore, puis il se décide à tirer le seau. Il tire, il tire... Rien à faire, la queue est bloquée par la glace ! Il appelle Renart à l'aide :
— Au secours, mon neveu, j'ai tant pris de poissons que je ne peux pas sortir le seau de l'eau !

LA PÊCHE À LA QUEUE

– Ah! s'écrie Renart, vous avez voulu en prendre trop. Il ne faut pas être si gourmand, jetez les plus gros.
– Je ne peux pas bouger! hurle le loup, au secours, au secours!
– Le jour se lève, dit Renart, je ne peux pas rester.
Et il rentre tranquillement chez lui.
Pendant ce temps, dans une maison près de l'étang, un riche paysan se prépare à partir chasser: il rassemble ses valets, ses chiens, fait seller son cheval et donne le signal du départ en sonnant du cor. Isengrin est saisi de terreur en entendant tout ce bruit. Il tire de toutes ses forces, à s'en arracher la peau: peine perdue, il reste bloqué!
Voici que passent près de lui un jeune valet et deux chiens.
Voyant le loup, le garçon crie:
– Au loup! Au loup!
À ce cri, toute la troupe des chasseurs et des chiens se précipite vers l'étang. Un chasseur tire son épée pour frapper le loup à la tête, mais il glisse sur la glace... et vlan! il tranche la queue du loup! Isengrin est dégagé; il se défend de son mieux contre les chiens qui l'attaquent, et finalement parvient à s'échapper.
Il fuit à travers bois et, tout en courant, tourne la tête pour regarder son derrière: hélas, de quoi a-t-il l'air maintenant, sans sa belle queue si fournie? Il en pleure de rage et, une fois de plus, il jure de se venger de Renart...

LA PETITE CHÈVRE MENTEUSE

ILLUSTRÉ PAR VIRGINIE GUÉRIN

CONTE DE FRANCE

À PARTIR DE 3 ANS   15 MINUTES   POUR AVOIR UNE VOIX DOUCE

Il y avait une fois un pauvre homme qui avait six enfants. Un jour, il alla au marché et acheta une chèvre. Dès qu'il arriva à la maison avec cette chèvre, tous les enfants se précipitèrent pour la caresser en disant :
– Oh ! comme elle est jolie !
– Qui va garder la petite chèvre ? demanda le père.
Et tous les enfants se mirent à crier :
– Moi ! Moi !
Alors le père dit à l'aîné :
– C'est toi qui la garderas.
Le lendemain, l'aîné attacha la chèvre avec une corde et l'emmena paître le long des chemins. Toute la journée, il la garda, en veillant à ce qu'elle ait toujours de l'herbe fraîche. Le soir, le père demanda :

LA PETITE CHÈVRE MENTEUSE

« Chevrette, as-tu bien mangé l'herbette ?
Tu vas faire du fumier
Plein la brouette
Et du bon lait
Plein les assiettes. »

Mais la petite chèvre répondit :

« Hélas, mon maître,
Pas de fumier dans la brouette,
Pas de lait dans les assiettes.
Le berger m'a si mal gardée
Que je n'ai rien mangé ! »

– Quoi ! s'écria le père. Garnement ! dit-il à son fils, je vais t'apprendre à mal faire ton travail !
Il prit un bâton pour battre son fils et il le chassa de la maison. Puis il demanda :
– Qui va garder la petite chèvre demain ?
– Pas moi ! Pas moi ! dirent tous les enfants.
Alors le père décida que le plus grand irait la garder.
Le lendemain, le plus grand des enfants attacha la chèvre avec une corde et l'emmena paître le long des chemins. Toute la journée, il la garda, en veillant à ce qu'elle ait toujours de l'herbe et de l'eau fraîche. Le soir, le père demanda :

« Chevrette, as-tu bien mangé l'herbette ?
Tu vas faire du fumier
Plein la brouette
Et du bon lait
Plein les assiettes. »

Mais la petite chèvre répondit :

« Hélas, mon maître,
Pas de fumier dans la brouette,
Pas de lait dans les assiettes.
Le berger m'a si mal gardée
Que je n'ai rien mangé ! »

— Quoi ! s'écria le père. Garnement ! dit-il à son fils, je vais t'apprendre à mal faire ton travail !
Il prit un bâton pour battre son fils et il le chassa de la maison.
Alors, chaque jour, un autre enfant fut le berger de la chèvre mais chaque soir, elle disait n'avoir rien mangé et le père chassa ses fils l'un après l'autre. À la fin, il envoya le chat pour garder la chèvre. Le chat l'emmena paître le long des chemins, en veillant à ce qu'elle ait toujours de l'herbe fraîche. Mais le soir la petite chèvre dit à l'homme :

« Hélas, mon maître
Pas de fumier dans la brouette
Pas de lait dans les assiettes.
Le berger m'a si mal gardée
Que je n'ai rien mangé ! »

Et l'homme voulut prendre un bâton pour battre le chat, mais celui-ci n'attendit pas d'être battu pour s'enfuir loin de la maison. Le lendemain, l'homme garda la chèvre lui-même et le soir, il lui dit :
— Aujourd'hui, tu as enfin bien mangé, petite chèvre !
Mais elle répondit :

« Hélas, mon maître,
Pas de fumier dans la brouette,
Pas de lait dans les assiettes.

LA PETITE CHÈVRE MENTEUSE

>Le berger m'a si mal gardée
>Que je n'ai rien mangé ! »

– Quoi ! s'écria l'homme, c'est comme ça que tu me remercies de t'avoir si bien gardée ! Tu es une vilaine menteuse, toujours à te plaindre sans raison. À cause de toi, j'ai chassé mes pauvres enfants. Ah ! Je vais t'apprendre à mentir, moi !
Il prit un gros bâton et se mit à battre la chèvre si fort qu'il lui cassa une patte. Alors elle s'échappa et s'enfuit dans la forêt. Et l'homme rentra chez lui en pleurant, car il n'avait plus ni enfants, ni chat, ni chèvre.

La petite chèvre décida de ne plus revenir chez son maître. Elle vécut dans la montagne, se mêlant parfois à des troupeaux. Un jour, en se promenant dans la forêt, elle trouva une cabane abandonnée. Elle s'y installa et, quelque temps après, elle mit au monde deux bébés. Elle les nourrit de son lait jusqu'à ce qu'ils soient un peu grands, puis, un matin, elle les réveilla de bonne heure et leur dit :
– Il faut que j'aille à la ville faire soigner ma patte cassée. Vous, mes chéris, vous allez rester là, bien sagement. Je vous ai préparé des fromages, du foin et de l'eau. Ne sortez pas et n'ouvrez à personne à moins qu'on vous dise :

>« Chevreau, chevrette,
>C'est votre maman,
>Je porte des galettes
>Et du fromage blanc. »

Alors la maman chèvre sortit de la cabane, les chevreaux fermèrent bien la porte derrière elle et se recouchèrent.
La chèvre s'en alla, sans se douter que le renard était caché près de la cabane et avait tout entendu... Il s'approcha, frappa : toc, toc ! et dit d'une voix très douce :

« Chevreau, chevrette,
C'est votre maman,
Je porte des galettes
Et du fromage blanc. »

Aussitôt, les chevreaux allèrent ouvrir et le renard entra dans la cabane. Les pauvres petits se mirent à trembler en le voyant, mais le renard ne s'intéressait pas à eux. Il alla tout droit aux fromages, s'empiffra et repartit tranquillement. En chemin, il rencontra son compère le loup.
– Oh, ho ! dit le loup, je vois que tu as bien déjeuné : tu as le museau barbouillé de fromage et le ventre rond. Comment as-tu fait ?

LA PETITE CHÈVRE MENTEUSE

—J'ai été chez la chèvre, dit le renard, j'ai frappé à la porte et j'ai dit :

« Chevreau, chevrette,
C'est votre maman,
Je porte des galettes
Et du fromage blanc. »

« Les chevreaux ont ouvert la porte et je me suis régalé. Voilà. Tu n'as qu'à faire pareil, il reste plein de fromages.
Alors le loup courut jusqu'à la cabane, mais, lui, il voulait croquer les chevreaux ! Il frappa : toc, toc ! et dit de sa grosse voix :

« Chevreau, chevrette,
C'est votre maman,
Je porte des galettes
Et du fromage blanc. »

En entendant frapper, les chevreaux se réveillèrent en sursaut. Ils dressèrent leurs petites oreilles, écoutèrent et se mirent à parler tout bas :
—Qu'est-ce que c'est ?
—Tu crois que c'est maman ?
—Oui, elle a dit la formule.
—Mais non, c'est une grosse voix.
—Alors c'est... c'est le loup !
Et ils crièrent très fort :
—Vous n'êtes pas notre maman, vous êtes le loup. Allez-vous-en !
Le loup s'en alla trouver le renard, qui dormait tranquillement, enroulé dans sa queue.
—Tu as bien dit la formule ? demanda le renard.
—Mais oui, dit le loup.
—Je vois ce que c'est, dit le renard : tu as une trop grosse voix, je vais arranger ça. Ouvre la gueule bien grande.

DU COQ À L'ÂNE

Voilà le loup qui ouvre une gueule comme une porte de four! Le renard y plongea la patte, et avec ses griffes pointues, il gratta la gorge du loup: gritch, gritch! puis il retira bien vite sa patte.
—Aïe! dit le loup, j'ai du mal à parler.
—Oui, dit le renard, mais tu as une voix plus douce.
Alors le loup, à fond de train, galopa jusqu'à la cabane, frappa: toc, toc! et dit:

> « Chevreau, chevrette,
> C'est votre maman,
> Je porte des galettes
> Et du fromage blanc. »

Les petits chevreaux étaient en train de manger. En entendant parler, ils s'arrêtèrent, écoutèrent, et se mirent à parler tout bas:
—Et cette fois, tu crois que c'est maman?
—Je ne sais pas, il me semble que maman a la voix plus douce.
—Moi aussi, il me semble.
Alors ils crièrent très fort:
—Vous n'êtes pas notre maman, vous êtes le loup. Allez-vous-en!
Le loup retourna chez le renard et lui dit:
—Ça n'a pas marché cette fois non plus.
—Écoute, répondit le renard, il faut employer les grands moyens. Va trouver le forgeron et dis-lui de t'aplatir la langue d'un coup de marteau.
Aussitôt, le loup galopa chez le forgeron. Celui-ci ne fut pas heureux de voir entrer ce client, mais il lui dit bonjour, bien poliment.
—Bonjour, forgeron, dit le loup. Il faut que tu me rendes un service. J'ai la langue trop grosse, tu vas me l'aplatir d'un coup de marteau.
—Ma foi, dit le forgeron, je vais me faire un plaisir de te rendre ce service. Mets ta langue sur cette enclume.
Le loup tira une langue comme un soulier et la posa sur l'enclume.

LA PETITE CHÈVRE MENTEUSE

Le forgeron saisit son plus gros marteau, le leva, et paf! frappa de toutes ses forces sur l'enclume.
— Aouh! hurla le loup en sautant à travers tout l'atelier.
Puis il fila tremper sa langue dans la rivière pour apaiser la douleur. Au bout d'un moment, il reprit le chemin de la cabane, en se disant : « Ah! petits monstres de chevreaux, que je souffre à cause de vous! Je n'aurais pas volé de vous croquer. » Enfin, il arriva à la cabane, frappa : toc, toc! et dit, d'une voix aussi douce que celle de la maman chèvre :

« Chevreau, chevrette,
C'est votre maman,
Je porte des galettes
Et du fromage blanc. »

Les petits chevreaux jouaient à s'attraper. Ils s'arrêtèrent, écoutèrent et se mirent à sautiller joyeusement dans la cabane en disant :
— Youpi! Maman est de retour!
Ils se précipitèrent à la porte, chacun voulant être le premier à embrasser maman. Ils ouvrirent... Malheur, c'était le loup! Le loup entra, ferma soigneusement la porte, regarda les chevreaux l'un après l'autre et dit, en se léchant les babines :
— Lequel je vais manger le premier ?
— Pas moi, dit le chevreau, mange plutôt ma sœur.
— Pas moi, dit la chevrette, mange plutôt mon frère.
L'un essaya de se cacher sous le lit, le loup l'attrapa par une patte et hop! il l'avala. L'autre se cacha sous la table, le loup l'attrapa par la queue et hop! il l'avala. Puis il sortit de la cabane, et s'en alla tranquillement... pas très loin. Il se sentait le ventre si lourd qu'il se coucha sous un arbre et se mit à ronfler.
Au bout d'un moment, la maman chèvre revint de la ville ; le docteur lui avait recousu la patte avec du fil d'or, et elle portait sur la tête un panier plein de galettes. De loin, elle vit la porte ouverte. Vite, elle courut et

chercha ses enfants dans la cabane : personne. Alors, elle les chercha dehors, et tout à coup, elle entendit un bruit bizarre :
– Rrron-pssit, rrron-pssit.
Elle s'approcha ; elle vit le loup qui ronflait et remarqua son gros ventre rebondi. « Oh ! c'est affreux, pensa-t-elle, le loup a mangé mes chevreaux. » Mais le ventre bougeait ; quelque chose remuait à l'intérieur ! Alors, d'un coup de corne, elle ouvrit le ventre du loup et une petite tête de chevreau apparut. La maman l'aida à sortir, puis elle fit sortir le deuxième. Elle leur dit tout bas :
– Vite, mes chéris, rentrez à la maison.
– Attends, maman, dit l'un d'eux. Il faut punir le loup !
– Oui, dit l'autre, on va lui mettre des pierres dans le ventre !

LA PETITE CHÈVRE MENTEUSE

Ils ramassèrent des pierres pendant que la maman allait chercher du fil et une aiguille. Puis ils remplirent de pierres le ventre du loup, la maman le recousit et ils se cachèrent tous les trois pour voir ce que le loup allait faire. Au bout d'un moment, le loup se réveilla. Il bâilla, s'étira et, comme il avait très soif, il alla boire à la rivière. Mais son ventre pesait si lourd qu'il tomba dans l'eau. Le courant l'emporta et on ne le revit jamais. La chèvre et les chevreaux restèrent dans la petite cabane de la forêt et vécurent bien tranquilles.

POUR ALLER PLUS LOIN

Près d'une centaine de versions de ce texte ont été recueillies à ce jour, dans toutes les provinces de France.

LE KOALA ET L'ÉMEU

LÉGENDE D'AUSTRALIE

À PARTIR DE 4 ANS   5 MINUTES   UNE HISTOIRE D'ORGUEIL

Il y a bien longtemps, dans une époque si lointaine qu'on l'appelle le Temps des Rêves, les animaux d'Australie ne ressemblaient pas tout à fait à ce qu'ils sont maintenant. À cette époque, l'émeu pouvait voler comme les autres oiseaux et le koala ne restait pas tout le temps dans les arbres.

Mais, un jour, une dispute s'éleva entre les oiseaux et les autres animaux qui vivaient dans les arbres. La dispute dura si longtemps que les animaux et les oiseaux finirent par oublier la raison pour laquelle ils étaient fâchés ! Alors ils redevinrent amis ; mais l'émeu était trop orgueilleux et ne voulait pas redevenir ami avec les habitants des arbres. Il dit au koala :

— Il faut trancher cette question !

LE KOALA ET L'ÉMEU

— Quelle question ? demanda le koala. Tout le monde a oublié la raison de la dispute. Soyons amis !

Mais l'émeu se gonfla d'orgueil. Il se nomma juge de cette importante affaire et il déclara :

— Les oiseaux ont gagné le procès. Ils sont supérieurs aux animaux des arbres parce qu'ils sont plus intelligents et qu'ils savent voler ! Voilà !

Et l'émeu se gonfla de plus en plus, devint de plus en plus gros. Il agita ses ailes, mais il était si lourd maintenant qu'il ne pouvait plus voler. Alors il étira son cou, leva la tête le plus haut possible... Peine perdue ! il n'atteignait même pas les branches les plus basses.

Le voilà bien puni et très en colère contre le koala. Si bien que le pauvre petit koala n'osa plus descendre de son arbre Que faire ? Il allait mourir de soif ! Non, dans les feuilles, il y avait de l'eau, un tout petit peu d'eau, et le koala décida de s'en contenter. Au début de ce régime, il avait souvent soif, mais il s'y habitua peu à peu. Aujourd'hui, il ne boit jamais et comme il a toujours peur de l'émeu, il reste caché dans les arbres.

L'émeu, lui, voudrait bien voler comme au Temps des Rêves. Il court, il bat des ailes, mais il est bien trop lourd pour décoller !

POUR ALLER PLUS LOIN

Selon la mythologie australienne, le monde des origines n'était pas comme celui d'aujourd'hui. Dans une époque lointaine appelée le Temps des Rêves, divers événements se sont passés, au cours desquels les hommes, les plantes, les animaux et même le monde inanimé, ont acquis des caractères bien précis qu'ils ont conservés depuis.

UNE SOURIS JAMAIS CONTENTE

NICOLAS-JEAN BRÉHON,
TEXTE PUBLIÉ DANS LE MAGAZINE *TOBOGGAN* N°96, NOVEMBRE 1988

À PARTIR DE 4 ANS   5 MINUTES   POUR DEVENIR SAGE

Il était une fois une souris qui n'était jamais contente. C'était pourtant une souris ordinaire, une souris gris souris, avec un petit museau pointu et une petite moustache ; mais rien ne lui plaisait dans la vie.
D'abord, elle n'aimait pas sa couleur. Un jour elle voulait être rousse, et elle rouspétait ; le lendemain elle préférait marron, et elle maronnait.
Elle se trouvait petite. On l'appelait mini-souris ; mais elle avait beau se pendre par les pieds, elle ne gagnait pas un millimètre ; et ça, elle ne pouvait l'admettre.
Son poil non plus ne lui convenait pas ; elle le trouvait trop ras. Elle ressemblait à ses cousins, les rats, et ça la chagrinait. Elle vivait dans un trou qui était si étroit qu'elle n'avait plus de place quand elle achetait trois grains ; ça la rendait grincheuse.

Bref, jour et nuit, notre souris ronchonnait sans répit.
– Tu n'es pas très gentille, lui disait-on, peut-être es-tu malade ? Ou trop maigre ?
– C'est vrai, ça, on parle toujours des « bons gros », mais jamais des « bons maigres » ; tu devrais y songer.
Elle y songea.
Manger, manger, elle ne pensa plus qu'à se gonfler la panse.
Elle s'enferma chez elle avec des provisions et se mit à la tâche :

Menu
Lundi : pâté, patates et pâtes ;
Mardi : pâtes, pâté et patates ;
Mercredi : patates, pâtes et pâté ;
Jeudi : pâté, pâtes et patates ;
Vendredi : pâtes, patates et pâté ;
Samedi : patates, pâté et pâtes ;
et le dimanche...
un grand verre d'eau.

Une semaine passa. Sans résultat. Malgré un tel menu, elle restait trop menue. Elle supprima le verre d'eau.
Après plus de deux mois de ce régime « bourri bourra », notre souris glouton finit pourtant par s'empâter de partout et devint ronde comme un ballon. Même les pattes semblaient parties, cachées par son gros ventre. Il n'y avait plus que les oreilles qui dépassaient, et encore, pas tout, juste un petit bout.
Mais quand elle se trouva coincée dans son trou sans pouvoir en sortir, elle fut à nouveau de très mauvaise humeur. Et elle jeûna le plus vite possible.
À sa première sortie, elle rencontra deux souris voisines. Une blanche, une verte. La blanche travaillait à l'hôpital et elle était très pâle. La verte courait dans l'herbe, mais quelqu'un qui passait par là l'attrapa

par la queue, la trempa dans l'huile, dans l'eau, et elle se transforma en un escargot tout chaud. Quel sort pour une souris de finir en escargot ! Notre souris grise aurait pu se dire qu'être couleur muraille, ce n'était pas si mal que ça ; mais non, elle ne se le dit même pas.

Le soir, il y avait bal. Pour se faire belle et se grandir un peu, notre mini-souris mit ses souliers vernis avec des talons hauts. Puis elle entra.

Musique.

Drame, c'était un cha-cha-cha.

Elle voulut s'échapper, mais elle glissa par terre et tomba sur les dents. Crac, plus de dents.

Mais c'est triste, une souris sans dents, qui ne grignote ni ne sourit. Il lui fallait d'urgence une dent de remplacement. Elle fit alors le vœu que si elle en trouvait une, elle deviendrait une crème de souris et le demeurerait pour le reste de la vie.

Et c'est depuis ce temps-là que les enfants glissent sous leur oreiller leur première dent de lait. C'est pour aider les petites souris à devenir plus sages.

LE CANARD ET LA PANTHÈRE

ÉMILE JADOUL

MARCEL AYMÉ,
TEXTE EXTRAIT DES CONTES DU CHAT PERCHÉ, © ÉDITIONS GALLIMARD

À PARTIR DE 7 ANS   40 MINUTES   POUR VIVRE LES HISTOIRES DE LA FERME

À plat ventre dans le pré, Delphine et Marinette étudiaient leur géographie dans le même livre, et il y avait un canard qui allongeait le cou entre leurs deux têtes pour regarder les cartes et les images. C'était un joli canard. Il avait la tête et le col bleus, le jabot couleur de rouille et les ailes rayées bleu et blanc. Comme il ne savait pas lire, les petites lui expliquaient les images et lui parlaient des pays dont le nom était marqué sur les cartes.
— Voilà la Chine, dit Marinette. C'est un pays où tout le monde a la tête jaune et les yeux bridés.
— Les canards aussi? demanda le canard.
— Bien sûr. Le livre n'en parle pas, mais ça va de soi.

—Ah! la géographie est quand même une belle chose... mais ce qui doit être plus beau encore, c'est de voyager. Moi, je me sens une envie de voyager, si vous saviez...

Marinette se mit à rire et Delphine dit :

—Mais, canard, tu es trop petit pour voyager.

—Je suis petit, c'est entendu, mais je suis malin.

—Et puis, si tu voyageais, tu serais obligé de nous quitter. Est-ce que tu n'es pas heureux avec nous ?

—Oh! si, répondit le canard. Il n'y a personne que j'aime autant que vous.

Il frotta sa tête contre celle des deux petites et reprit en baissant la voix :

—Par exemple, je n'en dirai pas autant de vos parents. Oh! ne croyez pas que je veuille en dire du mal. Je ne suis pas si mal élevé. Mais ce qui me fait peur, voyez-vous, ce sont leurs caprices. Tenez, je pense à ce pauvre vieux cheval.

Les petites levèrent la tête et, en soupirant, regardèrent le vieux cheval qui broutait au milieu du pré. La pauvre bête était vraiment bien vieille. Même de loin, on pouvait lui compter les côtes, et ses jambes étaient si faibles qu'elles le portaient à peine. En outre, comme il était borgne, il trébuchait souvent dans les mauvais chemins et ses deux genoux étaient largement couronnés. De son œil resté sain, il vit qu'on s'intéressait à lui et vint vers ses amis.
—Vous étiez en train de parler de moi ?
—Oui, justement, répondit Delphine. On disait que depuis quelque temps tu avais bonne mine.
—Vous êtes bien gentils, tous les trois, dit le vieux cheval, et je voudrais vous croire. Malheureusement, les maîtres ne sont pas de votre avis. Ils disent que je suis trop vieux et que je ne gagne même plus ma nourriture. Et c'est vrai que je suis vieux et fatigué. Il y a si longtemps que je sers… Pensez que je vous ai vues venir au monde, vous, les petites. Vous n'étiez pas plus grandes que vos poupées, je me rappelle. Dans ce temps-là, je vous montais les côtes sans seulement y faire attention, et à la charrue, je tirais comme une paire de bœufs, et toujours content… Maintenant, c'est le souffle qui manque, c'est les jambes qui se dérobent, et tout. Un vieux canasson, quoi, voilà ce que je suis.
—Mais non, protesta le canard. Tu te fais des idées, je t'assure.
—La preuve en est que ce matin, les maîtres voulaient me vendre à la boucherie. Si les petites ne m'avaient pas défendu en faisant le compte de tous les services que je peux rendre encore pendant la belle saison, mon affaire était claire. Du reste, ce n'est que partie remise. Ils ont décidé de me vendre au plus tard à la foire de septembre.
—Je voudrais bien faire quelque chose pour toi, soupira le canard.
Dans ce moment-là, les parents arrivèrent sur le pré, et, surprenant le cheval en conversation, ils se mirent à crier :
—Voyez-moi cette vieille rosse qui fait son intéressant ! Ce n'est cependant pas pour bavarder qu'on t'a lâché dans le pré !

– Il n'est là que depuis cinq minutes, fit observer Delphine.
– Cinq minutes de trop, répliquèrent les parents. Il les aurait mieux employées à brouter une herbe qui ne coûte rien. Ce qu'il mange là est toujours autant qu'on ne prend pas au grenier. Mais cette sale bête n'en fait qu'à sa tête. Ah! pourquoi ne pas l'avoir vendu ce matin? Si c'était à refaire...

Le vieux cheval s'éloigna du plus vite qu'il put, en essayant de lever haut ses sabots, pour faire croire qu'il était encore plein de vigueur, mais ses jambes s'accordaient mal et il buta plusieurs fois. Heureusement, les parents ne faisaient plus attention à lui. Ils venaient de s'aviser de la présence du canard, qui suffit à les mettre de bonne humeur.

– Voilà un canard qui se porte joliment bien, dirent-ils. On voit qu'il n'a pas jeûné. Vraiment, il fait plaisir à regarder. Ça fait penser que l'oncle Alfred vient déjeuner dimanche...

Là-dessus, les parents quittèrent le pré en se parlant à l'oreille. Le canard ne comprenait pas bien le sens des paroles qu'il venait d'entendre, mais il se sentait mal à l'aise. Marinette le prit sur ses genoux et lui dit.

– Canard, tu parlais tout à l'heure d'aller en voyage...
– Oui, mais mon idée n'avait pas l'air de vous plaire, à Delphine et à toi.
– Mais si, au contraire! s'écria Delphine. Et même, à ta place, je partirais dès demain matin.
– Demain matin! mais voyons... voyons...

Le canard était tout agité à l'idée d'un départ aussi prompt.

Il soulevait ses ailes, sautait sur le tablier de Marinette et ne savait plus où donner de la tête.

– Mais oui, dit encore Delphine, pourquoi tarder à partir? Quand on fait des projets, il faut les réaliser sans attendre. Autrement, tu sais ce que c'est, on en parle, les choses traînent pendant des mois, et, un beau jour, on n'en parle plus.

– Ça, c'est bien vrai, dit le canard.

Décidé au voyage, il passa le reste de la journée en compagnie des deux petites à apprendre la géographie à fond. Les fleuves, les rivières, les villes, les océans, les montagnes, les routes, les chemins de fer, il sut tout par cœur. En allant se coucher, il avait très mal à la tête et n'arrivait pas à trouver le sommeil.

Au moment de s'endormir, il songeait : « L'Uruguay, capitale ?... Mon Dieu, j'ai oublié la capitale de l'Uruguay... » Heureusement, à partir de minuit, il eut un bon sommeil tranquille et la première heure du jour le trouva dispos.

Toutes les bêtes de la ferme étaient réunies dans la cour pour assister à son départ.

— Adieu, canard, et ne sois pas trop longtemps, disaient la poule, le cochon, le cheval, la vache, le mouton.

— Adieu et ne nous oublie pas, disaient le bœuf, le chat, le veau, le dindon.

— Bon voyage, disaient toutes les bêtes.

Et il y en avait plus d'une qui pleurait, par exemple le vieux cheval, en pensant qu'il ne reverrait plus son ami. Le canard partit d'un bon pas sans se retourner et, comme la terre est ronde, il se retrouva au bout de trois mois à son point de départ. Mais il n'était pas seul. Qui l'accompagnait, il y avait une belle panthère à la robe jaune tachetée de noir et aux yeux dorés. Justement, Delphine et Marinette passaient dans la cour. À la vue du fauve, elles furent d'abord très effrayées, mais la présence du canard les rassura aussitôt.

— Bonjour, les petites ! cria le canard. J'ai fait un bien beau voyage, vous savez. Mais je vous raconterai plus tard. Vous voyez, je ne suis pas seul. Je rentre avec mon amie la panthère.

La panthère salua les deux petites et dit d'une voix aimable :

— Le canard m'a bien souvent parlé de vous. C'est comme si je vous connaissais déjà.

— Voilà ce qui s'est passé, expliqua le canard. En traversant les Indes, je me suis trouvé un soir en face de la panthère. Et figurez-vous qu'elle voulait me manger...

— C'est pourtant vrai, soupira la panthère en baissant la tête.

LE CANARD ET LA PANTHÈRE

– Mais moi, je n'ai pas perdu mon sang-froid comme bien des canards auraient fait à ma place. Je lui ai dit : « Toi qui veux me manger, sais-tu seulement comment s'appelle ton pays ! » Naturellement, elle n'en savait rien. Alors, je lui ai appris qu'elle vivait aux Indes, dans la province du Bengale. Je lui ai dit les fleuves, les villes, les montagnes, je lui ai parlé d'autres pays... Elle voulait tout savoir, si bien que la nuit entière, je l'ai passée à répondre à ses questions. Au matin, nous étions déjà deux amis et depuis, nous ne nous sommes plus quittés d'un pas. Mais, par exemple, vous pouvez compter que je lui ai fait la morale sérieusement !

– J'en avais besoin, reconnut la panthère. Que voulez-vous, quand on ne sait pas la géographie...

– Et notre pays, comment le trouvez-vous ? demanda Marinette.

– Il est bien agréable, dit la panthère, je suis sûre que je m'y plairai. Ah ! j'étais pressée d'arriver, après tout ce que m'avait dit le canard des deux petites et de toutes les bêtes de la ferme... Et à propos, comment se porte notre bon vieux cheval ?

À cette question, les deux petites se mirent à renifler et Delphine raconta en pleurant :

– Nos parents n'ont même pas attendu la foire de septembre. À midi, ils ont décidé de le vendre, et demain matin, on vient le chercher pour la boucherie...

– Par exemple ! gronda la panthère.

– Marinette a pris la défense du cheval, moi aussi, mais rien n'y a fait. Ils nous ont grondées et privées de dessert pour une semaine.

– C'est trop fort ! Et où sont-ils, vos parents ?

– Dans la cuisine.

– Eh bien ! ils vont voir... mais surtout, n'ayez pas peur, petites.

La panthère allongea le cou et, la tête haute, la gueule grande ouverte, fit entendre un terrible miaulement. Le canard en était tout fier, et en regardant les petites, il ne pouvait pas s'empêcher de se rengorger. Cependant, les parents étaient sortis de la cuisine en toute hâte, mais ils n'eurent pas le temps de s'enquérir d'où venait le bruit.

195

D'un seul bond, la panthère avait traversé la cour et retombait devant eux sur ses quatre pattes.

– Si vous bougez, dit-elle, je vous mets en pièces.

On peut croire que les parents n'en menaient pas large.

Ils tremblaient de tous leurs membres et n'osaient pas seulement tourner la tête. Les yeux d'or de la panthère avaient un éclat féroce, ses babines retroussées laissaient voir de grands crocs pointus.

– Qu'est-ce qu'on vient de me dire ? gronda-t-elle. Que vous allez vendre votre vieux cheval à la boucherie ? Vous n'avez pas honte ? Une pauvre bête qui a passé toute sa vie à travailler pour vous ! Le voilà bien récompensé de ses peines ! Vraiment, je ne sais pas ce qui me retient de vous manger... au moins, on ne pourrait pas dire que vous avez travaillé pour moi...

Les parents claquaient des dents et commençaient à se demander si cette idée de sacrifier le vieux cheval n'était pas bien cruelle.

– C'est comme les deux petites, reprit la panthère. On m'apprend que vous les avez privées de dessert pour huit jours parce qu'elles ont pris la défense du cheval. Vous êtes donc des monstres ? Mais je vous préviens qu'avec moi, les choses vont changer et qu'il va falloir mener la maison d'un autre train. Pour commencer, je lève la punition des petites. Ma parole, il me semble que vous ronchonnez ? Vous n'êtes pas contents, peut-être ?

– Oh ! si... au contraire...

– Allons, tant mieux. Pour le vieux cheval, il n'est naturellement plus question de la boucherie. J'entends qu'on soit avec lui aux petits soins et qu'il finisse ses jours en paix.

La panthère parla encore des autres bêtes de la ferme et des moyens de leur rendre la vie plus douce.

Le ton de ses paroles devenait moins sévère, comme si elle voulait faire oublier la mauvaise impression qu'avait pu laisser sa vivacité du premier moment. Les parents commençaient à reprendre un peu d'assurance, si bien qu'ils en vinrent à lui dire :

LE CANARD ET LA PANTHÈRE

– En somme, vous vous installez à la maison. C'est très bien, mais avez-vous pensé à ce que sera notre existence s'il nous faut craindre à chaque instant d'être mangés ? Sans compter que nos bêtes seront bien exposées aussi. Vous comprenez, c'est bien joli d'empêcher les maîtres de tuer le cochon ou de saigner les volailles, mais on n'a jamais entendu dire que les panthères se nourrissaient de légumes...

– Je comprends que vous soyez inquiets, dit la panthère. Il est certain qu'au temps où je ne savais pas la géographie, tout ce qui tombait sous ma patte, homme ou bête, m'était bon à manger. Mais depuis ma rencontre avec le canard, il est là pour le dire, mon régime est celui des chats. Je ne mange plus que des souris, des rats, des mulots, et autres mauvaises espèces. Oh ! je ne dis pas que de temps en temps je n'irai pas faire un tour dans la forêt, bien sûr. En tout cas, les bêtes de la ferme n'ont rien à redouter de moi.

Les parents s'habituèrent très vite à la présence de la panthère. Pourvu qu'ils ne punissent pas les petites trop fort et qu'ils ne fissent point de mal aux bêtes, elle se montrait toujours aimable avec eux. Même, certain dimanche où l'oncle Alfred vint à la maison, elle ferma les yeux sur la cuisson d'un poulet qu'on accommoda en sauce blanche. Il faut dire que ce poulet était une nature ingrate, n'ayant point d'autre souci que de tourmenter ses compagnons et de leur jouer quelque mauvais tour. Il ne fut regretté de personne.

D'autre part, la panthère rendait des services. Par exemple, on pouvait dormir sur ses deux oreilles, la maison était bien gardée. On en eut bientôt la preuve une nuit que le loup s'avisa de venir rôder autour de l'écurie. Le malheureux loup avait déjà réussi à entrebâiller la porte et se pourléchait à l'idée du bon repas qu'il allait faire, lorsqu'il se trouva lui-même mangé sans avoir eu le temps d'y rien comprendre, et il n'en resta que les pattes de devant, une touffe de poils, et la pointe d'une oreille.

Elle était bien utile aussi pour les commissions. Avait-on besoin de sucre, de poivre, de clous de girofle, l'une des petites sautait sur le dos de la panthère, qui l'emmenait à l'épicerie d'un galop rapide. Parfois, même, on l'envoyait seule et il n'aurait pas fait bon pour l'épicier de se tromper à son avantage en rendant la monnaie.

Depuis qu'elle s'était installée au foyer, la vie avait changé et personne ne s'en plaignait. Sans parler du vieux cheval qui ne s'était jamais vu à pareille fête, chacun se sentait plus heureux. Les bêtes vivaient en sécurité et les gens ne trainaîent plus comme autrefois le remords de les manger.

Les parents avaient perdu l'habitude de crier et de menacer, et le travail était devenu pour tout le monde un plaisir. Et puis, la panthère aimait beaucoup jouer, toujours prête à une partie de saute-mouton ou de chat perché. Les partenaires ne lui manquaient pas, car elle obligeait à jouer non seulement les animaux, mais aussi bien les parents. Les premières fois, ceux-ci s'exécutaient en ronchonnant.

— A-t-on idée, disaient-ils, à nos âges ! Qu'est-ce que penserait l'oncle Alfred, s'il nous voyait ?

Mais leur mauvaise humeur ne dura pas plus de trois jours et ils prirent tant de plaisir à jouer qu'ils en vinrent à ne plus pouvoir s'en passer. Dès qu'ils avaient un moment de loisir, ils criaient dans la cour : « Qui est-ce qui veut jouer à la courotte malade ? » Ôtant leurs sabots pour être plus vifs, ils se mettaient à poursuivre la vache ou le cochon, ou la panthère, et on les entendait rire depuis les premières maisons du village. C'est à peine si Delphine et Marinette trouvaient le temps d'apprendre leurs leçons et de faire leurs devoirs.

— Venez jouer, disaient les parents. Vous ferez vos devoirs une autre fois !

Tous les soirs, après dîner, il y avait dans la cour de grandes parties de barres. Les parents, les petites, la panthère, le canard, et toutes les bêtes de la basse-cour et de l'écurie étaient divisés en deux camps. Jamais on n'avait tant ri à la ferme. Le cheval, trop vieux pour prendre part au jeu, se contentait d'y assister et ce n'était pas lui qui s'amusait le moins.

En cas de dispute, il avait la charge de mettre d'accord les adversaires. Une fois, entre autres, le cochon accusa l'un des parents d'avoir triché et le cheval dut lui donner tort. Ce cochon n'était pas une mauvaise bête, au contraire, mais susceptible, et quand il avait perdu, facilement rageur. Il y eut à cause de lui plusieurs disputes très vives qui mirent la panthère de mauvaise humeur. Mais ces mauvais moments étaient en somme assez rares et vite oubliés. Pour peu qu'il y eût clair de lune, les parties de barres se prolongeaient tard dans la nuit, personne n'étant pressé d'en finir.

— Voyons, voyons, disait le canard, qui avait un peu plus de raison que les autres, il faudrait tout de même penser à dormir...

— Encore un quart d'heure, suppliaient les parents. Canard, un quart d'heure...

D'autres fois, on jouait à la main chaude, au voleur, aux quatre coins, à la semelle. Les parents étaient toujours les plus enragés.

Pendant les repas, on ne s'ennuyait pas non plus. Le canard et la panthère parlaient de leur voyage, et ils avaient traversé des pays si curieux qu'on ne se fatiguait jamais de les écouter.

— Moi qui ai visité la Russie en détail, commençait le canard, je peux vous dire la vérité sur le communisme. Il y a des gens qui racontent des choses sans y être jamais allés, mais moi, j'ai vu, vous comprenez. Eh bien, la vérité, c'est que là-bas, les canards ne sont pas mieux traités qu'ailleurs...

Un matin de bonne heure, le cochon sortit faire une promenade. Il salua d'un ton aimable le vieux cheval qui était dans la cour, sourit à un poulet, mais passa devant la panthère sans lui adresser la parole. De son côté, elle le regarda s'en aller sans mot dire. La veille, ils avaient eu une dispute pendant la partie de barres. Le cochon s'était montré si insupportable qu'il avait indisposé tout le monde. Vexé, il était rentré chez lui en déclarant qu'il ne voulait plus jouer avec la panthère.

Et il avait ajouté : « J'aime bien jouer aux barres, mais s'il faut en passer par tous les caprices d'une étrangère, alors j'aime autant me coucher. »

La panthère quitta la ferme vers huit heures pour aller faire un tour en forêt, comme elle faisait presque chaque matin, et rentra vers onze heures. Elle semblait un peu lasse, la démarche alourdie, les paupières clignotantes. À une petite poule blanche qui lui en faisait la remarque, elle répondit qu'elle avait fourni une très longue course dans les bois. Sur cette parole, elle alla s'étendre dans la cuisine et s'endormit d'un sommeil pesant. De temps à autre, sans s'éveiller, elle poussait un soupir et passait sa langue sur ses babines.

À midi, au retour des champs, les parents se plaignirent de ce que le cochon ne fût pas encore rentré.

— C'est bien la première fois que pareille chose lui arrive. Il aura sans doute oublié l'heure.

Comme on lui demandait si elle ne l'avait pas rencontré dans la matinée, la panthère fit signe que non et détourna la tête.

Pendant le repas, elle ne se mêla guère à la conversation.

L'après-midi se passa sans qu'on vît revenir le cochon. Les parents étaient très inquiets.

Le soir encore, point de cochon.

Tout le monde était réuni dans la cour, mais il ne pouvait plus être question de jouer aux barres. Les parents commençaient à regarder la panthère d'un air soupçonneux. Couchée sur le ventre, la tête entre ses pattes, elle semblait indifférente à l'inquiétude de ses amis. Les petites et même le canard et le vieux cheval en étaient fâcheusement impressionnés. Après l'avoir examinée longtemps, les parents firent observer :

– Tu es plus grosse que d'habitude et ton ventre est lourd comme si tu avais trop mangé.

– C'est vrai, répondit la panthère. Ce sont ces deux marcassins dont j'ai déjeuné ce matin.

– Hum ! le gibier était bien abondant, aujourd'hui. Sans compter que les sangliers n'ont pas l'habitude de rôder à la lisière des bois quand il fait jour. Il faut aller les chercher au fond de la forêt...

– Justement, dit la petite poule blanche qui avait assisté au retour de la panthère, c'est qu'elle est allée très loin dans les bois. Elle me l'a dit ce matin quand elle est rentrée.

– Impossible ! s'écria un jeune veau qui suivait la discussion sans, d'ailleurs, en bien saisir la portée. Impossible, parce que moi, j'étais aux prés, et, dans le milieu de la matinée, je l'ai vue passer près de la rivière.

– Tiens, tiens... firent les parents.

Tout le monde regardait la panthère et attendait sa réponse avec anxiété. D'abord, elle resta interdite et finit par déclarer :

– Le veau s'est trompé, voilà tout. Je n'en suis du reste pas surprise. Il y a tout juste trois semaines qu'il est né. À cet âge-là, les veaux ont encore l'œil trouble. Mais, au fait, où voulez-vous en venir avec toutes vos questions ?

—Tu t'es querellée hier soir avec le cochon, et, pour te venger, tu l'auras dévoré dans un coin!

—Mais je ne suis pas seule à m'être querellée avec lui, riposta la panthère. Et s'il faut qu'il ait été mangé, pourquoi ne l'aurait-il pas été par vous, les parents? À vous entendre, on croirait que vous n'avez jamais mangé de cochon! Depuis que je suis ici, m'a-t-on déjà vue malmener une bête de la ferme ou la menacer? Sans moi, combien de volailles seraient passées par la casserole, combien d'animaux vendus au boucher? Et je ne parle ni du loup ni des deux renards que j'ai empêchés de saigner l'écurie et le poulailler...

Les bêtes firent entendre un murmure de confiance et de gratitude.

—Toujours est-il que le cochon est perdu, grommelèrent les parents. Souhaitons que la même chose n'arrive pas à d'autres.

—Écoutez, dit le canard, il n'y a aucune raison de croire qu'il a été mangé. Il est peut-être simplement parti en voyage. Pourquoi pas? Moi aussi, j'ai quitté la ferme, un matin, sans vous avertir, et vous voyez, je suis là. Attendons. Je suis sûr qu'il nous reviendra...

Mais le cochon ne devait jamais revenir. Et nul non plus ne devait jamais savoir ce qui lui était arrivé. Qu'il fût parti en voyage, la chose paraît bien improbable. Il avait peu d'imagination et préférait à l'aventure une vie de repas bien réglés. Enfin, il ne savait pas un mot de géographie et ne s'en était même jamais soucié.

Quant à croire que la panthère l'avait mangé, c'est une autre affaire. Le témoignage d'un veau de trois semaines est tout de même une chose bien fragile.

D'autre part, il est permis de penser que des camps-volants avaient emporté le cochon pour le faire cuire. Cela s'est vu.

En tout cas, le souvenir de cette malheureuse aventure n'empêcha pas la vie de reprendre à la ferme comme auparavant. Les parents eux-mêmes l'eurent bientôt oubliée. On se remit à jouer aux barres, et, il faut bien le dire, on jouait beaucoup mieux depuis que le cochon n'était plus là.

LE CANARD ET LA PANTHÈRE

Delphine et Marinette ne passèrent jamais d'aussi belles vacances que cette année-là. Montées sur le dos de la panthère, elles faisaient de longues promenades à travers les bois et la plaine. On emmenait presque toujours le canard, qui se mettait à cheval sur le cou de la monture. En deux mois, les petites connurent tout le pays à fond, à trente kilomètres à la ronde. La panthère allait comme le vent et les mauvais chemins ne l'arrêtaient pas.

Passé le temps des vacances, il y eut encore quelques jours, mais il ne tarda pas à pleuvoir, et, en novembre, la pluie devint froide. Des rafales de vent faisaient tomber les dernières feuilles mortes. La panthère avait moins d'entrain et se sentait tout engourdie. Elle ne sortait pas volontiers et il fallait la prier pour qu'elle vînt jouer dans la cour.

Le matin, elle allait encore chasser dans la forêt, mais sans y prendre grand plaisir. Le reste du temps, elle ne quittait guère la cuisine et se tenait auprès du fourneau. Le canard ne manquait jamais de venir passer quelques heures avec elle. La panthère se plaignait de la saison.
— Comme la plaine est triste, et les bois, et tout ! Dans mon pays, quand il pleut, on voit pousser les arbres, les feuilles, tout devient plus vert. Ici, la pluie est froide, tout est triste, tout est sale.
— Tu t'y habitueras, disait le canard. Et la pluie ne durera pas toujours. Bientôt, il y aura de la neige... Tu ne diras plus que la plaine est sale... La neige, c'est un duvet blanc, fin comme un duvet de canard et qui recouvre tout.
— Je voudrais bien voir ça, soupirait la panthère.
Chaque matin, elle allait à la fenêtre jeter un coup d'œil sur la campagne. Mais l'hiver semblait décidément à la pluie, tout demeurait sombre.
— La neige ne viendra donc jamais ? demandait-elle aux petites.
— Elle ne tardera plus beaucoup. Le temps peut changer d'un jour à l'autre.
Delphine et Marinette surveillaient le ciel avec anxiété. Depuis que la panthère languissait au coin du feu, la maison était devenue triste. On ne pensait plus aux jeux. Les parents recommençaient à gronder et se parlaient à l'oreille, en regardant les bêtes avec un mauvais regard.
Un matin, la panthère s'éveilla plus frileuse qu'à l'ordinaire et alla à la fenêtre, comme elle faisait maintenant chaque jour. Dehors, tout était blanc, la cour, le jardin, la plaine jusqu'au loin, et il tombait de gros flocons de neige. De joie, la panthère se mit à miauler et sortit dans la cour. Ses pattes s'enfonçaient sans bruit dans la couche moelleuse, et le duvet qui neigeait sur sa robe était si fin qu'elle en sentait à peine la caresse. Il lui semblait retrouver la grande lumière des matins d'été, et, en même temps, sa vigueur d'autrefois. Elle se mit à courir sur les prés, à danser et à sauter, jouant des deux pattes avec les flocons blancs. Parfois, elle s'arrêtait, se roulait dans la neige et repartait de

toute sa vitesse. Après deux heures de course et de jeux, elle s'arrêta pour reprendre haleine et se mit à frissonner. Inquiète, elle chercha des yeux la maison et s'aperçut qu'elle en était très loin. Il ne neigeait plus, mais un vent âpre commençait à souffler. Avant de rentrer, la panthère s'accorda un moment de repos et s'allongea dans la neige. Jamais elle n'avait connu de lit aussi doux, mais quand elle voulut se relever, ses pattes étaient engourdies et un tremblement agitait son corps. La maison lui parut si loin, le vent qui courait sur la plaine était si pénétrant, que le courage lui manqua pour reprendre sa course.

À midi, ne la voyant pas rentrer, les petites partirent à sa recherche avec le canard et le vieux cheval. Par endroits, les traces de pattes sur la neige étaient déjà effacées, et ils ne furent auprès d'elle que vers le milieu de l'après-midi. La panthère grelottait, ses membres étaient déjà raides.

– J'ai bien froid dans mon poil, souffla-t-elle en voyant arriver ses amis.

Le vieux cheval essaya de la réchauffer avec son haleine, mais il était trop tard pour qu'on pût rien faire d'utile. Elle lécha les mains des petites et fit entendre un miaulement plus doux que le miaulement d'un chat. Le canard l'entendit murmurer :

– Le cochon... le cochon...

Et la panthère ferma ses yeux d'or.

POUR ALLER PLUS LOIN

Les premiers *Contes du chat perché* furent publiés en 1937.
Marcel Aymé est né à Joigny, dans l'Yonne, en 1902. À partir de 1925, il vit à
Paris où il exerce divers métiers tels que journaliste, vendeur, figurant de cinéma.
En 1927, il publie son premier roman, *Brûlebois*, qui est suivi
de nombreux récits, contes, nouvelles, pièces de théâtre.

RENARD PARRAIN

ILLUSTRÉ FABRICE TURRIER

CONTE DE FRANCE

À PARTIR DE 3 ANS   10 MINUTES   POUR NE PAS S'ÉPUISER À LA TÂCHE

Un matin, en parcourant la campagne à la recherche d'une proie, le loup et le renard rencontrèrent un paysan qui contemplait un champ en friche.
— Vous avez l'air bien pensif, dit le renard à l'homme.
— Je me demande comment je vais faire pour défricher ce champ, dit le paysan. Je voudrais le préparer pour le labour, mais je n'ai pas le temps.
— C'est un travail difficile ? demanda le renard.
— Pas le moins du monde, dit le paysan. Il suffit d'arracher les mauvaises herbes et de piocher.
— Alors, reprit le renard, si vous nous payez bien, nous ferons ce travail pour vous.

RENARD PARRAIN

—Ma foi, marmotta le paysan, je ne risque rien à essayer. Venez.
Il les conduisit à sa ferme, les fit descendre à la cave et leur montra un grand pot de grès.
—Regardez, voilà votre salaire.
Il souleva le couvercle ; le renard et le loup se penchèrent. Tous les parfums sucrés des fleurs du printemps et de l'été leur montèrent aux narines : c'était du miel, du beau miel doré ! Les moustaches du renard frémirent, le loup se mit à baver et le renard dit au paysan :
—C'est d'accord. Pour ce pot de miel, nous allons défricher votre champ.
Le paysan leur donna à chacun une pioche et une houe et ils partirent au champ. Aussitôt, le loup se mit à piocher vaillamment. Le renard, lui, du bout de sa houe, coupait un chardon par-ci, un chardon par-là.

Au bout d'un moment, il dit :
— Loup, écoute !
Le loup s'arrêta, leva la tête, écouta.
— Je n'entends rien, dit-il.
— Mais si, voyons. On sonne les cloches. C'est pour moi, je me rappelle maintenant que je suis parrain. Excuse-moi, il faut que j'y aille.
— Bien sûr, dit le loup.
Le renard partit, mais il alla tout droit à la ferme, se glissa dans la cave et mangea un tiers du pot de miel. Se léchant les babines, il revint à petits pas vers son camarade.
— Alors, demanda le loup, comment l'appelles-tu, ce petit ?
— Commencé, répondit le renard.
— Drôle de nom ! fit le loup.
Et il reprit son défrichage. Le soleil était maintenant haut dans le ciel sans nuages. Le loup ruisselait de sueur et tirait une langue de pendu. Le renard donna quelques coups de houe, puis s'arrêta ; les pattes de devant posées sur le manche, le menton posé sur les pattes, il contemplait le loup qui piochait comme un galérien. Tout à coup, le renard dit :
— Loup, écoute !
Le loup s'arrêta, leva la tête, écouta.
— Je n'entends rien, dit-il.
— Mais si, voyons. On sonne les cloches. Je me rappelle que j'ai encore un baptême. Je regrette de m'absenter, mais il faut que j'y aille.
— Bien sûr, dit le loup, mais reviens vite.
Le renard fila et se glissa dans la cave. Là, bien au frais, il dégusta le deuxième tiers du miel. En revenant, il prit la précaution de faire un grand détour pour passer à l'ombre.
— Alors, dit le loup en essuyant la sueur qui lui coulait dans les yeux, comment appelles-tu cet enfant ?
— Moitié-Fini, répondit le renard.
— Vraiment, tu as de drôles de noms, fit le loup.

RENARD PARRAIN

Et il se remit à piocher. De temps en temps, le fer de sa pioche faisait jaillir un caillou qui venait meurtrir ses pattes. Le soleil était au plus haut dans le ciel et l'air semblait embrasé.

—Renard, je n'en peux plus, dit tout à coup le loup. Je n'ai rien mangé de la journée et pas grand-chose hier.

—Allons, dit le renard. Il est temps de nous reposer. Nous n'allons tout de même pas nous épuiser à la tâche !

Le loup n'attendait que cette bonne parole. Il se précipita à l'ombre d'un arbre, se coucha et se mit à ronfler aussitôt. Le renard l'imita.

Après une bonne sieste, le renard s'éveilla et secoua le loup.

—Réveille-toi, le travail nous attend !

Le pauvre loup aurait bien dormi encore. Mais il se leva et reprit sa pioche. Le renard prit sa houe, cassa quelques mottes et dit :

—Loup, écoute !

Le loup s'arrêta, leva la tête, écouta.

—Je n'entends rien, dit-il.

—Mais si, voyons. On sonne les cloches. Il faut que j'aille à un baptême. C'est moi le parrain.

—Encore ! s'exclama le loup. Mais à qui sont tous ces enfants ?

—À mes cousins ; nous sommes une grande famille, répondit le renard en détalant.

Il fila à la cave et lécha le pot de miel jusqu'à la dernière goutte. Puis il descendit à la rivière, car tout ce miel lui donnait bien soif.

Quand il revint, le loup donnait les derniers coups de pioche : le champ était complètement défriché.

—Eh bien, demanda le loup, comment appelles-tu ton filleul, cette fois-ci ?

—Tout-Fini, répondit le renard.

—J'espère que c'est le dernier baptême de la journée, dit le loup, car tes noms sont de plus en plus bizarres. Regarde, le travail est fini. Ce n'est pas trop tôt ! Maintenant, hop ! au miel !

Tout ragaillardi à l'idée du festin qui l'attendait, il partit en courant.

Le renard le suivit lentement.

DU COQ À L'ÂNE

Un peu inquiet et le ventre lourd, il vit le loup s'engouffrer dans la cave... et en rejaillir comme une fusée quelques instants plus tard.
– Au voleur ! Au voleur ! criait le loup. Renard, renard, quelqu'un a mangé tout le miel !
Le renard le regardait, et sentait son ventre de plus en plus lourd. Tout à coup, le loup comprit.
– Regardez-moi ce ventre de barrique ! cria-t-il. C'est là qu'est le miel, MON MIEL. Voleur, ajouta-t-il en saisissant le renard par le cou.
– Arrête, gémit le renard, je ne suis pas bien du tout.
Il ferma les yeux et se laissa glisser par terre.
– Encore de la comédie, dit le loup. Lève-toi !
– Je ne peux pas, aide-moi, murmura le renard.
Le loup l'aida à se lever. Puis il le soutint et, à petits pas, ils rentrèrent à leur tanière.
– Couche-toi, dit le loup, je vais te faire une bonne tisane.
– Sans sucre ! gémit le renard, d'une voix mourante
Le loup était si inquiet de voir son compère malade qu'il ne pensait plus au miel. Il prépara la tisane, la fit boire au renard, et le recoucha. Le renard s'endormit, mais le loup jugea plus prudent de ne pas se coucher, et il veilla son compère toute la nuit !

LE LOUP, LA CHÈVRE ET LA TÉLÉ

Virginie Guérin

Philippe Dorin,
texte publié dans le magazine *Toboggan* n°50, janvier 1985

À partir de 4 ans   5 minutes   Pour se débarrasser du loup

Un soir, le bouc, tout effrayé, va trouver le berger.
– Il faut faire quelque chose, c'est de pire en pire. Cette nuit, le loup a dévoré trois chèvres et votre chien, dit-il en tremblant.
– Réunissons le troupeau et demandons aux chèvres de réfléchir à une solution pendant la nuit, répond le berger.
Et, le lendemain matin, une petite chèvre blanche se présente chez lui.
– Donnez-moi de l'argent, une belle tenue de soirée et votre automobile, et je vous débarrasserai du loup.
Elle semble si décidée que le berger lui donne sur-le-champ ce qu'elle réclame.
Quelques jours plus tard, lorsque le loup revient, la petite chèvre part à sa rencontre dans le bois. Elle lui fait face.

DU COQ À L'ÂNE

—Alors, loup, la faim vous tiraille ?
—Ce soir, je n'aurai pas à beaucoup me fatiguer. Voici mon repas qui vient au-devant de moi, répond le loup.
—Je vous propose bien mieux que la chair fade d'une petite chèvre, dit-elle. Faites-moi confiance et vous ferez un festin comme jamais vous n'en avez fait.
Le loup aime jouer. Il accepte la proposition de la petite chèvre, qui le conduit, en automobile, dans le plus grand restaurant de la ville. Quel bonheur pour le loup ! Il commande ce qu'il y a de plus cher, et mange tant et tant qu'on ne le verra plus rôder autour du troupeau pendant des mois.
Mais, un soir, le loup revient dans la vallée. Terrorisées, les bêtes se pressent autour de la petite chèvre et lui demandent de trouver une solution.

LE LOUP, LA CHÈVRE ET LA TÉLÉ

— Donnez-moi toutes vos économies, dit la chèvre. Il me faut beaucoup d'argent, et je vous débarrasserai définitivement du loup.

Les chèvres fouillent dans leur portefeuille et donnent, non sans regret, tout ce qu'elles ont mis de côté pour leurs vacances à la mer.

La petite chèvre s'en va trouver une nouvelle fois le loup dans le bois. Durant toute la nuit, puis tout le jour suivant et une seconde nuit, pendant toute la semaine, les chèvres attendent.

Au septième soir, au moment où elles craignent le pire pour la petite chèvre, elles la voient sortir du bois, et leur faire signe de s'approcher. Inquiètes, serrées les unes contre autres, elles suivent leur guide dans les sentiers boueux de la forêt.

À pas de velours, elles rejoignent une clairière d'où jaillit une violente lumière.

— Cela m'a pris du temps pour le convaincre, mais cette fois, je crois qu'il nous laissera en paix, chuchote la petite chèvre.

Assis sur une souche, au beau milieu de la clairière, le loup dévore son émission préférée sur l'écran du superbe poste de télévision couleur que vient de lui offrir la petite chèvre blanche...

UN AMI POUR LE CHAT

CONTE D'AFRIQUE

À PARTIR DE 4 ANS   5 MINUTES   POUR TROUVER QUI EST LE PLUS FORT

Dans la savane africaine, le chat s'ennuyait. Il se dit : « Je ne veux pas rester seul. Il faut que je trouve un ami. » En passant près du marigot, il entendit une grenouille chanter et il se dit : « Les grenouilles savent beaucoup de choses, j'aurai plaisir à parler avec l'une d'elles. »
Alors, il dit à la grenouille :
– Je cherche un ami. Viens près de moi, on va parler tous les deux.
La grenouille sauta sur la berge près du chat, et les voilà qui papotent tous les deux. Au bout d'un moment, une antilope passa en courant, tag-a-dag, ta-a-tag. Elle ne vit pas la grenouille et, sans faire exprès, elle l'écrasa d'un coup de sabot. Crac ! plus de grenouille. La pauvre !

UN AMI POUR LE CHAT

Le chat courut après l'antilope en criant :
— Arrête-toi, arrête-toi !
L'antilope s'arrêta et le chat lui dit :
— Moi aussi, je cours vite, tu sais ; laisse-moi venir avec toi, je cherche un ami.
Alors, ils repartirent tous les deux, en causant comme des amis. Ils ne virent pas un léopard qui se glissait à travers les hautes herbes. Et tout à coup, le léopard bondit sur la gazelle et l'égorgea. Plus de gazelle ! La pauvre !
Le chat dit au léopard :
— Nous sommes de la même famille, toi et moi. Assieds-toi, on va devenir amis tous les deux.
Le léopard mangea la gazelle, puis il se coucha près du chat et les voilà qui papotent comme deux vieux copains. Mais un éléphant sortit de la forêt et, comme tous les éléphants, il n'aimait pas les léopards. Sans hésiter, il attaqua, et avant que le léopard ait pu s'enfuir, clac ! il le transperça d'un coup de défense. Plus de léopard ! Le pauvre !
Le chat dit à l'éléphant :
— Comme tu es grand et fort ! J'aimerais être ton ami. Approche ton oreille, je vais te dire tout ce que je sais.
Et le chat raconta à l'éléphant tout ce qu'il avait appris en parlant avec la grenouille, la gazelle et le léopard.
Pendant ce temps, des hommes s'approchaient sans bruit entre les hautes herbes. C'étaient des chasseurs. Ils lancèrent leurs flèches, leurs sagaies contre l'éléphant. Et l'éléphant tomba, mort. Le chat se dit :
« Vraiment, je n'ai pas de chance avec mes amis. Ils tombent l'un après l'autre, même l'éléphant qui était si fort. Ces chasseurs sont encore plus forts, je vais aller avec eux. »
Et le chat se glissa derrière les chasseurs, jusqu'au village. Il accompagna le chef des chasseurs jusqu'à sa case, où l'attendait sa femme. Dès que l'homme arriva, la femme lui cria :
— Qu'est-ce que tu ramènes pour dîner ?

—J'ai tué un éléphant, répondit le chasseur.
—Ah oui ? dit la femme. Où est sa viande ?
—Je suis très fatigué, dit le chasseur en s'asseyant, et il fait très chaud. J'irai chercher sa viande plus tard.
—Non, dit la femme, tout de suite ! Allons, paresseux, lève-toi.
Et la femme cria tant que l'homme repartit chercher la viande de l'éléphant. Alors, le chat vint se frotter aux jambes de la femme en ronronnant.
—Mrrrou, mrrrou, toi, tu es forrrte, trrès forrrte. Je serai ton ami, et je te dirai tout, mrrrou, tu veux bien ?
—Je veux bien, répondit la femme.
Depuis ce jour, la femme et le chat sont amis. Quand le chat se promène la nuit, il apprend toutes sortes de secrets. Au matin, il vient se frotter aux jambes de la femme et il lui dit tous ses secrets en ronronnant.
—Mrrrou, c'est toi la plus forrrte, mrrrou.

LE LIÈVRE ET LE HÉRISSON

ADAPTÉ D'UN CONTE DE GRIMM

À PARTIR DE 3 ANS   5 MINUTES   POUR GAGNER LA COURSE

Un jour, le hérisson partit faire une petite promenade. Il rencontra le lièvre et le salua amicalement, mais le lièvre ne lui rendit pas son salut. D'un air méprisant, il demanda au hérisson :
– Que fais-tu donc dans les champs de si bonne heure ?
– Je me promène, répondit le hérisson.
– Tu te promènes ? ricana le lièvre. Tu ferais mieux d'éviter de fatiguer tes pauvres petites pattes !
Le hérisson fut horriblement vexé, car il détestait qu'on se moque de ses pattes, qui sont petites et un peu tordues. Il répondit :
– Tu t'imagines peut-être que tu es mieux équipé que moi, avec tes grandes pattes ?
– Je me l'imagine ! répondit le lièvre en éclatant de rire.

—Nous allons voir, dit le hérisson. Faisons la course, je parie que j'irai plus vite que toi !
—Quoi ? s'écria le lièvre. Plus vite que moi, avec tes petites pattes tordues ?
—Oui, affirma le hérisson.
—Eh bien, d'accord, puisque tu y tiens, répondit le lièvre. Que parions-nous ?
—Une bouteille de bon vin, dit le hérisson.
—Parfait, reprit le lièvre. Allons-y.
—Non, dit le hérisson. Je vais d'abord rentrer chez moi prendre mon petit déjeuner. Retrouvons-nous ici dans une demi-heure.
Ils se séparèrent et le hérisson se dépêcha de rentrer chez lui. Il dit à sa femme :
—J'ai parié une pièce d'or et une bouteille de bon vin que je battrai le lièvre à la course. Viens vite, j'ai besoin de toi.
—Ah ! gémit madame hérisson, comment as-tu pu faire un pari semblable ? Es-tu devenu fou ?
Il l'entraîna vers le champ, tout en lui expliquant ce qu'elle avait à faire :
—Le lièvre va courir dans un sillon et moi dans un autre. Nous partirons d'un bout du champ. Toi, tu vas te cacher à l'autre bout du champ, dans le même sillon que moi. Quand le lièvre arrivera, tu lui diras : « Je suis déjà là ! »
Ils se placèrent donc chacun à un bout du champ, et attendirent le lièvre. Il ne tarda pas à arriver. Les deux concurrents se mirent sur la ligne de départ, chacun dans un sillon. Le lièvre compta :
—Attention. Un, deux, trois, partez !
Et aussitôt, il s'élança comme le vent. Le hérisson, lui, fit quelques pas et se coucha au fond du sillon. Quand le lièvre arriva au bout du champ, il fut bien surpris de voir la femme du hérisson se dresser devant lui et lui dire :
—Je suis déjà là !

LE LIÈVRE ET LE HÉRISSON

Le lièvre n'y comprenait rien. Il croyait que c'était vraiment le hérisson, car sa femme lui ressemblait exactement. Il dit :
—Ce n'est pas possible ! Repartons dans l'autre sens !
Et de nouveau, il fila, les oreilles dans le vent. La femme du hérisson resta tranquillement dans son sillon. Arrivé à l'autre bout du champ, le lièvre freina des quatre pattes, tout essoufflé, mais le hérisson cria :
—Je suis déjà arrivé !
Hors de lui, le lièvre s'écria :
—Recommençons dans l'autre sens !
—Si tu veux, répondit paisiblement le hérisson, autant de fois que tu le voudras.
Ils recommencèrent soixante-treize fois. À la soixante-quatorzième fois, le lièvre ne put achever la course. Il s'écroula au milieu du champ, évanoui. Les deux hérissons n'attendirent pas qu'il revienne à lui.
Ils rentrèrent chez eux, tout contents du bon tour qu'ils avaient joué à ce prétentieux. Quelques jours après, le hérisson trouva devant sa porte une bouteille de vin. Le lièvre l'avait posée là et était reparti sans se faire voir, trop honteux d'avoir perdu son pari.

POUR ALLER PLUS LOIN

Le thème de la *Course des deux animaux* oppose la catégorie des « animaux rapides » (lièvre, renard, loup...) et la catégorie des « animaux lents » (escargot, crapaud...). Pour triompher de son adversaire qui, normalement, lui est supérieur, l'animal lent a recours à une ruse. Cette forme du thème est bien connue en France dans les versions littéraires, la plus célèbre étant bien sûr *Le Lièvre et la Tortue* de La Fontaine.

HISTOIRES À CROQUER

LE PETIT POUCET

FABRICE TURRIER

ADAPTÉ D'UN CONTE DE PERRAULT

À PARTIR DE 4 ANS   20 MINUTES   POUR NE PAS SE PERDRE

Il était une fois un bûcheron et une bûcheronne qui avaient sept enfants, tous des garçons.
Ils étaient fort pauvres, et avaient beaucoup de mal à nourrir leurs sept enfants. Ce qui les chagrinait aussi, c'est que le plus jeune était fort petit ; quand il vint au monde, il n'était guère plus gros que le pouce, si bien qu'on l'appela le Petit Poucet.
Ce pauvre enfant était le souffre-douleur de la maison, et on lui donnait toujours tort. Cependant il était le plus fin, et le plus avisé de tous ses frères, et s'il parlait peu, il écoutait beaucoup.
Une année, la famine fut si grande que ces pauvres gens résolurent de se défaire de leurs enfants. Un soir que ses enfants étaient couchés, le bûcheron s'assit auprès du feu avec sa femme et lui dit, le cœur serré de douleur :

– Tu vois bien que nous ne pouvons plus nourrir nos enfants, j'ai décidé de les perdre demain au bois.

– Ah ! s'écria la bûcheronne, comment pourrais-tu toi-même perdre tes enfants !

Son mari avait beau lui représenter leur grande pauvreté, elle ne pouvait se résoudre à abandonner ses enfants ; elle était pauvre, mais elle était leur mère. Pourtant, pensant à la douleur qu'elle aurait de les voir mourir de faim, elle accepta et alla se coucher en pleurant.

Mais le Petit Poucet entendit tout ce qu'ils dirent, car il s'était glissé sous l'escabeau de son père pour les écouter sans être vu. Il alla se recoucher et ne dormit point le reste de la nuit, songeant à ce qu'il avait à faire. Il se leva de bon matin et alla au bord d'un ruisseau ; il remplit ses poches de petits cailloux blancs et revint à la maison. On partit. Le Petit Poucet ne révéla rien de tout ce qu'il savait à ses frères, mais en marchant, il laissa tomber derrière lui, tout le long du chemin, les petits cailloux blancs qu'il avait dans ses poches.

Ils arrivèrent dans une forêt fort épaisse, où à dix pas de distance on ne se voyait pas l'un l'autre. Le bûcheron se mit à couper du bois et ses enfants à ramasser les brindilles pour faire des fagots. Le père et la mère, les voyant occupés à travailler, s'éloignèrent d'eux insensiblement, et puis s'enfuirent tout à coup par un petit sentier détourné.

Lorsque les enfants se virent seuls, ils se mirent à crier et à pleurer de toutes leurs forces.

LE PETIT POUCET

Mais le Petit Poucet leur dit :
— N'ayez pas peur, mes frères, je vais vous ramener à la maison. Venez avec moi.

Ils suivirent les petits cailloux et retrouvèrent ainsi leur maison en empruntant le chemin par où ils étaient venus. D'abord, ils n'osèrent pas entrer, et se mirent tout contre la porte pour écouter ce que disaient leurs parents.

Le seigneur du village venait d'envoyer dix écus qu'il devait au bûcheron. La bûcheronne était aussitôt allée à la boucherie, et comme elle n'avait pas mangé depuis longtemps, elle avait acheté trois fois plus de viande qu'il n'en fallait pour le souper de deux personnes. Lorsqu'ils furent tous deux rassasiés, la bûcheronne dit, tout en pleurs :
— Hélas ! où sont maintenant mes enfants, mes pauvres enfants ?

Elle le dit si haut que les enfants entendirent et se mirent à crier tous ensemble :
— Nous voilà, nous voilà !

Elle courut vite ouvrir la porte et leur dit en les embrassant :
— Que je suis heureuse de vous revoir, mes chers enfants.

Ils se mirent à table, et mangèrent d'un appétit qui faisait plaisir au père et à la mère. Tout en dévorant, ils racontaient la peur qu'ils avaient eue dans la forêt, en parlant presque toujours ensemble.

La joie dura tant que les dix écus durèrent ; mais lorsque l'argent fut dépensé, le bûcheron et sa femme décidèrent de perdre de nouveau leurs enfants, et pour ne pas manquer leur coup, de les mener bien plus loin que la première fois. Le Petit Poucet les entendit et se leva de bon matin en pensant aller ramasser des petits cailloux, mais il trouva la porte de la maison fermée à double tour. Impossible de sortir !

Au matin, la bûcheronne leur donna à chacun un morceau de pain pour leur déjeuner et ils se mirent en route. Le Petit Poucet se mit à jeter des miettes le long du chemin, en se disant qu'il n'aurait plus qu'à les suivre pour revenir à la maison.

Les parents les emmenèrent dans l'endroit le plus épais et le plus obscur de la forêt, puis ils gagnèrent un chemin secret et les laissèrent là. Le Petit Poucet ne s'en chagrina pas beaucoup, car il croyait retrouver facilement son chemin grâce au pain qu'il avait semé partout où il était passé ; mais il fut bien surpris de ne pas retrouver une seule miette : les oiseaux avaient tout mangé !

Voilà les sept enfants bien malheureux, car plus ils marchaient, plus ils s'égaraient, et s'enfonçaient dans la forêt. La nuit vint, et un vent terrible se leva. De tous côtés ils croyaient entendre les hurlements des loups se préparant à les manger. Ils n'osaient presque plus se parler ni tourner la tête. Puis il se mit à tomber de grosses gouttes de pluie qui les perçaient jusqu'aux os ; ils glissaient à chaque pas, tombaient dans la boue et se relevaient tout crottés, ne sachant que faire de leurs mains.

Le Petit Poucet grimpa en haut d'un arbre pour voir s'il ne découvrirait rien ; en regardant de tous les côtés, il vit une petite lueur comme celle d'une chandelle, bien loin au bout de la forêt. Il descendit de l'arbre, mais lorsqu'il fut à terre il ne vit plus rien, et cela le désola. Enfin, après avoir marché quelque temps avec ses frères du côté où il avait vu la lumière, ils arrivèrent enfin à la maison où brillait cette chandelle. Ils frappèrent à la porte, et une femme vint leur ouvrir. Elle leur demanda ce qu'ils voulaient ; le Petit Poucet lui dit qu'ils étaient de pauvres enfants perdus dans la forêt, et qui demandaient à coucher par charité.

LE PETIT POUCET

Cette femme, les voyant tous si jolis, se mit à pleurer, et leur dit :
— Hélas ! mes pauvres enfants, où êtes-vous venus ? Savez-vous que c'est ici la maison d'un ogre qui mange les petits enfants ?
— Hélas ! madame, lui répondit le Petit Poucet, qui tremblait de toutes ses forces ainsi que ses frères, que ferons-nous ? Les loups de la forêt ne manqueront pas de nous manger cette nuit si vous ne voulez pas nous mettre à l'abri chez vous. Alors, nous aimons mieux que ce soit votre mari qui nous mange ; peut-être qu'il aura pitié de nous, si vous voulez bien l'en prier.
La femme de l'ogre, pensant qu'elle pourrait les cacher à son mari jusqu'au lendemain matin, les laissa entrer et les emmena se chauffer auprès d'un bon feu. Un mouton tout entier était en train de cuire à la broche pour le dîner de l'ogre.
Comme ils commençaient à se chauffer, ils entendirent heurter trois ou quatre coups à la porte : c'était l'ogre qui revenait. Aussitôt sa femme les fit cacher sous le lit et alla ouvrir la porte. L'ogre demanda d'abord si le dîner était prêt et si on avait tiré du vin, et aussitôt se mit à table. Il flairait à droite et à gauche, disant qu'il sentait la chair fraîche.
— C'est ce mouton que je viens de préparer, dit sa femme.
— Je sens la chair fraîche, reprit l'ogre, en regardant sa femme de travers, et il y a ici quelque chose que je ne comprends pas...
En disant ces mots, il se leva de table, et alla droit au lit.
— Ah, dit-il, voilà donc comment tu veux me tromper, maudite femme ! Je ne sais pas pourquoi je ne te mange pas toi aussi, tu as de la chance d'être une vieille bête. Voilà du gibier qui va me permettre de régaler trois ogres de mes amis qui doivent venir me voir bientôt.
Il les tira de dessous le lit l'un après l'autre. Les pauvres enfants se mirent à genoux en lui demandant pardon ; mais ils avaient affaire au plus cruel de tous les ogres, qui, bien loin d'avoir de la pitié, les dévorait déjà des yeux.
Il alla prendre un grand couteau et l'aiguisa sur une longue pierre qu'il tenait dans sa main gauche.

Il avait déjà empoigné un enfant, lorsque sa femme lui dit :
— Que voulez-vous faire à l'heure qu'il est ? N'aurez-vous pas le temps demain matin ? Vous avez encore là tant de viande : voilà un veau, deux moutons, et la moitié d'un cochon.
— Tu as raison, dit l'ogre ; donne-leur bien à dîner pour qu'ils ne maigrissent pas, et va les coucher.
La brave femme fut ravie et leur porta à dîner, mais ils ne purent manger tant ils étaient terrifiés. L'ogre se mit à boire, ravi d'avoir de quoi si bien régaler ses amis. Il but une douzaine de verres de plus qu'à l'ordinaire, ce qui lui monta un peu à la tête, et l'obligea à aller se coucher.
L'ogre avait sept filles qui n'étaient encore que des enfants. Ces petites ogresses avaient toutes un beau teint, parce qu'elles mangeaient de la chair fraîche comme leur père ; mais elles avaient de petits yeux gris et tout ronds, le nez crochu et une très grande bouche avec de longues dents très aiguës et très éloignées l'une de l'autre. Elles n'étaient pas encore très méchantes ; mais elles promettaient beaucoup, car elles mordaient déjà les petits enfants pour leur sucer le sang.
On les avait fait coucher de bonne heure, et elles étaient toutes les sept dans un grand lit, chacune avec une couronne d'or sur la tête. Il y avait dans la même chambre un autre lit de la même grandeur : c'est dans ce lit que la femme de l'ogre installa les sept petits garçons ; après quoi, elle alla se coucher auprès de son mari.

Le Petit Poucet remarqua que les filles de l'ogre avaient des couronnes d'or sur la tête ; craignant que l'ogre regrette de ne pas les avoir égorgés dès le soir même, il se leva, prit les bonnets de ses frères et le sien, et alla tout doucement les mettre sur la tête des sept filles de l'ogre, après leur avoir enlevé les couronnes d'or, qu'il mit sur la tête de ses frères et sur la sienne. La chose réussit comme il l'avait pensé ; car l'ogre se réveilla vers minuit et regretta d'avoir différé au lendemain ce qu'il pouvait exécuter la veille ; il se leva et prit son grand couteau.

LE PETIT POUCET

—Allons voir, dit-il, comment se portent nos petits drôles.
Il monta donc à tâtons à la chambre de ses filles et s'approcha du lit où étaient les petits garçons ; ils dormaient tous, excepté le Petit Poucet, qui eut bien peur lorsqu'il sentit la main de l'ogre qui lui tâtait la tête, comme il avait tâté celles de tous ses frères. En sentant les couronnes d'or, l'ogre dit :
—Vraiment, j'allais faire là un beau travail ; je vois bien que j'ai trop bu hier soir.
Il alla ensuite au lit de ses filles, et sentit les petits bonnets des garçons.
—Ah, les voilà, dit-il, nos gaillards ! Travaillons hardiment.

En disant ces mots, il coupa sans hésiter la gorge à ses sept filles. Très content de cette expédition, il alla se recoucher auprès de sa femme.
Aussitôt que le Petit Poucet entendit ronfler l'ogre, il réveilla ses frères, et leur dit de s'habiller rapidement et de le suivre. Ils descendirent doucement dans le jardin, et sautèrent par-dessus les murailles. Ils coururent presque toute la nuit, toujours en tremblant et sans savoir où ils allaient.
À son réveil l'ogre dit à sa femme :
— Va-t'en là-haut préparer ces petits drôles d'hier soir.
Elle monta à la chambre où elle eut la triste surprise d'apercevoir ses sept filles égorgées et nageant dans leur sang.
Elle poussa un cri et s'évanouit. L'ogre monta et fut aussi épouvanté que sa femme lorsqu'il vit cet affreux spectacle.
— Ah, qu'ai-je fait là ? s'écria-t-il. Ils me le payeront, les misérables, et tout de suite !
Il jeta aussitôt un seau d'eau sur le nez de sa femme pour la faire revenir à elle.
— Donne-moi vite mes bottes de sept lieues, lui dit-il.
Et il partit. Grâce aux bottes il sautait de montagne en montagne, et traversait les rivières aussi facilement que des ruisseaux. Après avoir couru bien loin de tous côtés, il trouva le chemin où marchaient les enfants. Le Petit Poucet se cacha avec ses six frères dans un rocher creux. L'ogre, qui se trouvait bien fatigué, voulut se reposer, et par hasard il alla s'asseoir sur le rocher où les petits garçons s'étaient cachés. Comme il n'en pouvait plus de fatigue, il s'endormit et se mit à ronfler si effroyablement que les pauvres enfants avaient aussi peur que quand il tenait son grand couteau pour leur couper la gorge. Le Petit Poucet dit à ses frères de s'enfuir bien vite à la maison, puis, s'étant approché de l'ogre, il lui tira doucement ses bottes, et les mit aussitôt. Les bottes avaient le don de grandir et de rapetisser selon la jambe de celui qui les chaussait, si bien qu'elles lui allèrent aussi bien que si elles avaient été faites pour lui.

LE PETIT POUCET

Il alla droit à la maison de l'ogre, où il trouva sa femme qui pleurait auprès de ses filles égorgées.

—Votre mari, dit le Petit Poucet, a été pris par une troupe de voleurs qui ont juré de le tuer s'il ne donne pas son or et son argent. Pendant qu'ils lui tenaient le poignard sur la gorge, il m'a aperçu. Il m'a prié de venir vous avertir et de vous dire de me donner tout ce qu'il possède, parce qu'autrement ils le tueront : comme la chose presse beaucoup, il m'a prêté ses bottes de sept lieues.

La pauvre femme lui donna aussitôt tout ce qu'elle avait, car cet ogre était tout de même un bon mari. Le Petit Poucet, chargé de toutes les richesses de l'ogre, s'en revint au logis de son père, où il fut reçu avec joie. Désormais, l'abondance et la paix régnèrent dans la maison du bûcheron. Puis, sans quitter les bottes magiques, le Petit Poucet alla trouver le roi, et lui dit que s'il le souhaitait, il lui rapporterait, avant la fin du jour, des nouvelles de son armée, qui était bien loin. Le roi lui promit une grosse somme d'argent s'il réussissait. Le Petit Poucet rapporta des nouvelles dès le soir même ; le roi, très content, lui demanda de continuer à travailler pour lui. Et le Petit Poucet vécut dans la prospérité, car le roi fit de lui un homme riche.

POUR ALLER PLUS LOIN

Perrault a emprunté le nom qu'il donne à son héros à un conte dont le personnage principal est « réellement » tout petit. Connu sous le nom anglais de Tom Thumb, il s'agit de Tom Pouce.

L'OGRE ET LA BÊTE INCONNUE

ILLUSTRÉ PAR ÉMILE JADOUL

CONTE D'OCCITANIE

À PARTIR DE 5 ANS   5 MINUTES   POUR SE DÉGUISER

Il y avait une fois un brave paysan qui cultivait paisiblement son lopin de terre et n'exigeait rien de la vie que de voir ses enfants grandir heureux. Hélas! pour son malheur, il avait comme seigneur un ogre qui lui volait tantôt une poule, tantôt un mouton, quand ce n'était pas une vache. De plus, ce seigneur ogre exigeait une part de chaque récolte.
Un jour, l'ogre vint trouver le paysan et lui dit:
– Cette année, nous n'allons pas nous casser la tête, pour le partage de tes récoltes. Nous ferons moitié-moitié.
– Quoi? s'écria le paysan, mais j'ai six enfants à nourrir!
– Bah! répondit l'ogre, ils sont si petits, ils ne mangent pas grand-chose. Donc, je prendrai tout ce qui pousse au-dessus de la terre, et toi, tu garderas ce qui est sous la terre.

L'OGRE ET LA BÊTE INCONNUE

Et l'ogre s'en alla, le cœur réjoui par la mine désespérée du pauvre paysan. Celui-ci dit à sa femme :
– Comment faire, nous allons mourir de faim !
– Ne t'inquiète pas, répondit sa femme, il suffit de bien choisir ce que nous allons cultiver.
Alors, ils semèrent des radis, des carottes, des navets, des betteraves, des pommes de terre ; et chaque fois que l'ogre venait chercher sa part, il n'avait que des feuilles. Le paysan, lui, gardait ce qui pousse sous la terre, c'est-à-dire la meilleure part.
À la fin de l'année, l'ogre lui dit :
– Maintenant, nous allons changer. C'est toi qui garderas ce qui pousse au-dessus de la terre, et moi, je prendrai ce qui est au-dessous.
L'ogre croyait ruiner le paysan, mais l'année suivante, celui-ci sema du blé, de l'orge, de l'avoine, du maïs...
Cette fois encore, l'ogre fut le dindon de la farce car il n'eut que des racines. Le paysan garda toutes les graines. Il en mit une partie dans son grenier et vendit le reste au marché. Avec l'argent gagné, il vécut heureux et tranquille.

Mais l'ogre était de plus en plus jaloux du paysan, si bien qu'il décida de lui prendre toutes ses terres. Un jour il vint le trouver et lui dit :
– Nous allons jouer au devine-bête. Tu connais ce jeu ? Non ? C'est très amusant. Chacun de nous va amener une bête inconnue et il faudra que l'autre devine son nom. Je reviendrai dans une semaine. Si tu ne devines pas le nom de ma bête, je prendrai toutes tes terres.
L'homme était bien embêté...
Il dit à sa femme :
– Notre seigneur est riche, il va acheter une bête inconnue, venant de quelque pays lointain. Mais moi, hélas, je n'ai que des poules, un cochon, quelques vaches...
– Ne t'inquiète pas, répondit sa femme, moi, je vais te trouver une bête extraordinaire.

Puis elle dit aux enfants :
— Vous allez rôder autour du château, sans vous faire voir, et essayer d'apprendre quelque chose sur la bête achetée par l'ogre.
À tour de rôle, les enfants allèrent espionner le château et au bout de deux ou trois jours, l'un d'eux revint en courant. Tout essoufflé, il dit à ses parents :
— J'ai vu arriver une charrette qui transportait une cage. Alors, je me suis approché sans me faire voir. L'ogre et les domestiques ont sorti une bête de la cage et l'ont poussée dans l'étable. Elle ne voulait pas avancer. Alors, l'ogre s'est mis en colère. Il criait : « Allez, hue ! Avance ! Ah ! Maudite licorne de Pampelune ! »
Le paysan se frotta les mains.

L'OGRE ET LA BÊTE INCONNUE

– Bravo, mon garçon ! Nous sommes tirés d'affaire.
Le matin du jour où l'ogre devait venir, la femme du paysan se mit toute nue. Puis elle se frotta le corps avec du miel et alla se rouler dans la plume des volailles qu'elle avait tuées la veille. Son mari la regardait faire, éberlué. Elle lui dit de lui attacher une paire de cornes sur la tête, puis elle se mit à quatre pattes dans l'étable et ils attendirent la venue de l'ogre. Celui-ci ne tarda pas à arriver, tirant sa bête au bout d'une corde. Le paysan s'approcha tranquillement, les mains dans les poches, jeta un coup d'œil à l'animal et dit :
– Quoi, monseigneur ? C'est cela que vous appelez une bête inconnue ? Bah ! C'est tout simplement une licorne de Pampelune.
De stupéfaction, l'ogre faillit avaler sa moustache ! Il s'écria :
– Ah ça ! mon garçon, je ne te savais pas si savant. Je ne prendrai pas tes terres, puisque tu as trouvé, mais si moi, je devine le nom de ta bête, tu devras me donner cinquante pièces d'or. Allons-y.
Le paysan le conduisit à l'étable et l'ogre se mit à examiner la femme. Il marmottait :
– Voyons, voyons. Elle a des plumes mais pas d'ailes. Elle a quatre pattes et des cornes. Une vache ? Non, elle a les mamelles entre les pattes de devant et pas de queue. Mais qu'est-ce que c'est que cette bête ?
Alors, la femme se mit à regarder l'ogre d'un air très méchant, en montrant les dents et en faisant « grrrr » comme si elle voulait lui sauter dessus et le mordre. L'ogre prit peur. Il s'enfuit de l'étable en courant si vite qu'il trébucha et... plouf ! il tomba dans la mare. On entendit « glou, glou, glou... » puis plus rien : l'ogre s'était noyé. Enfin débarrassé de son méchant seigneur, le paysan vécut tranquille, en regardant grandir ses enfants.

HISTOIRE D'OGRE

MARIE TENAILLE,
TEXTE PUBLIÉ DANS LE MAGAZINE *TOBOGGAN* N°72, NOVEMBRE 1986

À PARTIR DE 5 ANS   5 MINUTES   POUR ÉCHAPPER À L'OGRE

Arthur Laventure est un petit bonhomme pas plus haut qu'une botte d'ogre... juste assez grand pour aller à l'école. Lundi, au lieu de rentrer tout droit à la maison, il fait un petit détour en sortant de l'école.
Et voilà qu'il rencontre l'ogre ! L'ogre le prend sous son bras et l'emporte chez lui...
– Rapportes-tu quelque chose à manger ? lui demande sa femme l'ogresse. Je t'attendais pour préparer le repas.
– Rien qu'un petit écolier pas plus haut que mes bottes ! répond l'ogre.
– Beuh ! fait l'ogresse. Un si petit écolier, ce n'est pas très bon, c'est maigrichon comme tout ! Il faut que tu sois myope pour ramener ça !

Va donc me chercher de la ciboulette, de la farigoulette, de la sariette et un gros rutabaga pour ajouter à la sauce...
— J'y vais! dit l'ogre en laissant Arthur Laventure à la garde de son épouse.
Le petit bonhomme pas plus haut qu'une botte d'ogre n'a pas du tout envie de se faire manger. Une fois seul avec l'ogresse, il lui demande :
— Et comme dessert, qu'est-ce que vous prendrez ?
— Hum... j'ai bien peur que l'ogre n'y pense pas...
— Eh bien moi, dit le petit bonhomme à la grosse ogresse, je sais où trouver du bon gâteau au chocolat. Ma mère en a fait un pour ce soir... En voulez-vous deux belles parts d'ogre ?
— Miam! Miam! fait l'ogresse, pourquoi pas? Nous aimons le chocolat, l'ogre et moi.
— Je vais chercher le dessert! s'écrie Arthur Laventure.
Il disparaît et ne revient pas, bien sûr.
Ce lundi-là l'ogre et l'ogresse n'ont eu que de la ciboulette, de la farigoulette, de la sariette et un gros rutabaga pour tout repas!

Jeudi, le petit bonhomme pas plus haut qu'une botte d'ogre fait un détour un peu plus grand en sortant de l'école...
— Ah! te revoilà, toi! dit l'ogre qui le prend sous son bras pour la seconde fois et l'emporte chez lui.
— Encore celui-là! dit l'ogresse, tu ne vois donc pas qu'il est maigrichon et pas du tout bon!
— C'est mieux que rien et j'ai faim! dit l'ogre. Mets-le dans le placard pendant que je prépare les fines herbes. Toi, épluche les oignons!
Dès que le bouillon bout, l'ogre affamé va tirer Arthur Laventure du fond du placard pour le mettre à cuire...
Mais le petit bonhomme n'a pas envie d'aller dans la marmite pour être cuit, puis mangé par l'ogre et l'ogresse, non, non, non!
Il tend à l'ogre l'une de ses vieilles bottes. Et l'ogre, qui a très faim et n'y voit rien, la plonge dans la marmite.

HISTOIRE D'OGRE

Plouf! La porte du placard est restée ouverte... Arthur Laventure en profite pour rentrer chez lui.

Le temps passe, et puis, le mardi suivant, le petit bonhomme pas plus haut qu'une botte d'ogre fait un très grand détour en sortant de l'école... Et voilà qu'il rencontre l'ogre pour la troisième fois!
L'ogre l'attrape, le prend sous son bras et l'emporte sans même le reconnaître...
— Ah non! crie l'ogresse. Je ne mets plus d'écolier dans ma marmite! Le dernier était aussi résistant et malodorant qu'une vieille botte d'ogre...
L'ogre écoute l'ogresse et laisse partir Arthur Laventure, qui rentre tout droit à la maison.
— Tu es bien en retard ce soir! lui disent son papa et sa maman.
Et bien sûr, ils ne croient pas un mot de son histoire.

LA SORCIÈRE DU PLACARD AUX BALAIS

ILLUSTRÉ PAR CHRISTIAN GUIBBAUD

PIERRE GRIPARI, TEXTE EXTRAIT
DE *CONTES DE LA RUE BROCA*, © ÉDITIONS DE LA TABLE RONDE, 1967

À PARTIR DE 7 ANS   30 MINUTES   POUR EMMÉNAGER TRANQUILLEMENT

C'est moi, monsieur Pierre, qui parle, et c'est à moi qu'est arrivée l'histoire.

Un jour, en fouillant dans ma poche, je trouve une pièce de cinq nouveaux francs. Je me dis : « Chouette ! Je suis riche ! Je vais pouvoir m'acheter une maison ! »
Et je cours aussitôt chez le notaire.
— Bonjour, monsieur le notaire ! Vous n'auriez pas une maison, dans les cinq cents francs ?
— Cinq cents francs comment ? Anciens ou nouveaux ?
— Anciens, naturellement !
— Ah non, me dit le notaire, je suis désolé ! J'ai des maisons à deux millions, à cinq millions, à dix millions, mais pas à cinq cents francs !

LA SORCIÈRE DU PLACARD AUX BALAIS

Moi, j'insiste quand même :
– Vraiment ? En cherchant bien, voyons... Pas même une toute petite ?
À ce moment, le notaire se frappe le front.
– Mais si, j'y pense ! Attendez un peu...
Il fouille dans ses tiroirs et en tire un dossier.
– Tenez, voici : une petite villa située sur la grand-rue, avec chambre, cuisine, salle de bains, living-room, pipi-room et placard aux balais.
– Combien ?
– Trois francs cinquante. Avec les frais, cela fera cinq nouveaux francs exactement.
– C'est bon, j'achète.
Je pose fièrement sur le bureau ma pièce de cent nouveaux sous.
Le notaire la prend, et me tend le contrat.
– Tenez, signez ici. Et là, vos initiales. Et là encore. Et là aussi.
Je signe et je lui rends le papier en lui disant :
– Ça va comme ça ?
Il me répond :
– Parfait. Hihihihi !
Je le regarde, intrigué.
– De quoi riez-vous ?
– De rien, de rien... Haha !
Je n'aimais pas beaucoup ce rire. C'était un petit rire nerveux, celui de quelqu'un qui vient de vous jouer un méchant tour. Je demande encore :
– Enfin quoi, cette maison, elle existe ?
– Certainement. Héhéhé !
– Elle est solide, au moins ? Elle ne va pas me tomber sur la tête ?
– Hoho ! Certainement non !
– Alors ? Qu'est-ce qu'il y a de drôle ?
– Mais rien, je vous dis ! D'ailleurs, voici la clé, vous irez voir vous-même... Bonne chance ! Houhouhou !
Je prends la clé, je sors, et je vais visiter la maison.

C'était, ma foi, une fort jolie petite maison, coquette, bien exposée, avec chambre, cuisine, salle de bains, living-room, pipi-room et placard aux balais. La visite une fois terminée, je me dis : « Si j'allais saluer mes nouveaux voisins ? »

Allez, en route ! Je vais frapper chez mon voisin de gauche.

— Bonjour, voisin ! Je suis votre voisin de droite ! C'est moi qui viens d'acheter la petite maison avec chambre, cuisine, salle de bains, living-room, pipi-room et placard aux balais !

Là-dessus, je vois le bonhomme qui devient tout pâle. Il me regarde d'un air horrifié, et pan ! sans une parole, il me claque la porte au nez !

Moi, sans malice, je me dis : « Tiens ! Quel original ! »

Et je vais frapper chez ma voisine de droite.

— Bonjour, voisine ! Je suis votre voisin de gauche ! C'est moi qui viens d'acheter la petite maison avec chambre, cuisine, salle de bains, living-room, pipi-room et placard aux balais !

Là-dessus, je vois la vieille qui joint les mains, me regarde avec infiniment de compassion et se met à gémir :

— Hélà, mon pauv'monsieur, v'avez ben du malheur ! C'est-y pas une misère, un gentil p'tit jeune homme comme vous ! Enfin, p'tête ben qu' vous vous en sortirez... Tant qu'y a d'la vie y a d'l'espoir, comme on dit, et tant qu'on a la santé...

Moi, d'entendre ça, je commence à m'inquiéter :

— Mais enfin, chère madame, pouvez-vous m'expliquer, à la fin ? Toutes les personnes à qui je parle de cette maison...

242

LA SORCIÈRE DU PLACARD AUX BALAIS

Mais la vieille m'interrompt aussitôt :

— Excusez-moi, mon bon monsieur, mais j'ai mon rôti au four... Faut que j'y aille voir si je veux point qu'y grâle !

Et pan ! Elle me claque la porte au nez, elle aussi. Cette fois, la colère me prend. Je retourne chez le notaire et je lui dis :

— Maintenant, vous allez me dire ce qu'elle a de particulier, ma maison, que je m'amuse avec vous ! Et si vous ne voulez pas me le dire, je vous casse la tête !

Et, en disant ces mots, j'attrape le gros cendrier de verre. Cette fois, le type ne rit plus.

— Hé ! là, doucement ! Calmez-vous, cher monsieur ! Posez ça là ! Asseyez-vous !

— Parlez d'abord !

— Mais oui, je vais parler ! Après tout, maintenant que le contrat est signé, je peux bien vous le dire... la maison est hantée !

— Hantée ? Hantée par qui ?

— Par la sorcière du placard aux balais !

— Vous ne pouviez pas me le dire plus tôt ?

— Eh non ! Si je vous l'avais dit, vous n'auriez plus voulu acheter la maison, et moi, je voulais la vendre. Hihihi !

— Finissez de rire, ou je vous casse la tête !

— C'est bon, c'est bon...

— Mais dites-moi donc, j'y pense : je l'ai visité, ce placard aux balais, il y a un quart d'heure à peine... Je n'y ai pas vu de sorcière !

— C'est qu'elle n'y est pas dans la journée ! Elle ne vient que la nuit !

— Et qu'est-ce qu'elle fait, la nuit ?

— Oh ! Elle se tient tranquille, elle ne fait pas de bruit, elle reste là, bien sage, dans son placard... Seulement, attention ! Si vous avez le malheur de chanter :

« Sorcière, sorcière,
Prends garde à ton derrière ! »

à ce moment-là, elle sort... et c'est tant pis pour vous !

Moi, en entendant ça, je me relève d'un bond et je me mets à crier :
— Espèce d'idiot ! Vous aviez bien besoin de me chanter ça ! Jamais il ne me serait venu l'idée d'une pareille ânerie ! Maintenant, je ne vais plus penser à autre chose !
— C'est exprès ! Hihihi !
Et, comme j'allais sauter sur lui, le notaire s'enfuit par une porte dérobée.
Que faire ? Je rentre chez moi en me disant : « Après tout, je n'ai qu'à faire attention... Essayons d'oublier cette chanson idiote ! »
Facile à dire ! Des paroles comme celles-là ne se laissent pas oublier ! Les premiers mois, bien sûr, je me tenais sur mes gardes... Et puis, au bout d'un an et demi, la maison, je la connaissais, je m'y étais habitué, elle m'était familière... Alors j'ai commencé à chanter la chanson pendant le jour, aux heures où la sorcière n'était pas là... Et puis dehors, où je ne risquais rien... Et puis je me suis mis à la chanter la nuit, dans la maison – mais pas entièrement ! Je disais simplement :

« Sorcière, sorcière... »

et puis je m'arrêtais. Il me semblait alors que la porte du placard aux balais se mettait à frémir... Mais comme j'en restais là, la sorcière ne pouvait rien. Alors, voyant cela, je me suis mis à en dire chaque jour un peu plus : « Prends garde... » puis « Prends garde à... » et puis « Prends garde à ton... » et enfin « Prends garde à ton derr... » Je m'arrêtais juste à temps ! Il n'y avait plus de doute, la porte frémissait, tremblait, sur le point de s'ouvrir... Ce que la sorcière devait rager, à l'intérieur !
Ce petit jeu s'est poursuivi jusqu'à Noël dernier. Cette nuit-là, après avoir réveillonné chez des amis, je rentre chez moi, un peu pompette, sur le coup de quatre heures du matin, en me chantant tout au long de la route :

LA SORCIÈRE DU PLACARD AUX BALAIS

« Sorcière, sorcière,
Prends garde à ton derrière ! »

Bien entendu, je ne risquais rien, puisque j'étais dehors. J'arrive dans la grand-rue : « Sorcière, sorcière... » Je m'arrête devant ma porte : « Prends garde à ton derrière ! »... Je sors la clef de ma poche : « Sorcière, sorcière... », je ne risquais toujours rien... Je glisse la clef dans la serrure : « Prends garde à ton derrière ! »... Je tourne, j'entre, je retire la clef, je referme la porte derrière moi, je m'engage dans le couloir en direction de l'escalier...

« Sorcière, sorcière,
Prends garde à ton derrière ! »

Zut ! Ça y était ! Cette fois, je l'avais dit ! Au même moment, j'entends, tout près de moi, une petite voix pointue, aigre, méchante :
—Ah, vraiment ! Et pourquoi est-ce que je dois prendre garde à mon derrière ?
C'était elle. La porte du placard était ouverte, et elle était campée dans l'ouverture, le poing droit sur la hanche et un de mes balais dans la main gauche. Bien entendu, j'essaye de m'excuser :
—Oh ! Je vous demande pardon, madame ! C'est un moment de distraction... J'avais oublié que... Enfin, je veux dire... J'ai chanté ça sans y penser...
Elle ricane doucement :
—Sans y penser ? Menteur ! Depuis deux ans, tu ne penses qu'à ça ! Tu te moquais bien de moi, n'est-ce pas, lorsque tu t'arrêtais au dernier mot, à la dernière syllabe ! Mais moi, je me disais : « Patience, mon mignon ! Un jour, tu la cracheras, ta petite chanson, d'un bout à l'autre, et ce jour-là, ce sera mon tour de m'amuser... » Eh bien, voilà ! C'est arrivé ! Moi, je tombe à genoux et je me mets à supplier :

— Pitié, madame! Ne me faites pas de mal! Je n'ai pas voulu vous offenser! J'aime beaucoup les sorcières! J'ai de très bonnes amies sorcières! Ma pauvre mère elle-même était sorcière! Si elle n'était pas morte, elle pourrait vous le dire... Et puis d'ailleurs, c'est aujourd'hui Noël! Le petit Jésus est né cette nuit... Vous ne pouvez pas me faire disparaître un jour pareil!...

La sorcière me répond :

— Taratata! Je ne veux rien entendre! Mais puisque tu as la langue si bien pendue, je te propose une épreuve : tu as trois jours pour me demander trois choses. Trois choses impossibles! Si je te les donne, je t'emporte. Mais si une seule des trois, je ne suis pas capable de te la donner, je m'en vais pour toujours et tu ne me verras plus. Allez, je t'écoute!

Moi, pour gagner du temps, je lui réponds :

— Ben, je ne sais pas... Je n'ai pas d'idée... Il faut que je réfléchisse... Laissez-moi la journée!

— C'est bon, dit-elle, je ne suis pas pressée. À ce soir!

Et elle disparaît.

Pendant une bonne partie de la journée, je me tâte, je me creuse, je me fouille les méninges — et tout à coup, je me souviens que mon ami Bachir a deux petits poissons dans un bocal, et que ces deux petits poissons, m'a-t-il dit, sont magiques. Sans perdre une seconde, je fonce rue Broca et je demande à Bachir :

— Tu as toujours tes deux poissons?

— Oui. Pourquoi?

— Parce que dans ma maison, il y a une sorcière, une vieille, une méchante sorcière. Ce soir, je dois lui demander quelque chose d'impossible. Sinon elle m'emportera. Tes petits poissons pourraient peut-être me donner une idée?

— Sûrement, dit Bachir. Je vais les chercher.

Il s'en va dans l'arrière-boutique, puis il revient avec un bocal plein d'eau dans lequel nagent deux petits poissons, l'un rouge et l'autre jaune

tacheté de noir. C'est bien vrai qu'ils ont l'air de poissons magiques. Je demande à Bachir :
— Maintenant, parle-leur !
— Ah non ! répond Bachir. Je ne peux pas leur parler moi-même, ils ne comprennent pas le français. Il faut un interprète !
— Mais je n'ai pas d'interprète !
— Ne t'en fais pas. Moi, j'en ai un.
Et voilà mon Bachir qui se met à chanter :

« Petite souris
Petite amie
Viens par ici
Parle avec mes petits poissons
Et tu auras du saucisson ! »

À peine a-t-il fini de chanter qu'une adorable souris grise arrive en trottinant sur le comptoir, s'assied sur son petit derrière à côté du bocal et pousse trois petits cris, comme ceci :
— Hip ! Hip ! Hip !
Bachir traduit :
— Elle dit qu'elle est prête. Raconte-lui ce qui t'est arrivé.
Je me penche vers la souris et je lui raconte tout : le notaire, la maison, les voisins, le placard, la chanson, la sorcière et l'épreuve qu'elle m'a imposée. Après m'avoir écouté en silence, la souris se retourne vers les petits poissons et leur dit dans sa langue :
— Hippi hipipi pipi ripitipi…
Et comme ça pendant cinq minutes.
Après avoir, eux aussi, écouté en silence, les poissons se regardent, se consultent, se parlent à l'oreille, et pour finir le poisson rouge monte à la surface de l'eau et ouvre plusieurs fois la bouche avec un petit bruit, à peine perceptible :
— Po – po – po – po…

Et ainsi de suite, pendant près d'une minute.

Quand c'est fini, la petite souris se retourne vers Bachir et recommence à pépier :

— Pipiri pipi ripipi.

Je demande à Bachir :

— Qu'est-ce qu'elle raconte ?

Il me répond :

— Ce soir, quand tu verras la sorcière, demande-lui des bijoux en caoutchouc, qui brillent comme des vrais. Elle ne pourra pas te les donner.

Je remercie Bachir, Bachir donne une pincée de daphnies aux petits poissons, à la souris une rondelle de saucisson, et sur ce nous nous séparons.

Dans le couloir, la sorcière m'attendait.

— Alors ? Qu'est-ce que tu me demandes ?

Sûr de moi, je réponds :

— Je veux que tu me donnes des bijoux en caoutchouc qui brillent comme des vrais !

Mais la sorcière se met à rire :

— Haha ! Cette idée-là n'est pas de toi ! Mais peu importe, les voilà !

Elle fouille dans son corsage, et en tire une poignée de bijoux : deux bracelets, trois bagues et un collier, tout ça brillant comme de l'or, étincelant comme du diamant, de toutes les couleurs — et mou comme de la gomme à crayon !

— À demain, me dit-elle, pour la deuxième demande ! Et cette fois, tâche d'être un peu plus malin !

Et hop ! la voilà disparue.

Le lendemain matin, j'emporte les bijoux chez un de mes amis qui est chimiste, et je lui dis :

— Qu'est-ce que c'est que cette matière ?

— Fais voir, me dit-il.

Et il s'enferme dans son laboratoire. Au bout d'une heure il en ressort en me disant :

— Ça, c'est extraordinaire ! Ils sont en caoutchouc ! Je n'ai jamais vu ça ! Tu permets que je les garde ?
Je lui laisse les bijoux et je retourne chez Bachir.
— Les bijoux, ça ne va pas, je lui dis. La sorcière me les a donnés tout de suite.
— Alors il faut recommencer, dit Bachir.
Il retourne chercher le bocal, le pose sur le comptoir et se remet à chanter :

« Petite souris
Petite amie
Viens par ici
Parle avec mes petits poissons
Et tu auras du saucisson ! »

La petite souris accourt, je la mets au courant, elle traduit, puis recueille la réponse et transmet à Bachir :
— Pipi pirripipi hippi hippi hip !

– Qu'est-ce qu'elle dit ?

Et Bachir me traduit :

– Demande à la sorcière une branche de l'arbre à macaroni, et repique-la dans ton jardin pour voir si elle pousse !

Et le soir même, je dis à la sorcière :

– Je veux une branche de l'arbre à macaroni !

– Haha ! Cette idée-là n'est pas de toi ! Mais ça ne fait rien : voilà !

Et crac ! Elle sort de son corsage un magnifique rameau de macaroni en fleur, avec des branchettes en spaghetti, de longues feuilles en nouille, des fleurs en coquillette, et même de petites graines en forme de lettres de l'alphabet ! Je suis bien étonné, mais tout de même, j'essaie de chercher la petite bête :

– Ce n'est pas une branche d'arbre, ça, ça ne repousse pas !

– Crois-tu ? dit la sorcière. Eh bien, repique-la dans ton jardin, et tu verras ! Et à demain soir !

Moi, je ne fais ni une ni deux, je sors dans le jardin, je creuse un petit trou dans une plate-bande, j'y plante la branche de macaroni, j'arrose et je vais me coucher. Le lendemain matin, je redescends. La branche est devenue énorme : c'est presque un petit arbre, avec plusieurs nouvelles ramures, et deux fois plus de fleurs. Je l'empoigne à deux mains, j'essaie de l'arracher... impossible ! Je gratte la terre autour du tronc, et je m'aperçois qu'il tient au sol par des centaines de petites racines en vermicelle... Cette fois, je suis désespéré. Je n'ai même plus envie de retourner chez Bachir. Je me promène dans le pays, comme une âme en peine, et je vois les bonnes gens se parler à l'oreille quand ils me regardent passer. Je sais ce qu'ils se disent : « Pauvre petit jeune homme ! Regardez-le ! C'est sa dernière journée, ça se voit tout de suite ! La sorcière va sûrement l'emporter cette nuit ! »

Sur le coup de midi, Bachir me téléphone :

– Alors ? Ça a marché ?

– Non, ça n'a pas marché. Je suis perdu. Ce soir, la sorcière va m'emporter. Adieu, Bachir !

LA SORCIÈRE DU PLACARD AUX BALAIS

— Mais non, rien n'est perdu, qu'est-ce que tu racontes ? Viens tout de suite, on va interroger les petits poissons !
— Pour quoi faire ? Ça ne sert à rien !
— Et ne rien faire, ça sert à quoi ? Je te dis de venir tout de suite C'est honteux de se décourager comme ça !
— Bon, si tu veux, je viens...
Et je vais chez Bachir. Quand j'arrive, tout est prêt : le bocal aux poissons et la petite souris, assise à côté. Pour la troisième fois, je raconte mon histoire, la petite souris traduit, les poissons se consultent longuement, et c'est le poisson jaune, cette fois, qui remonte à la surface et se met à bâiller en mesure :
— Po – po – po – po – po – po – po...
Pendant près d'un quart d'heure.
La souris à son tour se retourne vers nous et fait tout un discours, qui dure bien dix minutes.
Je demande à Bachir :
— Mais qu'est-ce qu'ils peuvent raconter ?
Bachir me dit :
— Écoute bien, et fais très attention, car ce n'est pas simple ! Ce soir, en retournant chez toi, demande à la sorcière qu'elle te donne la grenouille à cheveux. Elle sera bien embarrassée, car la grenouille à cheveux, c'est la sorcière elle-même. Et la sorcière n'est rien d'autre que la grenouille à cheveux qui a pris forme humaine. Alors de deux choses l'une : ou bien elle ne peut pas te la donner, et en ce cas elle est obligée de partir pour toujours – ou bien elle voudra te la montrer quand même, et pour cela elle sera obligée de se transformer. Dès qu'elle sera devenue grenouille à cheveux, toi, attrape-la et ligote-la bien fort et bien serré avec une grosse ficelle. Elle ne pourra plus se dilater pour redevenir sorcière. Après cela, tu lui raseras les cheveux, et ce ne sera plus qu'une grenouille ordinaire, parfaitement inoffensive.
Cette fois, l'espoir me revient. Je demande à Bachir :
— Peux-tu me vendre la ficelle ?

Bachir me vend une pelote de grosse ficelle, je remercie et je m'en vais. Le soir venu, la sorcière est au rendez-vous.

—Alors, mignon, c'est maintenant que je t'emporte? Qu'est-ce que tu vas me demander à présent?

Moi, je m'assure que la ficelle est bien déroulée dans ma poche, et je réponds:

—Donne-moi la grenouille à cheveux!

Cette fois, la sorcière ne rit plus. Elle pousse un cri de rage:

—Hein? Quoi? Cette idée-là n'est pas de toi! Demande-moi autre chose!

Mais je tiens bon:

—Et pourquoi autre chose? Je ne veux pas autre chose, je veux la grenouille à cheveux!

—Tu n'as pas le droit de me demander ça!

—Tu ne peux pas me donner la grenouille à cheveux?

—Je peux, mais ce n'est pas de jeu!

—Alors tu ne veux pas?

—Non, je ne veux pas!

—En ce cas, retire-toi. Je suis ici chez moi!

À ce moment, la sorcière se met à hurler:

—Ah, c'est comme ça! Eh bien, la voilà, puisque tu la veux, ta grenouille à cheveux!

Et je la vois qui se ratatine, qui rapetisse, qui rabougrit, qui se dégonfle et se défait, comme si elle fondait, tant et si bien que cinq minutes après je n'ai plus devant moi qu'une grosse grenouille verte, avec plein de cheveux sur la tête, qui se traîne sur le parquet en criant comme si elle avait le hoquet:

—Coap! Coap! Coap! Coap!

Aussitôt, je saute sur elle, je la plaque sur le sol, je tire la ficelle de ma poche, et je te la prends, et je te la ligote, et je te la saucissonne... Elle se tortille, elle étouffe presque, elle essaie de se regonfler... mais la ficelle est trop serrée! Elle me regarde avec des yeux furieux en hoquetant comme elle peut:

LA SORCIÈRE DU PLACARD AUX BALAIS

– Coap ! Coap ! Coap ! Coap !

Moi, sans perdre de temps, je l'emporte dans la salle de bains, je la savonne, je la rase, après quoi je la détache et je la laisse passer la nuit dans la baignoire, avec un peu d'eau dans le fond.

Le lendemain, je la porte à Bachir, dans un bocal avec une petite échelle, pour qu'elle serve de baromètre. Bachir me remercie et place le nouveau bocal sur une étagère, à côté de celui des poissons.

Depuis ce temps-là, les deux poissons et la grenouille n'arrêtent pas de se parler. La grenouille dit : Coap ! Coap ! et les poissons : Po – po ! et cela peut durer des journées entières ! Un beau jour, j'ai demandé à Bachir :

– Et si tu appelais ta souris, qu'on sache un peu ce qu'ils se racontent ?

– Si tu veux ! a dit Bachir.

Et il s'est remis à chanter :

« Petite souris
Petite amie
Viens par ici... »

Quand la souris est venue, Bachir lui a demandé d'écouter et de traduire. Mais la souris, cette fois, a refusé tout net.

– Pourquoi ? ai-je demandé.

Et Bachir a répondu :

– Parce que ce ne sont que des gros mots !

Voilà l'histoire de la sorcière. Et maintenant, quand vous viendrez me rendre visite, soit de jour, soit de nuit, dans la petite maison que j'ai achetée, vous pourrez chanter tout à votre aise :

« Sorcière, sorcière,
Prends garde à ton derrière ! »

Je vous garantis qu'il n'arrivera rien !

POUR L'AMOUR DE BILOUBA

ILLUSTRÉ PAR ÉMILE JADOUL

GENEVIÈVE HURIET,
TEXTE PUBLIÉ DANS LE MAGAZINE *TOBOGGAN* N°100, MARS 1990

À PARTIR DE 4 ANS   5 MINUTES   POUR CHARMER L'OGRESSE

Dans mon pays, en ce temps-là, il y avait des ogres toujours affamés, grands mangeurs de gibier et de petits enfants.
Il y avait aussi des ogresses. La plus belle s'appelait Bilouba. Grande et grosse, tignasse rousse et dents pointues, elle préparait elle-même un délicieux vin de myrtille. Aussi, tous les ogres rêvaient de l'épouser.
Ils lui apportaient toutes sortes de cadeaux. Puis ils racontaient leurs grandes chasses. Hélas, cela n'intéressait pas Bilouba. Elle bâillait en versant le vin de myrtille, et finalement les renvoyait tout penauds avec leurs cadeaux. Non, elle ne voulait se marier avec aucun d'entre eux...
Koulibiak fut renvoyé comme les autres. « Bilouba a bâillé six fois, pensa-t-il. Elle s'ennuie, c'est clair. Pour qu'elle ne s'ennuie plus, il faut la distraire... Il faut lui faire un cadeau amusant ! »

POUR L'AMOUR DE BILOUBA

Là-dessus, il entendit au loin une mélodie légère : c'était Sébastien, un petit berger, qui jouait de la flûte en gardant son troupeau.
Quelle aubaine ! En trois bonds, l'ogre fut dans le pré. D'une main, cric ! il ouvrit sa gibecière ; de l'autre, crac ! il y fourra le garçon, sa cape, sa flûte et son bonnet.
Et il courut jusqu'à la maison de Bilouba, secoua sa gibecière et fit rouler à terre tout son contenu.
– Un autre cadeau ! cria-t-il tout essoufflé. C'est un berger à musique, écoute-le jouer ! Et quand tu en auras assez, tu peux toujours le manger pour ton goûter ! Mmm...
Il épousseta Sébastien, le remit sur ses pieds et lui tendit sa flûte.
– Joue maintenant !
Tout étourdi, terrorisé, le garçon porta la flûte à sa bouche : il n'en sortit qu'un « pfut... pfut... » lamentable.
– Joli cadeau, vraiment ! dit Bilouba. Emporte-moi ce sifflet, et ne reparais pas ici !

Koulibiak fourra le garçon sous son bras et s'en alla la tête basse.
– Ah, maudit berger ! Pourquoi n'as-tu pas joué pour Bilouba ?
– On ne peut pas jouer de la flûte quand on tremble de peur, répondit Sébastien. Rends-moi la liberté. Promets-moi de ne plus manger de bergers et Bilouba sera contente !
L'ogre hésita... mais plaire à Bilouba valait tous les sacrifices.
– Promis, foi de Koulibiak. Personne ne vous mangera, ni toi ni tes amis. Et maintenant, que faut-il faire ?
– De la musique, dit Sébastien. Tu verras !

Dès le lendemain, tous deux s'enfoncèrent dans la forêt et s'installèrent bien loin, dans une clairière. Et là, en grand secret, le petit berger apprit à l'ogre à chanter et à danser au son de la flûte...
Le même jour, un nouveau soupirant était venu voir Bilouba. Ses cadeaux étaient extraordinaires : un panier d'œufs d'autruche, des plumes de paon et des bracelets de poils d'éléphant...
Mais quand le visiteur commença à raconter une chasse au tigre, Bilouba bâilla – deux fois. C'est à ce moment qu'on entendit la musique, de plus en plus proche et très gaie. À l'entrée, deux musiciens s'étaient arrêtés pour planter un écriteau :

Mini bal de KOULIBIAK
ENTRÉE LIBRE
On ne croque pas le berger à musique.

Près de l'écriteau, un petit berger jouait de la flûte en agitant des grelots dorés. Et un grand diable d'ogre chantait tout en dansant en cadence. La musique et la chanson s'entendaient jusque chez Bilouba, où le soupirant poursuivait son récit :
– Le tigre me regardait de ses terribles yeux jaunes...
Mais la belle ogresse bâillait de nouveau, et finalement... se leva d'un bond.

POUR L'AMOUR DE BILOUBA

—Il me semble qu'on s'amuse là-bas, allons voir !
Dès qu'il la vit, Koulibiak arrêta sa chanson et dit :
—Dansons !
Et il entraîna la belle ogresse dans la danse. Jamais elle n'avait été à pareille fête ! Et elle ne bâilla pas une seule fois, Bilouba !
Ce fut un mini bal très réussi. Quelques ogres affamés ont bien demandé : « On ne peut vraiment pas croquer le berger ? Pas même un tout petit morceau ? » Mais Koulibiak se mit devant Sébastien en roulant des yeux terribles, et tout rentra dans l'ordre.

Au mariage de Koulibiak et de Bilouba, il y eut un orchestre d'une douzaine de bergers, Sébastien en tête, et le bal dura jusqu'au matin. Et les ogres se bousculèrent pour prendre des leçons de danse.
Chez eux comme chez les hommes, on ne mange pas son professeur !

LE VAILLANT PETIT TAILLEUR

ILLUSTRÉ PAR VIRGINIE GUÉRIN

ADAPTÉ D'UN CONTE DE GRIMM

À PARTIR DE 4 ANS   20 MINUTES   POUR TROMPER SON MONDE

Par un beau matin d'été, assis sur sa table, un joyeux petit tailleur travaillait de tout son cœur. Voilà qu'il entend une paysanne crier dans la rue :
– Délicieuse confiture à vendre ! Délicieuse confiture à vendre !
Le petit tailleur fut ravi d'entendre cet appel. Il acheta un pot de confiture, puis se coupa un grand morceau de pain et le tartina de confiture. « Avant d'y croquer, se dit-il, il faut que je termine cet habit. »
Il posa la tartine près de lui et continua à coudre avec entrain, faisant des points de plus en plus grands.
Pendant ce temps, le parfum de la confiture se répandait dans la chambre et de nombreuses mouches se jetèrent sur la tartine.
– Holà ! dit le petit tailleur. Qui vous a invitées ?

LE VAILLANT PETIT TAILLEUR

Il chassa ces convives indésirables, mais les mouches ne se laissèrent pas intimider. Elles revinrent à l'assaut, plus nombreuses encore. Cette fois, le petit tailleur sentit la moutarde lui monter au nez.
– Je vais vous en donner, moi, de la confiture !
Il attrapa une serviette et leur en donna un grand coup. Puis il retira la serviette et compta ses victimes : il n'y avait pas moins de sept mouches raides mortes. « Tu es un fameux gaillard, se dit-il, tout fier de sa force. Il faut que toute la ville en soit informée. » Et, en toute hâte, il se tailla une ceinture, la cousit et broda dessus en grandes lettres : SEPT D'UN COUP. « Mais la ville ne suffit pas... c'est le monde entier qui doit être informé ! » Et son cœur sautait de joie. Le tailleur mit sa ceinture et se prépara à partir dans le monde, car il trouvait son atelier trop petit pour un homme aussi valeureux que lui ; il chercha dans la maison ce qu'il pourrait emporter. Il ne trouva qu'un fromage et le mit dans sa poche. Devant la porte, il aperçut un oiseau qui s'était pris dans des branchages ; il le mit avec le fromage et partit vaillamment. Comme il était léger et agile, il ne ressentait aucune fatigue. Le chemin le conduisit en haut d'une montagne. Au sommet était assis un énorme géant qui regardait tranquillement le paysage.
Bravement, le petit tailleur s'approcha de lui et l'apostropha :
– Bonjour, camarade ! Alors, tu contemples le vaste monde ? Justement c'est là que je vais en quête d'aventure. Ça te dirait de venir avec moi ?
Le géant examina le tailleur d'un air hautain et lui dit :
– Minable, bon à rien !
– Tu crois ça, répliqua le tailleur en ouvrant son manteau et en montrant sa ceinture. Tiens, lis, tu verras à qui tu as affaire.
Le géant lut : SEPT D'UN COUP. Il crut que c'était le nombre d'hommes que le petit tailleur avait tués et il commença à avoir un peu de respect pour lui.
Mais il voulait d'abord le mettre à l'épreuve. Il ramassa un caillou et le serra si fort qu'il en fit sortir de l'eau.

– Fais-en autant, dit-il, si tu en as la force.
– C'est tout ? demanda le petit tailleur. C'est un jeu d'enfant !
Il plongea la main dans sa poche, en tira le fromage et le pressa si fort qu'il en coula du jus.
– Alors, dit-il, c'est pas mieux ?
Le géant ne répondit pas. Il ne savait que penser du petit homme. Il ramassa une pierre et la lança si haut qu'on ne pouvait presque plus la voir.
– Alors, petit bonhomme, fais-en autant !
– Bien lancé, dit le tailleur ; mais la pierre est retombée. Je vais en lancer une si fort qu'on ne la reverra pas.
Il prit l'oiseau dans sa poche et le lança en l'air. Tout content d'être libre, l'oiseau s'élança dans le ciel et ne revint pas.
– Qu'est-ce que tu dis de ça, camarade ? demanda le tailleur.
– Tu es un bon lanceur, dit le géant, mais voyons maintenant si tu peux porter aussi lourd que tu lances loin.
Il conduisit le petit tailleur près d'un énorme chêne qui était abattu sur le sol et dit :
– Puisque tu es si fort, aide-moi à sortir cet arbre de la forêt.
– D'accord, répondit le petit homme, pose le tronc sur ton épaule, je porterai les branches, c'est ça le plus lourd.
Le géant chargea le tronc sur son épaule ; le tailleur s'assit sur une branche et le géant, qui ne voyait pas ce qui se passait derrière lui, porta l'arbre entier, et le tailleur par-dessus le marché ! Celui-ci était tout joyeux et sifflait la chanson « Il était trois tailleurs qui chevauchaient ensemble », comme si porter l'arbre était un jeu d'enfant. Au bout de quelque temps, le géant se sentit bien fatigué. Il s'écria :
– Écoute, il faut que je pose l'arbre.
Le tailleur sauta lestement de la branche et dit au géant :
– Ce n'est pas la peine d'être si grand et ne pas pouvoir porter un arbre !
Ils poursuivirent leur route ensemble. En passant sous un cerisier, le géant attrapa le haut de l'arbre, où se trouvaient les fruits les plus mûrs,

LE VAILLANT PETIT TAILLEUR

et le mit dans la main du tailleur pour qu'il pût manger des cerises. Le tailleur n'avait pas la force de retenir l'arbre et lorsque le géant le lâcha, l'arbre se redressa et emporta le petit homme avec lui ! Il retomba sur terre, sans se faire mal, et le géant lui dit :

– Qu'est-ce que cela veut dire ? Tu n'as même pas la force de retenir ces branchettes ?

– Tu ne t'imagines tout de même pas que la force me manque, moi qui en ai tué sept d'un coup ? J'ai sauté par-dessus l'arbre parce que des chasseurs tirent dans les taillis. Fais-en autant, si tu le peux !

Le géant essaya, mais il ne réussit pas et resta accroché dans les branches. Cette fois encore, le tailleur gagna. Le géant lui dit :

– Puisque tu es si valeureux, viens passer la nuit dans notre caverne.

Le petit tailleur accepta. Lorsqu'ils arrivèrent dans la grotte, d'autres géants étaient assis autour du feu et chacun d'eux mordait dans un mouton rôti. Le petit tailleur examina les lieux en se disant : « C'est bien plus grand ici que dans ma boutique. » Le géant lui montra son lit et lui dit de se coucher. Mais le petit tailleur trouva le lit trop grand et préféra s'allonger dans un coin. Vers minuit, pensant que le tailleur dormait profondément, le géant saisit une barre de fer et en donna un grand coup au milieu du lit, croyant en avoir fini une bonne fois pour toutes avec le petit homme. Au petit jour, les géants partirent dans la forêt. Ils avaient complètement oublié le tailleur, et tout à coup, le voilà qui vient vers eux, tout joyeux et plein d'audace ! Terrifiés et craignant pour leur vie, les géants s'enfuirent à toute vitesse.

Le petit tailleur continua sa route au hasard. Après avoir longtemps voyagé, il arriva dans le jardin d'un palais et, comme il était fatigué, il se coucha. Les gens qui passaient par là s'approchèrent, et lurent sur sa ceinture : SEPT D'UN COUP. « Hé ! se dirent-ils, que vient faire ce héros dans notre paix ? Ce doit être un puissant seigneur ! » Ils allèrent le dire au roi, ajoutant qu'en cas de guerre cet homme serait d'un grand secours et qu'il ne fallait à aucun prix le laisser repartir. Ce conseil plut au roi et il chargea un de ses courtisans d'offrir au tailleur une place dans son armée dès qu'il se réveillerait.

Le messager se planta près du dormeur, et quand celui-ci eut commencé à ouvrir les yeux et à s'étirer, il lui fit sa proposition.

– Je suis justement là pour ça, répondit-il. Je suis prêt à entrer au service du roi.

Il fut reçu avec tous les honneurs et on lui offrit une belle demeure. Cependant, les militaires ne voyaient pas le petit tailleur d'un bon œil. Ils auraient voulu le savoir à mille kilomètres de là.

– Que va-t-il arriver, disaient-ils entre eux, si nous nous disputons avec lui et qu'il nous frappe ? Chaque fois, il y en aura sept qui tomberont. Personne n'en réchappera.

LE VAILLANT PETIT TAILLEUR

Ils allèrent tous trouver le roi et demandèrent à quitter son service en disant :

— Nous ne pouvons pas rester à côté d'un homme qui en abat sept d'un coup.

Le roi était désolé de perdre ses meilleurs serviteurs à cause d'un seul homme. Il aurait souhaité ne l'avoir jamais vu et s'en serait volontiers débarrassé. Mais il n'osait pas le renvoyer, car il aurait pu les tuer, lui et tous ses courtisans, pour s'emparer du trône. Après avoir longuement réfléchi, il eut une idée.

Il fit dire au petit tailleur qu'il voulait lui faire une proposition digne de sa réputation de héros. Dans une forêt du pays habitaient deux géants qui causaient de terribles ravages, pillaient, massacraient et mettaient tout à feu et à sang. Personne ne pouvait les approcher sans risque d'y laisser la vie. S'il en venait à bout et les tuait, il recevrait en mariage la fille unique du roi, et la moitié de son royaume comme dot. Cent chevaliers l'accompagneraient pour lui prêter main forte.

Le petit tailleur se dit que l'occasion d'épouser une princesse et d'hériter d'un royaume était belle et qu'elle ne se présenterait pas tous les jours. Il accepta donc.

— Je viendrai bien à bout des géants, déclara-t-il, et je n'ai pas besoin de cent chevaliers. Celui qui en tue sept d'un coup n'a rien à craindre quand il n'y en a que deux.

Le petit tailleur se mit en chemin suivi des cent chevaliers. À l'orée de la forêt, il dit à ses compagnons :

— Attendez-moi ici, je vais nous débarrasser des géants.

Il s'enfonça dans la forêt en regardant avec précaution de tous côtés. Au bout d'un moment, il aperçut les deux géants. Ils dormaient sous un arbre et ronflaient si fort que les branches en tremblaient. Sans attendre, le petit tailleur remplit ses poches de cailloux et grimpa dans l'arbre. Quand il fut à mi-hauteur, il rampa le long d'une branche qui s'avançait juste au-dessus des deux dormeurs et il laissa tomber les pierres une à une sur la poitrine de l'un des géants.

Pendant un long moment, le géant ne s'aperçut de rien. Finalement, il se réveilla, poussa son compagnon et lui dit :
– Pourquoi me frappes-tu ?
– Tu rêves, répondit l'autre. Je ne t'ai pas touché.
Ils se rendormirent. Alors, le petit tailleur lança un caillou sur l'autre géant.
– Qu'est-ce que c'est ? cria-t-il. Qu'est-ce que tu m'as jeté ?
– Mais rien, tu rêves ! répondit le premier en grognant.
Ils se disputèrent un peu, mais, comme ils étaient fatigués, ils se rendormirent. Le petit tailleur continua son jeu ; il choisit le plus gros de ses cailloux et le lança de toutes ses forces sur la poitrine du premier géant.
– Cette fois, c'en est trop ! s'écria celui-ci.

LE VAILLANT PETIT TAILLEUR

Il sauta sur son compagnon et le projeta contre l'arbre. Le second en fit autant et ils se mirent dans une telle colère qu'ils arrachèrent des arbres pour s'en frapper l'un l'autre. À la fin, ils tombèrent morts tous les deux. Le petit tailleur redescendit alors de son arbre, en se disant : « J'ai eu de la chance qu'ils n'aient pas arraché l'arbre sur lequel j'étais perché. Il m'aurait fallu sauter comme un écureuil ! Heureusement que je suis du genre agile ! » Il tira son épée et l'enfonça deux ou trois fois dans la poitrine de chaque géant ; puis il rejoignit les chevaliers et leur dit :

— C'est fini, je les ai achevés tous les deux. Ça a été dur, ils ont même arraché des arbres pour se défendre. Mais cela ne sert à rien quand on a affaire à quelqu'un qui, comme moi, en tue sept d'un coup.

— N'êtes-vous pas blessé ? demandèrent les chevaliers.

— Ils ne m'ont même pas dérangé un cheveu, répondit le tailleur.

Les chevaliers ne voulurent pas le croire sur parole et ils entrèrent dans le bois. Ils y trouvèrent en effet les géants baignant dans leur sang et entourés d'arbres arrachés. Le petit tailleur réclama la récompense promise par le roi. Mais celui-ci refusa. Il regrettait bien ce qu'il avait dit et il chercha un nouveau moyen de se débarrasser du héros.

— Avant d'obtenir ma fille et la moitié de mon royaume, lui dit-il, il te faut encore accomplir un exploit. Mes forêts sont dévastées par une licorne. Il faut que tu l'attrapes.

— Une licorne me fait moins peur que deux géants. « Sept d'un coup », voilà ma devise, répondit le petit tailleur.

Il prit une corde et une hache, partit dans la forêt et ordonna une fois de plus à ceux qui l'accompagnaient de rester à la lisière. Il ne chercha pas longtemps. La licorne apparut bientôt, et s'élança sur lui tête baissée.

— Doucement ! Doucement ! dit-il. Pas si vite !

Il attendit qu'elle soit toute proche. Alors, il se cacha lestement derrière le tronc d'un arbre. Lancée à toute vitesse, la licorne frappa l'arbre et enfonça sa corne dans le tronc si profondément qu'elle y resta coincée.

Elle était prisonnière !

— L'oiseau est en cage ! dit le tailleur.

Il sortit de sa cachette, attacha la corde au cou de la licorne, dégagea la corne du tronc à coups de hache, et finalement amena l'animal au roi.

Le roi ne pouvait se résoudre à tenir sa promesse. Il posa une troisième condition au mariage ! Le tailleur devrait capturer un sanglier qui causait de grands ravages dans la forêt. Les chasseurs l'aideraient.

— Bien sûr, dit le tailleur, c'est un jeu d'enfant pour moi.

Il entra dans les bois sans les chasseurs, ce dont ils furent ravis, car le sanglier les avait souvent reçus de telle façon qu'ils n'avaient aucune envie de le prendre en chasse. Dès que le sanglier aperçut le tailleur, il se précipita sur lui, les défenses en avant. Mais le petit homme bondit dans une chapelle qui se trouvait près de là et en ressortit aussitôt par une fenêtre. Le sanglier l'avait suivi, mais en deux bonds, le tailleur revint à la porte et la ferma. L'animal furieux était bel et bien captif ; impossible pour lui de sauter par une fenêtre. Le petit tailleur appela les chasseurs, et de leurs propres yeux ils virent le prisonnier. Le héros alors se rendit chez le roi, qui fut obligé de tenir sa promesse, bon gré mal gré ! Il lui donna sa fille et la moitié de son royaume. S'il avait su que son gendre était non pas un grand champion, mais un modeste tailleur, ce mariage l'aurait encore plus contrarié.

La noce fut célébrée dans le faste, mais pas dans la joie, et le petit tailleur devint roi. Quelque temps après, la jeune reine entendit une nuit son mari qui parlait en rêvant. « Petit, disait-il, fais-moi une veste et raccommode mon pantalon, sinon je te casse la règle sur les oreilles ! »

Elle comprit alors d'où venait le jeune roi et, au matin, elle confia son chagrin à son père en lui demandant de la délivrer d'un mari qui n'était qu'un misérable tailleur. Le roi la consola et lui dit :

— La nuit prochaine, laisse ta chambre ouverte. Les serviteurs attendront à la porte, et quand il sera endormi, ils entreront, l'attacheront et le porteront sur un bateau qui l'emmènera dans le vaste monde.

LE VAILLANT PETIT TAILLEUR

Cette idée plut à la fille. Mais l'écuyer du père, qui avait tout entendu et était fidèle au jeune roi, alla tout lui raconter.

– Je vais m'en occuper ! dit le petit tailleur.

Le soir, il se coucha comme à l'ordinaire. Quand sa femme le crut endormi, elle se leva, ouvrit la porte et se recoucha. Le petit tailleur, qui faisait semblant de dormir, se mit à crier :

– Petit, fais-moi une veste et raccommode mon pantalon, sinon je te casse la règle sur les oreilles ; j'en ai tué sept d'un coup, j'ai abattu deux géants, capturé une licorne et un sanglier et je devrais avoir peur de ceux qui sont dehors, devant la chambre ?

En entendant ces paroles, les serviteurs furent terrifiés et s'enfuirent comme si le diable était à leurs trousses. Jamais personne n'osa plus se mesurer à lui, et le petit tailleur resta roi toute sa vie durant.

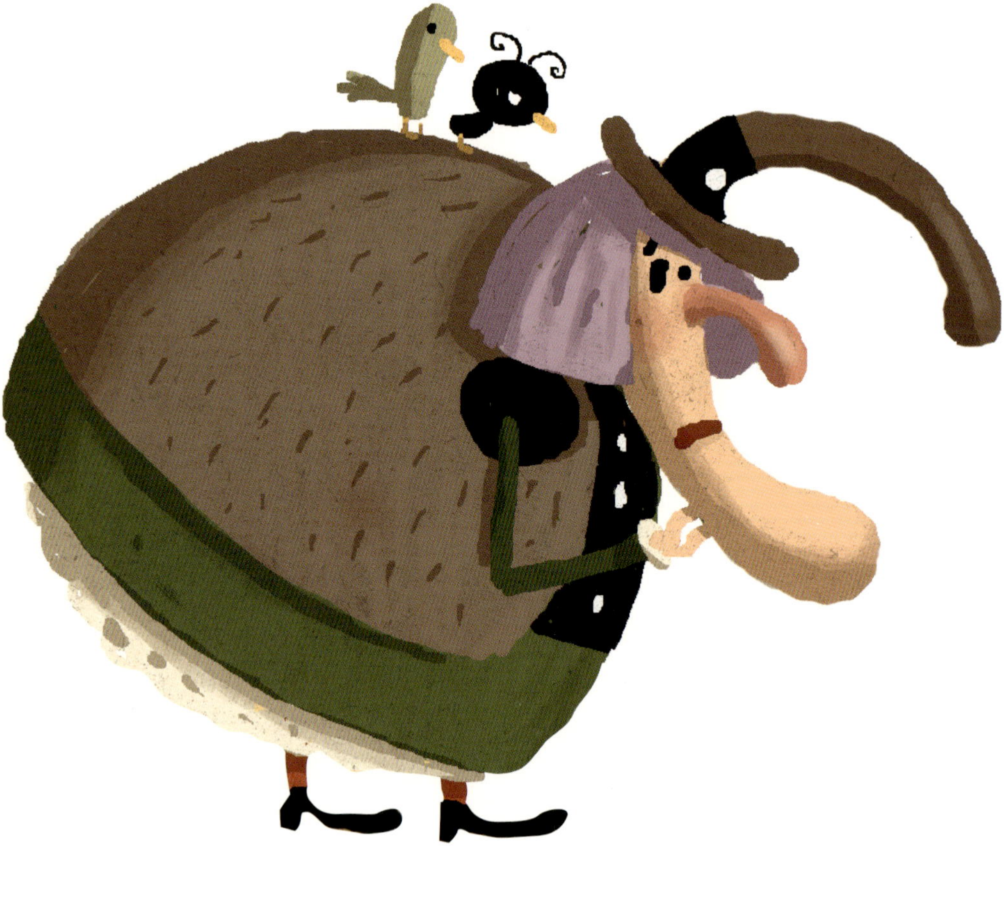

LA SORCIÈRE KIPEUTOU

ILLUSTRÉ PAR CHRISTIAN GUIBBAUD

FRANÇOISE MOREAU-DUBOIS,
TEXTE PUBLIÉ DANS LE MAGAZINE *TOUPIE* N°21, JUIN 1987

À PARTIR DE 2 ANS   5 MINUTES   POUR SE FAIRE CONSOLER

Maman n'a plus de couches pour la petite sœur. Nicolas et tata Pomme sont allés en acheter. Dehors, il pleut, Nicolas est resté dans la voiture. Mais tata Pomme ne revient pas et Nicolas se sent triste. Depuis que la petite sœur est arrivée, papa et maman passent leur temps à lui faire des risettes et des chatouillis. Ils n'ont même pas une minute pour lui attacher sa cape de Zorro. Et quand il demande à tata Pomme de lui dire une histoire, elle fait des « oh ! » et des « ah ! » en plein milieu, parce que la petite sœur a fait un renvoi ou un beau caca. Nicolas a du chagrin.

On l'oublie toujours dans son coin. Alors, il descend de la voiture et marche sur le trottoir. Mais là non plus, personne ne fait attention à lui. Alors, il tire sur le manteau d'une vieille dame et lui dit :

HISTOIRES À CROQUER

—Madame, je suis perdu, mes parents m'ont abandonné !

La dame a un manteau noir, de drôles d'oiseaux sur son chapeau et du poil sur son menton. Nicolas pense que c'est une sorcière. Elle l'emmène dans sa maison.

Une vraie maison de sorcière avec des rideaux en queues de lapins et une douzaine de chats rose et bleu. Et la dame dit :

—Je voudrais bien savoir pourquoi tes parents ne veulent plus de toi !

—Mais parce qu'ils ont un autre bébé, répond Nicolas. Moi, je suis trop grand pour les intéresser !

—Tu sais quoi ? dit la dame. Je suis la sorcière Kipeutou. Alors, ton bébé, on le transforme en quoi, pour s'en débarrasser ?

Nicolas réfléchit.

—Et si vous me transformiez, moi, en bébé, peut-être que mes parents m'aimeraient fort, comme avant !

Alors, la sorcière crache en l'air trois fois et dit :

« Perdrix qui crie
Corbeau qui croâ
Redeviens petit, petit,
Nicolas. »

Et elle prend le bébé Nicolas dans ses bras et va sonner chez ses parents.
– Je vous rapporte votre petit Nicolas. Je l'ai trouvé dans la rue, il était perdu.
Papa est tout triste.
– Vous vous trompez, madame, notre Nicolas est un grand garçon. Il jouait au foot avec moi comme un champion !
Maman a les yeux rouges, elle dit :
– Mais, madame, on a déjà un bébé, c'est notre grand garçon qui nous manque, il me faisait de si beaux dessins !
Alors, la sorcière dit tout bas :

« Perdrix qui crie
Corbeau qui croâ
Redeviens grand garçon,
Nicolas. »

Nicolas saute, s'étire, se frotte les yeux et se demande ce qu'il fait sur le canapé du salon. Papa pousse la porte.
– La sieste est finie, Zorro ? J'ai juste le temps de faire une partie de foot !
– Super ! crie Nicolas-Zorro, qui pense : « Après, je fais pour maman le dessin de la sorcière Kipeutou avec tous ses chats ! »

QUAND LES DIEUX N'ÉTAIENT PAS ENCORE TOMBÉS SUR LA TÊTE

JASON ET LA TOISON D'OR

ILLUSTRÉ PAR CHRISTIAN GUIBBAUD

ADAPTÉ D'UN MYTHE GREC

À PARTIR DE 7 ANS   10 MINUTES   POUR RÉCUPÉRER SON TRÔNE

Dans des temps très anciens, la peste s'abattit sur la ville d'Iolchos, dans la province de Thessalie, au nord de la Grèce. Pour apaiser les dieux, qui, pensaient-ils, leur envoyaient ce grand malheur, les habitants décidèrent de sacrifier les deux enfants royaux, un garçon et une fille. Mais, au moment où le couteau du prêtre allait s'abattre sur eux, un nuage les enveloppa. Un magnifique bélier à la Toison d'or les fit monter sur son dos et les transporta à travers les airs jusqu'en Asie Mineure, bien loin de la Grèce. Quand il fut arrivé dans sa nouvelle patrie, le garçon offrit le bélier en sacrifice à Zeus, le roi des dieux, et suspendit la Toison à un arbre, dans un bois sacré. Zeus fut si satisfait de cet acte de piété qu'il accorda le bonheur et la richesse à celui qui posséderait la Toison.

N'importe qui avait le droit d'essayer de s'en emparer, mais un monstre veillait sur elle jour et nuit.

Les années passèrent, les rois se succédèrent sur le trône d'Iolchos. Vint un roi doux et pacifique qui régnait avec sagesse. Il avait plusieurs enfants, le plus jeune s'appelait Jason. Mais le frère cadet du roi était ambitieux et sans scrupule. Il leva une armée, chassa le roi du pays et fit massacrer ses neveux, les fils du roi. La reine, aidée de serviteurs fidèles, parvint à sauver le jeune Jason et le confia au centaure Chiron, qui lui donna une excellente éducation.

Jason grandit. Devenu un vaillant guerrier, il revint dans sa ville natale et réclama le trône de son père, dont il était le légitime héritier.

Mais son oncle lui répondit :

—Pars à la recherche de la Toison d'or, celle du merveilleux bélier envoyé par Zeus, le roi des dieux. Si tu la ramènes, je promets de te rendre le trône.

Il pensait bien que Jason perdrait la vie dans cette aventure. Le jeune homme n'hésita pas. Il rassembla des fils de roi aussi courageux que lui et ils embarquèrent pour le pays de la Toison d'or. Comme leur bateau se nommait l'*Argos*, on les appela les Argonautes. Il leur fallut affronter bien des dangers, combattre des monstres et traverser des tempêtes, mais, un matin, ils arrivèrent enfin au pays de la Toison d'or. Le roi de ce pays les reçut très amicalement et organisa un grand banquet en leur honneur. Pendant qu'ils étaient tous réunis, Médée, la fille du roi, se cacha pour observer les étrangers et dès que ses yeux se posèrent sur Jason, elle en tomba amoureuse.

À la fin du repas, le roi demanda aux étrangers quelle était la raison de leur venue. Jason répondit :

—Nous sommes tous fils de rois. Nous nous mettons à ton service et nous combattrons pour toi, selon ce qu'il te plaira de nous ordonner. En échange, s'il te plaît, donne-moi la Toison d'or.

À ces mots, le roi sentit une grande colère entrer dans son cœur. « Si ces étrangers n'avaient pas partagé mon repas, je les tuerais tous »,

JASON ET LA TOISON D'OR

se dit-il. Mais il n'avait pas le droit d'empêcher Jason d'essayer de gagner la Toison d'or. Il répondit :

— Fais preuve de bravoure et je te donnerai la Toison d'or. Ce que je te demande est peu de chose, en vérité. Tu devras capturer deux taureaux aux sabots de bronze et dont les naseaux crachent des flammes. Tu les attelleras, tu laboureras un champ et tu sèmeras des dents de dragon. De ces dents naîtront des hommes armés. Il te faudra les combattre et les tuer tous.

Jason resta d'abord muet, tant l'épreuve paraissait difficile, puis il répondit :

— J'accepte cette épreuve, même si je dois en périr.

Comme il rentrait avec ses compagnons au navire pour y passer la nuit, un petit-fils du roi s'approcha de lui.

— Jason, lui dit-il, est-ce que tu me reconnais ? Tu m'as sauvé la vie autrefois. Alors aujourd'hui, c'est à mon tour de te rendre service. Permets-moi de te donner un conseil : demande l'aide de Médée. C'est une magicienne extraordinaire et avec elle, tu es sûr de vaincre les taureaux et les hommes-dragons.

Alors Jason décida de retourner au palais pour implorer l'aide de la princesse. Mais ce qu'il ignorait, c'est qu'elle était amoureuse de lui et que, à ce même moment, elle pleurait dans sa chambre en se disant : « Quelle honte pour moi d'être tombée amoureuse d'un étranger. Pour lui plaire, je suis prête à trahir mon père ! »

Après avoir bien hésité, elle partit à la recherche de Jason. Quand elle le rencontra, elle crut que son cœur la quittait pour aller auprès de lui ! De son côté, il fut ébloui par sa beauté et trouva sans peine des paroles d'amour et de prières. Alors elle lui donna des conseils pour l'épreuve du lendemain et lui remit une pommade magique : il suffisait de s'en passer sur le corps pour gagner tous les combats. Puis ils se séparèrent ; elle rentra au palais pour pleurer sa trahison envers son père, et lui au bateau pour se préparer.

Le lendemain, escorté par ses compagnons, Jason se rendit au champ où l'attendaient le roi et sa cour. Tous les spectateurs furent terrifiés quand les taureaux s'élancèrent en crachant des flammes, mais Jason supporta leur attaque comme un grand rocher résiste à l'assaut des vagues. Il força les taureaux à s'agenouiller, les attela, laboura le champ et sema les dents de dragon.

Alors des hommes en armure jaillirent des sillons et se jetèrent sur lui. Mais il se souvint du conseil que lui avait donné Médée : il lança une pierre au milieu d'eux et ils se mirent à se battre les uns contre les autres. Ils tombèrent tous jusqu'au dernier, tandis que la terre buvait leur sang. Au lieu de féliciter le vainqueur, le roi revint au palais en ruminant de nouvelles exigences, car jamais il n'accepterait de donner la Toison d'or.

Alors Médée décida de fuir avec Jason. Pendant la nuit, elle le conduisit dans le bois où la Toison d'or était accrochée. Un immense serpent la gardait jour et nuit, mais Médée l'endormit en lui chantant une chanson magique. Et Jason put facilement prendre la merveilleuse Toison dorée. En toute hâte, ils revinrent au bateau et levèrent l'ancre.

Après un long voyage, l'*Argos* parvint à son point de départ. Jason montra au peuple la Toison d'or et son oncle fut obligé de lui rendre le trône. Jason, reconnaissant de tous les services rendus par Médée, l'épousa et la fit reine.

POUR ALLER PLUS LOIN

Ceci n'est que la première partie du mythe
qui se termine tragiquement.

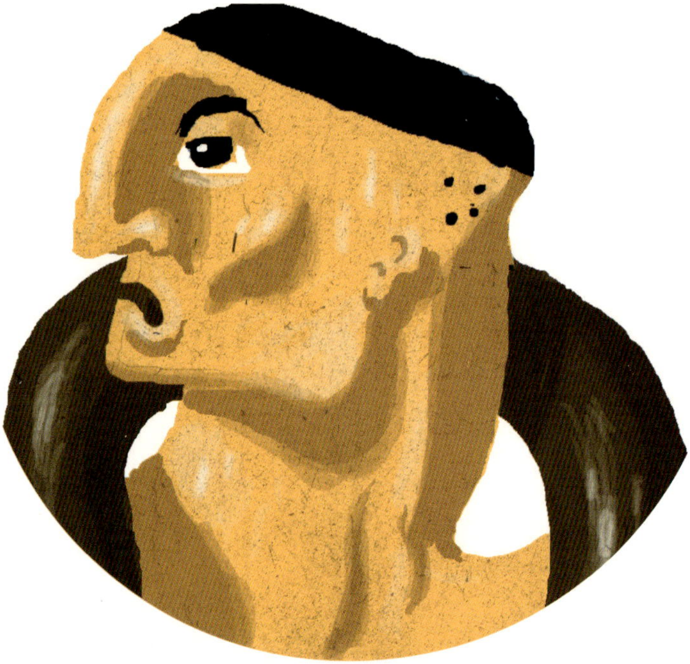

THÉSÉE ET LE MINOTAURE

ILLUSTRÉ PAR ÉMILE JADOUL

ADAPTÉ D'UN MYTHE GREC

À PARTIR DE 7 ANS   10 MINUTES   POUR SORTIR DU LABYRINTHE

Il y a bien longtemps, les différents peuples de Grèce avaient l'habitude de réunir les jeunes gens et de les faire s'opposer dans des exercices de course à pied, lancer du disque, lutte et autres sports. Le plus célèbre de ces concours sportifs se déroulait à Olympie, tous les quatre ans, et nos modernes jeux Olympiques continuent cette tradition. Le vainqueur était respecté et honoré de tous non seulement parce qu'il était le plus fort, mais aussi parce que ces jeux sacrés étaient célébrés en l'honneur des dieux.

Une année, le champion de la ville d'Athènes affronta à la lutte le fils de Minos, roi de l'île de Crète. Le champion athénien perdit et les Athéniens, vexés, assassinèrent le vainqueur. C'était un crime impardonnable. Le roi de Crète déclara la guerre à Athènes, s'empara de la ville et, en punition, ordonna que, chaque année, pendant trente ans, sept jeunes hommes et sept jeunes filles d'Athènes seraient livrés aux Crétois pour être dévorés par le Minotaure.

Le Minotaure était un monstre moitié homme, moitié taureau, qui se nourrissait de chair humaine. Il vivait en Crète, enfermé dans le Labyrinthe. Les couloirs de ce palais étaient si enchevêtrés, les chambres étaient si nombreuses que personne ne pouvait en trouver la sortie. Et ceux qui y pénétraient n'avaient aucun espoir d'échapper au monstre. Les Athéniens furent consternés à l'idée de devoir vouer leurs enfants à une mort aussi horrible. Mais que faire ? Quel champion, quel héros serait assez audacieux pour affronter le monstre ? Et même s'il parvenait à le tuer, ni lui ni les quatorze jeunes gens ne sortiraient du Labyrinthe et ils périraient tous de faim et de soif. Au milieu de la désolation générale arriva Thésée.

Thésée était le fils d'Égée, roi d'Athènes, mais il avait passé sa jeunesse chez sa mère, dans une ville du sud de la Grèce. Il était très fort et très habile à combattre, et avait profité de son voyage vers Athènes pour débarrasser le pays de nombreux brigands, tous plus méchants les uns que les autres. Par exemple, l'un de ces brigands forçait ses prisonniers à s'agenouiller devant lui pour lui laver les pieds, puis il les lançait à la mer d'un coup de pied. Thésée le jeta du haut d'une montagne.

Quand Thésée arriva à Athènes, tout le peuple le remercia d'avoir tué les brigands et son père lui dit :

– Grâce à toi les voyageurs n'auront plus peur de venir chez nous. Tu es digne de prendre ma place après ma mort.

On venait de tirer au sort les jeunes gens et les jeunes filles qui seraient livrés au Minotaure et on les amenait au bateau qui les emporterait vers la Crète. En entendant les cris des mères à qui on arrachait leur fils ou leur fille, Thésée fut rempli de pitié. Il décida de partir avec eux et de se battre contre le Minotaure.

THÉSÉE ET LE MINOTAURE

—Hélas, s'écria son père, mon fils! Tu ne reviendras pas vivant de ce combat! Le sort t'a épargné; tu ne fais pas partie des victimes. Pourquoi te sacrifier volontairement?

—Père, aie confiance en moi, répondit Thésée. Et pour que tu sois le premier averti de ma victoire, avant de quitter la Crète, je remplacerai la voile noire de notre bateau par une voile blanche.

Et le vieux roi, jour après jour, se mit à guetter le retour de la voile blanche.

Quand Thésée et les jeunes Athéniens destinés au Minotaure débarquèrent en Crète, les habitants de l'île se rassemblèrent pour les voir passer. Parmi eux se trouvait Ariane, la fille de Minos. Dès qu'elle vit Thésée, elle en tomba amoureuse. Apprenant qu'il était le fils du roi et s'était livré volontairement, elle admira son courage et décida de l'aider. Elle savait qu'il était assez fort et courageux pour venir à bout du Minotaure, mais que jamais il ne parviendrait à trouver la sortie du Labyrinthe. Alors elle lui donna une pelote de fil et lui dit :

—Je vais tenir une extrémité du fil, toi, tiens l'autre extrémité et déroule la pelote au fur et à mesure de ton parcours dans le Labyrinthe. Que ta main ne lâche jamais le fil! Pour revenir vers moi, tu n'auras qu'à le suivre.

Thésée fit ce qu'Ariane lui conseillait et s'avança hardiment à la rencontre du Minotaure, suivi du groupe des jeunes gens. Ariane sentait le fil bouger selon les mouvements de Thésée et tout à coup elle entendit les horribles rugissements du monstre. Dans la main tremblante d'Ariane, le fil s'agitait de plus en plus, et puis, soudain, plus rien ne bougea. Les cris du Minotaure avaient cessé. Comment interpréter ce silence? Que se passait-il? L'angoisse serra le cœur d'Ariane. Voici que le fil remua à nouveau; Ariane entendit des cris... C'étaient des cris de joie : le Minotaure était mort!

Les Athéniens sortirent du labyrinthe et Thésée serra Ariane dans ses bras. Les jeunes gens se dépêchèrent d'embarquer pour rentrer à Athènes et Ariane partit avec eux car elle voulait épouser Thésée.

QUAND LES DIEUX N'ÉTAIENT PAS ENCORE TOMBÉS SUR LA TÊTE

Bientôt, le vent devint si fort qu'Ariane fut prise d'un violent mal de mer. Thésée la fit descendre sur l'île de Naxos pour qu'elle se repose. Épuisée de fatigue, elle s'endormit. La tempête se calma et les marins pressèrent Thésée de repartir. Il donna l'ordre du départ sans prendre le temps ou la peine de faire remonter la jeune fille à bord. Quand elle s'éveilla, elle courut sur la plage, cria, se lamenta, en vain : seuls les cris des mouettes lui répondirent. L'ingrat Thésée l'avait abandonnée ! Mais les dieux veillaient sur elle. Dyonisos vint à passer près de l'île et entendit les lamentations d'Ariane. Le dieu du Vin s'empressa de venir à son secours. Il la consola si bien qu'elle oublia son chagrin.

De son côté, il la trouva encore plus charmante dans sa détresse et lui demanda de l'épouser. Finalement, abandonnée par un héros, Ariane épousa un dieu.

THÉSÉE ET LE MINOTAURE

Tout à la joie d'avoir vaincu le Minotaure, Thésée oublia la promesse faite à son père. Bientôt, le bateau arriva en vue d'Athènes, et la voile noire battait toujours à son mât. Thésée avait oublié de la changer. Du haut de l'Acropole, la citadelle d'Athènes, Égée guettait le retour de son fils. Quand il vit la voile noire, il crut que le Minotaure avait dévoré Thésée ; désespéré, il se jeta dans la mer du haut d'un rocher. Depuis, cette mer porte son nom.

Thésée fut acclamé par les familles d'Athènes, mais il se sentait responsable de la mort de son père. Il ne voulut pas devenir roi et préféra instaurer la République : désormais, les citoyens se réunirent librement et décidèrent eux-mêmes du gouvernement de la cité. Thésée resta le chef de l'armée et connut encore bien des aventures.

Après sa mort, les Athéniens lui élevèrent un magnifique tombeau et décidèrent que tous les opprimés, pauvres ou esclaves, pourraient s'y réfugier, en souvenir de celui qui toute sa vie combattit pour protéger les êtres sans défense.

POUR ALLER PLUS LOIN

Thésée est à la fois l'ami et le rival en gloire d'Hercule.
Ils sont tous les deux héros légendaires d'une grande ville : Athènes pour Thésée, Thèbes pour Hercule, et leur rivalité est en fait l'expression de la rivalité des deux villes, chacune cherchant à surpasser la gloire de l'autre à travers son héros. Comme Hercule, Thésée a lui aussi combattu les Amazones, les Centaures, les Géants, les bêtes sauvages et les brigands.
Voici son exploit le plus célèbre : le combat contre le Minotaure.

L'APPRENTI MAGICIEN

ILLUSTRÉ PAR VIRGINIE GUÉRIN

ADAPTÉ D'UN MYTHE ÉGYPTIEN

À PARTIR DE 4 ANS   5 MINUTES   POUR S'ENTRAÎNER À LA MAGIE

Eucrates était un jeune homme grec qui faisait ses études en Égypte. Comme il voyageait sur le Nil, il remarqua parmi les passagers un homme mystérieux. C'était un Égyptien, la tête rasée comme les prêtres, vêtu de fins vêtements de lin et qui parlait parfaitement le grec. Cet homme se nommait Pancratès et possédait des connaissances approfondies dans toutes sortes de domaines.

Il profitait des escales pour prendre des bains dans le Nil et nageait au milieu des crocodiles sans la moindre crainte, s'amusant même à les caresser ou à monter à califourchon sur leur dos. Le jeune Grec comprit que cet homme était un magicien et s'efforça de devenir son ami. Rapidement, Pancratès lui accorda sa confiance, au point de lui apprendre l'un après l'autre tous ses secrets de magie.

Quand le bateau arriva à Memphis, Pancratès dit à Eucrates :
— Laissez donc vos serviteurs ici et venez seul avec moi. Ne vous inquiétez pas, nous ne manquerons pas de serviteurs.

Ils allèrent à l'auberge ; là, l'Égyptien prit un balai, lui mit un vêtement et prononça à voix basse une formule magique. Puis il dit à haute voix :
— Va chercher de l'eau.

Aussitôt, le balai s'anima et partit chercher de l'eau. Le plus étonnant, c'est que, par la vertu de la formule magique, tout le monde le prenait pour un homme !

Quand le balai eut apporté l'eau, le magicien lui dit :
— Range la chambre et sers-nous le repas.

Et le balai exécuta soigneusement ces ordres. Puis le magicien prononça quelques mots à voix basse pour que le balai redevienne un objet inanimé.

Eucrates était émerveillé de ce prodige et aurait bien voulu savoir la formule magique ! Mais l'Égyptien gardait jalousement le secret.

L'APPRENTI MAGICIEN

Un jour, pourtant, comme il prononçait la formule à haute voix, Eucrates, qui se trouvait dans la pièce à côté, l'entendit. Puis, pendant que le balai exécutait les ordres, les deux amis allèrent se promener.
Le lendemain, le jeune Grec laissa son compagnon sortir seul, puis il s'empressa d'habiller le balai, prononça la formule magique et dit :
– Va me chercher de l'eau.
Aussitôt, le balai prit une amphore et alla chercher de l'eau.
– Parfait, lui dit Eucrates. Maintenant, redeviens balai !
Mais le balai repartit et continua à porter de l'eau.
Bientôt, il n'y eut pas assez de récipients pour contenir toute cette eau et le balai se mit à la verser par terre.
Hélas, Eucrates avait entendu la formule qui animait le balai, mais pas celle qui l'arrêtait. Affolé, il prit une hache et coupa le balai en deux.
Aussitôt, les deux moitiés prirent chacune une amphore et continuèrent le va-et-vient infernal. Le pauvre garçon serait mort noyé si le magicien n'était revenu à temps pour stopper l'enchantement.
Quelques jours plus tard, Pancratès disparut. Son jeune compagnon ne put jamais le retrouver et ses études de magicien s'arrêtèrent là.

POUR ALLER PLUS LOIN

Une ballade a été écrite par Goethe en 1797 (même titre), dont Paul Dukas s'est inspiré pour son poème symphonique (1897). Sur cette musique, Walt Disney a créé un dessin animé avec Mickey dans le rôle de l'apprenti (dans *Fantasia*, 1940).

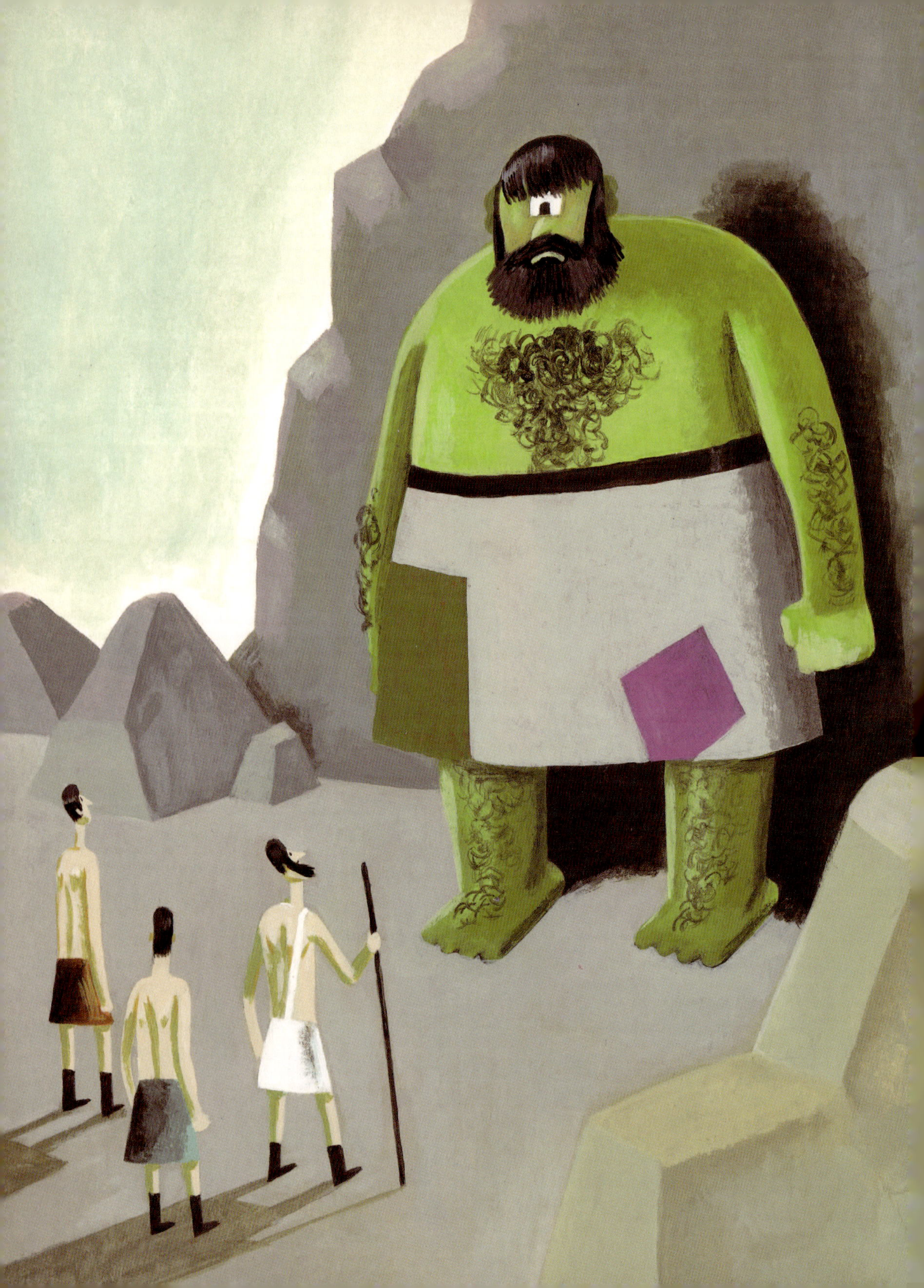

ULYSSE ET LE CYCLOPE

ILLUSTRÉ PAR FABRICE TURRIER

ADAPTÉ DE L'*ODYSSÉE* D'HOMÈRE

À PARTIR DE 7 ANS   15 MINUTES   POUR VAINCRE LE CYCLOPE

Dans des temps très anciens, la belle et puissante ville de Troie se dressait sur la côte de l'Asie Mineure, face à la Grèce. Un jour, le prince Pâris, fils du roi de Troie, vint rendre visite au roi grec Ménélas, dans sa ville de Mycène. Il tomba amoureux de la belle Hélène, épouse de Ménélas. De son côté, elle ne fut pas insensible au charme du jeune prince. Ils s'enfuirent tous les deux et Pâris emmena Hélène à Troie. Aussitôt, le roi Ménélas demanda l'aide de tous les rois de la Grèce. Tous répondirent à son appel, et parmi eux, Ulysse, roi de l'île d'Ithaque. Les Grecs traversèrent la mer et vinrent assiéger Troie. Après dix années de lutte, ils parvinrent à s'emparer de Troie, grâce à une ruse d'Ulysse : ils firent semblant de se retirer, abandonnant sur le rivage un cheval de bois géant. Les Troyens, croyant la guerre finie, emmenèrent dans la ville ce cheval de bois et organisèrent de grandes réjouissances. Mais des Grecs étaient cachés dans le cheval, et pendant la nuit, ils ouvrirent les portes de la ville. Entre-temps, les navires grecs étaient revenus sans bruit près du rivage. Les soldats grecs pénétrèrent par surprise dans la ville endormie et semèrent la désolation. Au matin, Troie n'était plus qu'un tas de ruines fumantes, ses habitants massacrés ou réduits en esclavage.

Chargés de richesses et de prisonniers, les navires grecs reprirent la route de leur patrie. Mais Ulysse connut bien des aventures avant de pouvoir rentrer à Ithaque. La plus dramatique et la plus lourde de conséquences fut sa rencontre avec le Cyclope Polyphème, fils du dieu de la Mer Poséidon.

Comme les douze navires d'Ulysse voguaient vers Ithaque, les vents contraires les poussèrent vers le pays des Cyclopes.

C'étaient des géants sauvages et féroces, qui n'avaient qu'un œil au milieu du front et qui ne craignaient ni les dieux ni les mortels. Les navires grecs jetèrent l'ancre près d'un îlot voisin du pays des Cyclopes. Les marins purent ainsi faire provision de nourriture et se reposer. Mais, poussé par la curiosité, Ulysse décida d'aller explorer le pays des Cyclopes avec quelques compagnons. Parmi les biens précieux que contenait son bateau, il choisit une outre remplie d'un vin exquis, pour l'offrir aux personnes qui les accueilleraient. Puis, laissant onze navires près de l'îlot, il fit voile avec le douzième vers la terre des Cyclopes. À peine débarqués, ils aperçurent une énorme caverne et s'approchèrent. C'était la demeure d'un Cyclope. Ils entrèrent, mais ne virent personne. Les compagnons d'Ulysse étaient inquiets. Ils le pressèrent de repartir, mais Ulysse voulait absolument rencontrer un Cyclope. Ils attendirent donc le retour du maître des lieux. Mais quand ils le virent arriver, précédé de son immense troupeau, portant sur son épaule des troncs d'arbres pour allumer son feu, ils furent terrifiés et préférèrent se cacher au fond de la caverne.

ULYSSE ET LE CYCLOPE

Le Cyclope fit entrer ses bêtes et ferma l'entrée de la caverne avec une énorme pierre : Ulysse et ses compagnons étaient prisonniers ! Le géant se mit à traire les chèvres et les brebis à la mamelle traînante ; puis il fit téter les petits, prépara le fromage et enfin alluma le feu. C'est alors qu'il s'aperçut de la présence des Grecs.

— Étrangers, s'écria-t-il, qui êtes-vous ?

Au rugissement de sa voix, à l'aspect affreux de son visage, les cœurs des voyageurs se brisèrent d'effroi. Surmontant sa frayeur, Ulysse répondit :

— Nous sommes des Grecs ; nous venons de Troie et nous n'aspirons qu'à revoir notre patrie. Mais des vents contraires nous ont jetés sur cette côte. Nous te supplions de nous accorder l'hospitalité, comme l'ordonne la loi des dieux. Puissant seigneur, souviens-toi que Zeus conduit les pas des mendiants et des étrangers et qu'il protège sévèrement leurs droits.

— Étranger, tu es sot, ou tu viens de très loin, toi qui me demandes de respecter les dieux. Nous, les Cyclopes, nous nous estimons supérieurs à eux. Ne crois donc pas que la crainte de leur vengeance m'incitera à vous épargner, toi et tes compagnons, si je ne le fais par pitié. Mais, dis-moi, où as-tu laissé ton navire ?

Le rusé Ulysse répondit :

— Poséidon le terrible a fracassé mon bateau loin d'ici. Je suis le seul survivant, avec mes compagnons.

Le Cyclope ne répondit rien. Tout à coup, il se précipita, saisit deux compagnons, brisa leur tête contre le rocher et se mit à les dévorer. Leur sang coulait en ruisseaux dans la grotte. Il ne resta rien d'eux, pas même des os. À ce spectacle épouvantable, les Grecs restèrent pétrifiés d'horreur. Puis le monstre se coucha au milieu de ses troupeaux et s'endormit. Entraîné par son indignation, Ulysse eut envie de lui plonger son épée dans le cœur. Mais la prudence retint son bras, car, malgré tous leurs efforts, les Grecs ne parviendraient jamais à bouger l'énorme pierre qui bouchait l'entrée de la grotte. Si le Cyclope mourait,

ils périraient d'une mort sinistre. En pleurant, ils attendirent l'aurore.
À son réveil, le Cyclope dévora encore deux des compagnons d'Ulysse, puis il fit sortir ses troupeaux en prenant soin de bien refermer l'entrée de la grotte avec la grosse pierre. Sans perdre de temps, Ulysse s'empara d'un tronc d'arbre qui se trouvait dans la grotte, l'aiguisa et en fit durcir la pointe au feu. Puis il cacha cette arme sous un tas de crottin.
À la fin du jour, le Cyclope rentra et, comme la veille, s'occupa de ses troupeaux. Puis il dévora encore deux hommes. Ulysse s'approcha alors du monstre et lui offrit le vin qu'il avait emporté en lui disant :
– J'ai sauvé ce vin du naufrage et je te l'offre en libation comme à un dieu, espérant te toucher de compassion.
Le Cyclope avala gloutonnement le vin délicieux et dit :
– Notre terre fertile produit aussi du vin, mais il n'est pas comparable à cette liqueur digne des dieux. Dis-moi, mon ami, quel est ton nom ? Je veux te faire un cadeau qui rendra ton âme joyeuse
– Cher Cyclope, répondit Ulysse d'une voix insinuante, mon nom est Personne.
– Eh bien, Personne, tu seras le dernier à être dévoré ! Voilà mon cadeau d'hospitalité !

Vaincu par le vin, le Cyclope plongea dans un profond sommeil. Ulysse se saisit alors de la barre aiguisée et la plongea dans les braises. La pointe fut bientôt d'un rouge ardent. Aidé de ses compagnons, il la posa sur l'œil du Cyclope et l'enfonça en la faisant tourner entre ses mains, comme on fait tourner une tarière. Avec un hurlement épouvantable, le monstre se réveilla. Il arracha le pieu brûlant et le jeta au loin, tandis que les Grecs fuyaient se cacher dans les recoins de la grotte.
Aux cris du Cyclope, ses voisins quittèrent leurs antres et se rassemblèrent devant la caverne, lui demandant ce qu'il avait.
– Polyphème, pourquoi nous réveilles-tu au milieu de la nuit ? Un mortel tenterait-il de te voler des troupeaux ? Ou de t'arracher la vie, par la force ou par la ruse ? Qui est-ce ?

ULYSSE ET LE CYCLOPE

—Personne ! répondit Polyphème, du fond de sa caverne. Hélas, je suis victime de la ruse.

—Que dis-tu ? Puisque tu es seul dans ta grotte, pourquoi nous déranges-tu ?

Ils se retirèrent, laissant le Cyclope gémir. Pendant ce temps, Ulysse préparait sa fuite et celle de ses compagnons. Dans le plus profond silence, il prit des brins d'osier qui servaient de matelas au Cyclope et s'en servit pour attacher trois par trois les grands béliers du troupeau. Puis il attacha chacun de ses compagnons sous le bélier du milieu. Ainsi, chaque homme était porté par un bélier et caché par les deux autres. Ulysse, lui, se glissa sous le ventre d'un bélier d'une grandeur étonnante, la plus magnifique bête du troupeau, et s'accrocha aux boucles de l'épaisse Toison.

Quand l'aurore colora les cieux, le Cyclope entrouvrit la porte de la caverne et s'assit, prêt à saisir celui qui tenterait de sortir en même temps que le troupeau. Il tâtait le dos des béliers qui se pressaient pour courir au pâturage, sans se douter que les compagnons étaient cachés dessous. Le troupeau s'écoula et le plus grand des béliers sortit lentement, le dernier. Polyphème lui passa les mains sur le dos et l'arrêta.

–Pourquoi es-tu le dernier ? D'habitude, tu es le premier à sortir de la caverne pour aller brouter l'herbe tendre. Regrettes-tu de ne pas être conduit par ton maître ? Ah, si je tenais ce Personne, ce misérable qui m'a plongé dans une nuit éternelle, je lui briserais le crâne ! Si tu pouvais parler et me dire dans quel recoin il tente d'échapper à ma fureur !

Enfin, il laissa passer le bélier.

Ulysse se laissa tomber de l'animal qui le portait, détacha ses compagnons et tous s'enfuirent jusqu'au bateau en poussant devant eux une partie des béliers.

Ils se dépêchèrent d'embarquer et d'éloigner le navire du rivage. Quand ils furent à bonne distance, Ulysse cria :

–Cyclope, tu payes enfin tes nombreux crimes ! Toi qui as profané les lois de l'hospitalité, soumets-toi à la punition que t'infligent Zeus et tous les dieux !

En entendant ces paroles, la rage du Cyclope redoubla. Il arracha un rocher et le jeta dans la mer ; le rocher tomba juste devant le navire, soulevant une vague qui fit rouler le bateau jusqu'au rivage. Avec un des longs avirons, Ulysse poussa contre le rocher pour faire reculer le navire, tandis que ses compagnons se courbaient sur les rames, se dépêchant de fuir cet endroit dangereux.

Quand ils furent deux fois plus éloignés qu'auparavant, Ulysse se dressa de nouveau vers le Cyclope. Ses compagnons le supplièrent de ne pas irriter davantage le géant. Mais le héros, n'écoutant que son indignation, cria :

–Cyclope, si on te demande qui t'a mutilé ainsi, réponds que c'est le fils de Laërte, Ulysse, roi d'Ithaque !

ULYSSE ET LE CYCLOPE

Le monstre éclata en hurlements, puis il leva les mains vers le ciel et cria :
– Écoute-moi, Poséidon, dieu terrible ! S'il est vrai que tu es mon père, fais que cet Ulysse ne revoie jamais sa terre natale ; ou si jamais il parvient à regagner son foyer, fais qu'il y revienne malheureux, après avoir perdu tous ses navires et tous ses compagnons dans une longue errance, et qu'il rencontre encore de nouvelles épreuves dans sa patrie !

Poséidon entendit la prière de son fils et son cœur s'embrasa de colère. Désormais, le dieu de la Mer poursuivra Ulysse sans lui laisser de repos.

Il faudra encore de longues années au héros pour revenir chez lui, après avoir perdu ses navires et ses compagnons ; personne dans sa patrie ne le reconnaîtra et il sera reçu comme un mendiant. Il devra lutter contre des hommes qui le croient mort et occupent sa maison. Mais Pénélope, sa fidèle épouse, et Télémaque, son fils, l'aideront à reprendre sa place de roi et il retrouvera enfin le bonheur familial.

POUR ALLER PLUS LOIN

On ne sait presque rien du poète Homère.
Dès le VIIe siècle av. J.-C., ses poèmes étaient connus,
étudiés, commentés, récités dans le monde grec.
L'*Iliade* se déroule pendant la guerre de Troie et a pour thème
la colère d'Achille à qui les chefs grecs ont pris sa captive Briseis.
L'*Odyssée* raconte les aventures d'Ulysse après la guerre de Troie,
jusqu'à ce qu'il retrouve son trône.

LES TRAVAUX D'HÉRACLÈS

ILLUSTRÉ PAR CHRISTIAN GUIBBAUD

ADAPTÉ D'UN MYTHE GREC

À PARTIR DE 7 ANS   15 MINUTES   POUR PASSER LES ÉPREUVES

Il y a bien longtemps, au temps où les dieux aimaient à venir dans le monde des mortels, la ville de Thèbes était gouvernée par le roi Amphitryon et son épouse, la belle Alcmène. Un jour, le roi partit à la guerre ; Zeus, le plus puissant des dieux, profita de son absence pour rendre visite à la reine. Quelque temps après, la rumeur se répandit chez les dieux qu'un enfant allait naître, fils de Zeus et d'Alcmène. Héra, épouse de Zeus, entra dans une violente colère en apprenant qu'une fois de plus son mari l'avait trompée. Elle exigea que cet enfant soit soumis à l'autorité absolue de son cousin, Eurysthée, qui aurait le droit de lui donner les ordres les plus difficiles à exécuter.

L'enfant naquit. On l'appela Héraclès. Au bruit de ses premiers cris, la colère et la jalousie d'Héra se réveillèrent.

LES TRAVAUX D'HÉRACLÈS

Décidée à assouvir sur l'enfant la fureur qu'elle éprouvait envers le père, elle envoya deux serpents pour le tuer dans son berceau. Mais Héraclès était déjà doué d'une force surhumaine : de ses petites mains, il étrangla les serpents ! En grandissant, il ne fit que développer sa puissance, qui provoquait l'admiration de tous, sauf de son cousin. Autant pour plaire à Héra que pour se débarrasser d'un cousin redoutable, Eurysthée s'ingénia à imaginer des épreuves plus difficiles les unes que les autres, dans l'espoir de le faire périr. Il lui ordonna de mettre à mort toutes sortes de monstres qui ravageaient les provinces de Grèce. Mais, chaque fois, Héraclès sut trouver le point faible de son adversaire et sortit vainqueur du combat. Par exemple, le terrible lion de la forêt de Némée avait une peau impénétrable aux armes : Héraclès se battit à mains nues contre lui et l'étrangla.

Le gigantesque sanglier de la montagne d'Érymanthe échappait à tous les chasseurs : Héraclès le poursuivit sans lui laisser un seul instant de repos.

Après des jours et des nuits de course, l'animal s'écroula, épuisé. Héraclès le saisit et le transporta vivant jusqu'au palais de son cousin, qui s'évanouit de frayeur en voyant de près une bête aussi féroce.

Héraclès affronta aussi les oiseaux géants du lac Stymphale, qui dévoraient les hommes et les troupeaux ; le taureau de la Crète, qui parcourait l'île en détruisant tout sur son passage ; les chevaux du roi Diomède, qui se nourrissaient de chair humaine, l'Hydre du marais de Lerne, dont les têtes repoussaient en double quand on les coupait (Héraclès les trancha toutes d'un seul coup, si bien que le monstre en mourut).

Certains travaux ordonnés par le cruel Eurysthée réclamaient aussi de l'intelligence et de l'adresse. Ce n'étaient pas les moins difficiles. Un jour, Eurysthée entendit parler du jardin des Hespérides, un endroit merveilleux où poussaient les fleurs les plus rares et les fruits les plus savoureux. Parmi les arbres de ce jardin, il y avait un pommier qui donnait des fruits d'or.

Eurysthée convoqua son cousin et lui ordonna :
– Rapporte-moi les pommes d'or du jardin des Hespérides.
Où était ce jardin ? Nul ne le savait. Existait-il vraiment, d'ailleurs ? Peu importe, Eurysthée était le maître. Il avait parlé, Héraclès devait obéir. Il partit donc, demandant à tous où se trouvait le jardin des Hespérides. Mais personne ne le savait. Héraclès marcha longtemps, sans se laisser arrêter par la chaleur du soleil ou le froid de la nuit. Un jour, alors qu'il reprenait force près d'une source, il rencontra une nymphe. Comme à tous ceux qui croisaient sa route, il lui demanda si elle savait où se trouvait le jardin des Hespérides.
– Hélas, non, répondit la belle jeune fille. Mais je pense que tu devrais demander à Nérée, le fils de l'Océan. Il sait beaucoup de choses, peut-être pourra-t-il t'aider.
Sans se reposer un instant de plus, Héraclès partit à la recherche du dieu. Il le trouva endormi sur une plage, à l'ombre d'un rocher. Il s'approcha, secoua le vieillard et lui demanda :
– Bonjour, fils d'Océan. Sais-tu où se trouve le jardin des Hespérides ?
Nérée n'apprécia pas d'être réveillé en sursaut. Il se fâcha tout rouge et comme il avait le don de se métamorphoser, il se changea en serpent. Héraclès le saisit dans sa main sans manifester la moindre crainte et répéta sa question. Alors Nérée se changea en lion. Mais Héraclès ne le lâcha pas. Nérée se changea en feu. Héraclès recula un peu et attendit patiemment que le vieux dieu se calmât. Au bout d'un moment, Nérée se lassa et reprit sa forme initiale.

Comprenant qu'Héraclès ne le laisserait pas tranquille tant qu'il n'aurait pas de réponse, il lui dit :
– Le jardin des Hespérides se trouve dans le royaume d'Atlas ; les Hespérides sont ses filles. Je te préviens qu'il te sera très difficile d'y pénétrer, car il est gardé par un dragon. Maintenant, va, et laisse-moi dormir !
Héraclès remercia Nérée et partit immédiatement pour le royaume d'Atlas, que nous nommons aujourd'hui le Maroc. Atlas était un géant. Aux premiers âges du monde, quand une lutte opposa les dieux et les Titans, il prit parti pour les Titans, contre les dieux. Malheureusement pour lui, les dieux gagnèrent. Pour le punir, Zeus le condamna à soutenir sur ses épaules la voûte du ciel.

Quand Héraclès arriva, il trouva donc le géant à genoux, immobile, le ciel posé sur ses épaules.
– Bonjour, fils de Japet, dit Héraclès. Je suis venu dans ton royaume, car j'ai l'ordre de rapporter les pommes d'or des Hespérides à mon cousin Eurysthée.
– Tu sais sans doute qu'il est très difficile de s'approcher de ce pommier..., dit Atlas.
– J'ai déjà vaincu des dragons, l'interrompit Héraclès, celui-là ne me fait pas peur.
– Certes, reprit le géant, mais, si tu veux, je peux t'épargner le souci d'un combat et te faire gagner du temps. Les Hespérides sont mes filles. Je peux entrer librement dans leur jardin. Il me sera très facile de te rapporter les pommes.
– Mais, dit Héraclès, si tu vas dans ce jardin, le ciel va s'écrouler pendant ton absence.
– Évidemment, dit le géant, il faut que quelqu'un soutienne le ciel à ma place... Tu m'as l'air d'être de taille à le faire. Ne veux-tu pas essayer ?
Héraclès hésita un instant, puis il s'agenouilla et se glissa à la place d'Atlas. Le géant se releva aussi vite que le lui permettaient ses membres engourdis et s'étira. Depuis des siècles, il attendait ce moment !

Il entra dans le jardin de ses filles et cueillit les fruits merveilleux sans que le dragon intervînt. Puis il revint vers Héraclès.

– Eh bien, dit-il au héros, tu me sembles remplir cet office à merveille ! Je vais pouvoir m'absenter le cœur tranquille.

– Quoi ? s'exclama Héraclès, t'absenter ? Que veux-tu dire ?

– Je veux dire que je vais aller moi-même porter les pommes à ton cousin. Le voyage sera long, très long...

– Mais, dit Héraclès, Zeus t'a condamné à porter la voûte du ciel. Si tu te rebelles, sa colère sera terrible.

– Je ne me rebelle pas le moins du monde, dit tranquillement Atlas. Puisque tu acceptes si gentiment de me remplacer, j'ai bien le droit de me promener un peu.

Héraclès comprit que le géant s'était joué de lui. Il sentit la colère bouillonner dans son cœur. S'il avait pu lâcher un moment son fardeau, Atlas aurait passé un bien mauvais moment ! Mais Héraclès comprit qu'il fallait ruser. Déjà le géant s'éloignait...

– Attends ! Attends ! cria Héraclès. Le ciel n'est pas bien d'aplomb sur mes épaules. Je crains qu'il ne m'échappe, car je le sens vaciller. Aide-moi à me mettre dans une position stable.

Le géant revint sur ses pas. Il s'agenouilla et soutint un court instant la voûte céleste, le temps – croyait-il – qu'Héraclès trouvât une position plus stable. Mais le héros s'empressa de se dégager, laissant le géant porter seul la voûte du ciel.

– Je te remercie de ta proposition, dit Héraclès à Atlas, mais je dois exécuter jusqu'au bout les travaux que me donne Eurysthée. Je vais donc lui rapporter moi-même les pommes. Adieu.

Le héros revint au palais de son cousin et lui offrit les fruits merveilleux.

Mais Eurysthée avait déjà de nouvelles idées pour le mettre à l'épreuve. En tout, Héraclès exécuta sur son ordre douze travaux. Nous avons déjà évoqué ses combats contre les monstres ; il dut aussi attraper à la course la biche aux pieds de bronze, qu'il atteignit après un an de poursuite ! S'emparer de la ceinture d'Hippolyte, reine des Amazones, après un terrible combat contre ces guerrières redoutables ; voler les bœufs de Géryon, qui étaient gardés par un chien à deux têtes et un dragon à sept têtes ; nettoyer les écuries d'Augias, qui hébergeaient trois mille bœufs et n'avaient pas été nettoyées depuis trente ans ! Pour cette grande opération de nettoyage, il détourna un fleuve et lui fit traverser les écuries. Les eaux purificatrices emportèrent les tonnes de fumier accumulées. Le dernier de ces travaux surhumains fut de capturer le chien Cerbère, gardien des Enfers ; Hadès, dieu des Morts, accepta qu'Héraclès tentât l'aventure, mais sans armes. Le héros descendit donc au royaume des morts et affronta le chien à mains nues ; il subit de nombreuses et cruelles morsures, car Cerbère avait trois têtes. Heureusement, il n'avait qu'un cou ! Héraclès le serra à la gorge jusqu'à ce qu'il cesse de se débattre, presque étouffé. Le héros en profita pour ligoter solidement l'animal, qui reprenait petit à petit son souffle. Quand Héraclès le présenta à son cousin, il avait retrouvé toute sa vigueur et ses trois gueules aboyaient furieusement, montrant leurs dents aiguisées. Épouvanté, Eurysthée ordonna à son cousin de ramener immédiatement le monstre au royaume des morts. Héraclès avait triomphé de tous les obstacles, prouvé son intelligence, sa force et sa bravoure exceptionnelles. Désormais, il était affranchi de la tutelle d'Eurysthée. Il connut encore bien des aventures et, après sa mort, il fut admis parmi les dieux. Oubliant sa rancune, Héra accepta même qu'il devînt son gendre, en épousant sa fille Hébé.

POUR ALLER PLUS LOIN

Héraclès est le plus célèbre des héros grecs. Il incarne la force mise au service de causes justes. Outre ses douze travaux, il extermina d'innombrables monstres et brigands qui terrorisaient toutes les contrées de Grèce.

VOUS AVEZ DIT BIZARRE?

L'ALIBI N'ÉTAIT PAS EN BÉTON

JIM, TEXTE EXTRAIT DE *SHERLOCK HEML'OS MÈNE L'ENQUÊTE*, TRADUIT DE L'AMÉRICAIN PAR JOSETTE GONTIER, © LE LIVRE DE POCHE JEUNESSE, 2003

À PARTIR DE 7 ANS   5 MINUTES   POUR RÉSOUDRE UNE ÉNIGME

Par un chaud après-midi d'été, Sherlock Heml'Os et Scotson cherchaient un peu de fraîcheur dans le parc de Toutouville.

— Quelle fournaise ! soupira Scotson. Pas le moindre souffle d'air !

— Tu peux le dire ! Il n'y a pas eu la plus petite brise de toute la journée, approuva son compagnon. On étouffe !

— Je t'invite à venir boire un bon verre de limonade glacée. J'en ai mis dans le réfrigérateur.

— Excellente idée ! lança Sherlock Heml'Os en se levant.

Les deux amis s'apprêtaient à quitter le parc, quand ils virent quelqu'un venir à eux, l'air catastrophé. Ils reconnurent Jules Latruelle, employé dans une entreprise de maçonnerie de la ville.

—Sherlock Heml'Os! s'écria le maçon. Quelle chance! Je vous en supplie, aidez-moi! Vous seul pouvez tirer cette affaire au clair!
—Que vous arrive-t-il?
—On a saboté mon travail! J'ai terminé le revêtement du trottoir qui borde l'allée, là-bas, dit-il en montrant un coin du parc, puis je suis allé déjeuner. À mon retour, j'ai trouvé des empreintes de pas dans le ciment frais! En plus, le vandale a écrit la date d'aujourd'hui à côté des empreintes. Il ne me reste plus qu'à recommencer!
—C'est scandaleux! s'exclama le détective. Avez-vous une idée du coupable?
Latruelle réfléchit un instant.
—Je vois! Sans doute l'un de ces deux fainéants qui se prélassent sur la pelouse! Antoine Dupont-Dupond et Pierre de la Meute. Des vauriens toujours à l'affût d'un mauvais coup. Des paresseux comme il n'est pas permis!
—Hum hum... fit Sherlock Heml'Os. Allons leur poser quelques questions!
Ils trouvèrent les deux suspects toujours installés sur la pelouse. Si Antoine Dupont-Dupond avait l'air inquiet à la vue du détective et de ses compagnons, l'autre, au contraire, semblait plutôt amusé.
Sherlock Heml'Os s'adressa d'abord à Dupont-Dupond et lui demanda ce qu'il faisait pendant le déjeuner du maçon.
—M... Moi... s'étonna-t-il. Eh bien... Enfin... Je ne faisais rien du tout. Je lisais, allongé sur l'herbe.
—Pouvez-vous le prouver?
—Non, hélas! et cela m'ennuie beaucoup.
Sherlock Heml'Os entreprit ensuite d'interroger Pierre de la Meute.
—Et vous, que faisiez-vous pendant que M. Latruelle déjeunait?
—Quelle question! J'ai fait voler mon cerf-volant pendant des heures! Et sans qu'il touche terre, vous vous rendez compte? Je deviens un vrai champion!

L'ALIBI N'ÉTAIT PAS EN BÉTON

—À mon avis, commença Scotson, Pierre de la Meute a un alibi en béton ! Bon, assez discuté ! Dupont-Dupond, passez aux aveux ! C'est vous qui avez saccagé le beau travail de M. Latruelle !
—Ne nous emballons pas ! lança Sherlock Heml'Os. Pierre de la Meute nous a menti ! Son alibi ne tient pas !
Pourquoi Sherlock Heml'Os sait-il que Pierre de la Meute a menti ? Vous donnez votre langue au chat ?

SOLUTION
Sherlock Heml'Os et Scotson avaient remarqué qu'il n'y avait pas un souffle d'air, ce jour-là. Ils en avaient même parlé avant de quitter le parc. Donc, à l'évidence, Pierre de la Meute ne pouvait pas avoir fait voler son cerf-volant, et surtout pas pendant des heures.
Il fut bien obligé de reconnaître qu'il avait menti. C'était bien lui qui avait saboté le travail de M. Latruelle.

LE TROU DANS L'EAU

CONTE D'ITALIE

À PARTIR DE 3 ANS   5 MINUTES   POUR TROUVER L'ASTUCE

Il était une fois un jeune homme beau et riche qui avait décidé de se marier. Mais il était très difficile. Aucune fille ne semblait lui convenir : celle-ci était trop jeune, celle-là trop orgueilleuse...
Un jour, en passant près d'une fontaine, il vit une jeune fille qui puisait de l'eau. Il s'approcha, parla avec elle et, comme elle lui plaisait beaucoup, il revint le lendemain. Finalement, il lui demanda de l'épouser mais elle lui répondit :
– Celui qui veut m'épouser devra faire un trou dans l'eau.
– Mais c'est impossible ! s'écria le jeune homme. Tu ne trouveras jamais de mari.
– Si, j'en trouverai un, répliqua la fille en s'en allant. Celui qui aime vraiment surmonte tous les obstacles.

LE TROU DANS L'EAU

Le jeune homme se dit qu'elle était un peu folle et essaya de ne plus penser à elle. Au bout de quelque temps, il retourna pourtant à la fontaine mais la belle ne vint pas. Il faisait si froid que la fontaine ne coulait plus et l'eau du bassin était gelée. Le jeune homme attendit longtemps et, soudain, il eut une idée.

D'un coup de bâton, il cassa un morceau de glace, puis courut chercher sa belle pour lui montrer le trou qu'il avait fait dans l'eau gelée.

Ils se marièrent au printemps et furent très heureux.

L'ÉNIGME DU SPHINX

ILLUSTRÉ PAR CHRISTIAN GUIBBAUD

ADAPTÉ D'UN MYTHE GREC

À PARTIR DE 4 ANS   5 MINUTES   POUR FAIRE RÉFLÉCHIR

Il y a bien longtemps, en Grèce, la ville de Thèbes vivait dans la prospérité. Mais un jour, un monstre vint s'installer dans la montagne, sur le chemin qui conduisait à la ville. Ce monstre, le Sphinx, avait une tête de femme, un corps de lion et des ailes d'aigle. Chaque fois qu'un voyageur passait sur chemin, il lui proposait un marché :

– Je vais te poser une devinette. Si tu y réponds, je quitterai le pays. Si tu ne trouves pas la réponse, je te dévorerai.

Mais les voyageurs ne trouvaient jamais la réponse et ils étaient dévorés les uns après les autres. Bientôt, plus un seul marchand ne voulut prendre le chemin de la ville, plus un paysan ne porta ses légumes au marché. Thèbes était maudite.

L'ÉNIGME DU SPHINX

Un homme, fils de roi, qui s'appelait Œdipe, entendit parler du malheur de la ville et décida d'affronter le monstre. Comme il s'avançait sur le chemin, il entendit un grand bruit d'ailes et le Sphinx se posa devant lui, lui barrant la route.
— Salut, voyageur ! dit le Sphinx, je vais te poser une devinette. Si tu ne trouves pas la réponse, je te dévorerai comme j'ai dévoré tous ceux qui t'ont précédé.
— Je suis prêt, répondit Œdipe.
— Quel est, dit le Sphinx, l'animal qui marche à quatre pattes le matin, sur deux pattes à midi et sur trois pattes le soir ?
— C'est l'homme, répondit Œdipe sans hésiter. Le matin, c'est-à-dire quand il est petit enfant, il marche à quatre pattes. À midi, au milieu de sa vie, il se tient sur ses deux jambes. Et au soir de sa vie, il s'appuie sur un bâton.
— Tu as gagné ! s'écria le Sphinx en rugissant.
Il prit son envol, mais, dans sa colère, il se fracassa contre les rochers et son corps alla rouler au fond d'un ravin, parmi les ossements de ceux qu'il avait dévorés.
Œdipe continua sa route. Quand il entra dans la ville, les habitants ne purent en croire leurs yeux. Apprenant qu'ils étaient délivrés du monstre, ils acclamèrent le jeune homme et le firent roi.
Œdipe régna avec sagesse.

LE PRIX DE LA FUMÉE

CONTE DE FRANCE

À PARTIR DE 4 ANS   5 MINUTES   POUR APPRENDRE À COMPTER

Un jour de marché, dans une petite ville, il y avait foule à l'auberge. Il faisait froid et chacun prenait plaisir à venir se réchauffer près de la grande cheminée.
Parmi les clients se trouvait un jeune paysan qui, pour une piécette, avait obtenu une assiette de soupe et un morceau de pain. Mais il ne pouvait s'empêcher de lorgner les broches qui tournaient dans la cheminée. Ah ! les beaux lièvres dorés, les belles poules bien grasses, la bonne odeur de rôti... Alors, quand il eut fini sa soupe, il se leva, s'approcha de la cheminée et tendit son morceau de pain au-dessus des broches. Au bout de quelques minutes, le pain était imprégné de fumée et de la vapeur qui se dégageait des viandes. Le jeune paysan y mordit à belles dents : Mmm... ! ce fumet de rôti !

LE PRIX DE LA FUMÉE

Mais une grosse main s'abattit sur son épaule.
—Ah! Je t'y prends à me voler, bandit! criait l'aubergiste, en le secouant.
—Mais, dit le paysan, ce pain, je l'ai payé!
—Le pain, oui, reprit l'aubergiste, mais la fumée, hein? la fumée?
Le paysan était de plus en plus étonné. Il balbutia:
—La fumée, elle s'envole, elle est perdue de toute façon.
—Je ne veux pas le savoir, cria l'aubergiste, la fumée, elle est à moi et je veux que tu me la payes!
Les clients faisaient le cercle autour des deux hommes, en riant. L'un d'eux, un gros marchand, demanda à l'aubergiste:
—Quel prix veux-tu pour ta fumée?
—Trois sous, dit l'aubergiste.
—Allons, donne les trois sous, dit le gros marchand au paysan.
Et, sans attendre, il lui fouilla les poches par force, lui prit trois piécettes et, les tenant dans le creux de sa main, il les fit tinter aux oreilles de l'aubergiste. Ting-a-ding! Oh! le joli bruit de l'argent qui tinte! Les yeux brillants, l'aubergiste tendit la main pour recevoir les pièces, mais le marchand les rendit au paysan, en disant très fort:
—Pour payer de la fumée, le bruit de l'argent suffit, n'est-ce pas?
—Oui, oui, répondirent tous les clients, pour de la fumée, le bruit suffit.
L'aubergiste rentra se cacher dans sa cuisine. Le paysan remercia le marchand, mangea son pain, se chauffa encore un moment, puis partit tranquillement.

LA DEVINETTE DU ROI

CONTE DE RUSSIE

À PARTIR DE 5 ANS — 5 MINUTES — POUR AVOIR LA PAIX

Il était une fois deux rois qui se faisaient la guerre l'un à l'autre depuis longtemps. Un jour, l'un des deux réussit à faire l'autre prisonnier. Le roi vainqueur savourait son triomphe, quand on vint lui annoncer que la fille de son prisonnier demandait à lui parler. Pensant qu'elle venait implorer la grâce de son père, il ordonna qu'on la fasse entrer.

Le roi était bien décidé à ne pas se laisser attendrir, mais quand il la vit, jeune, belle et si triste, il sentit son cœur s'ouvrir.

La jeune fille le salua calmement et lui dit :

— Roi, tu penses que tu es le plus fort parce que mon père est ton prisonnier. Tu crois que ton pays va pouvoir dominer le mien et lui prendre ses richesses. Mais mon peuple ne se laissera pas faire et la guerre va continuer encore longtemps. Pour arrêter le malheur de nos peuples, je te propose de discuter de la paix.

Le roi fut stupéfait. Il s'attendait à des larmes, à des supplications, mais pas à un discours politique ! Mi-vexé, mi-admiratif devant l'audace de la princesse, il hésita un moment, puis il lui répondit :

– Nos peuples sont ennemis depuis si longtemps qu'il me semble impossible de les unir par la paix. Ce serait vouloir unir le soleil et la pluie, le jour et la nuit. Mais puisque tu te crois si habile, reviens me voir demain. Tu ne devras être ni à pied ni à cheval, tu ne devras pas avoir de vêtements ni être nue ; tu viendras à la fois sans cadeau et avec un cadeau et alors, nous parlerons de la paix.

La princesse salua le roi et partit. Le roi se dit : « Je ne suis pas prêt de la revoir », ce qui d'ailleurs le rendait un peu triste.

Pourtant, le lendemain, la jeune fille se présenta devant lui. Elle était à califourchon sur un gros chien – elle n'était donc ni à pied ni à cheval ; elle était drapée dans un filet de pêche – elle n'avait donc pas de vêtements mais elle n'était pas nue ; elle tenait dans ses mains un oiseau qu'elle offrit au roi en guise de cadeau, mais dès qu'elle ouvrit les mains, l'oiseau s'envola et le roi n'eut pas de cadeau.

Le roi fut bien obligé de parler de la paix avec la princesse et, comme il la trouvait aussi belle qu'intelligente, il lui proposa de l'épouser.

Leurs deux pays ne firent plus qu'un royaume qui vécut désormais dans la paix.

LA VIEILLE FEMME BAVARDE ET LE TRÉSOR

CONTE DE RUSSIE

À PARTIR DE 5 ANS   10 MINUTES   POUR RACONTER N'IMPORTE QUOI

Il était une fois un vieux paysan qui ramassait du bois dans la forêt. Il commença à déterrer une souche, mais quelle ne fut pas sa surprise de voir apparaître entre les racines… un coffret !
Il dégagea la terre et ouvrit le coffret : il était plein de pièces d'or !
« Quelle merveille ! se dit le brave homme. Mes enfants et mes petits-enfants sont à l'abri de la pauvreté maintenant… Mais comment faire pour le garder à la maison sans que personne le sache ? »
Il faut dire que l'épouse de ce paysan était une incorrigible bavarde, incapable de garder un secret. L'homme réfléchit un moment, puis recouvrit le coffret de terre, parsema l'emplacement de feuilles mortes pour qu'on ne voie pas le sol fraîchement remué, et rentra chez lui.

LA VIEILLE FEMME BAVARDE ET LE TRÉSOR

Le lendemain, il se leva de bonne heure et alla prendre un lapin dans le clapier. Il le mit dans un sac, puis se rendit chez le boulanger, acheta deux douzaines de galettes et prit le chemin de la rivière. Un poisson était prisonnier dans son filet de pêche. Il le retira et mit à la place le lapin. Puis il lança les galettes sur les arbres et les buissons voisins. Pour terminer, il posa le poisson au creux des branches d'un gros arbre.

Il s'en revint chez lui et dit à sa femme :

– J'ai vu une belle souche d'arbre mort, mais il faudrait que tu m'aides à la transporter.

Ils allèrent dans la forêt. Soudain, la vieille s'écria :

– Regarde, là, sur l'arbre !

– Quoi donc ? dit le vieux.

– Mais enfin, dit sa femme. Un poisson ! Que fait-il là ?

– Bah ! répondit tranquillement l'homme. C'est le printemps, il prépare son nid !

– Mais, dit la vieille interloquée, les poissons ne font pas de nid !

– Si ce n'est pas pour faire son nid, pourquoi donc a-t-il grimpé dans l'arbre ? demanda son mari.

La femme ne trouva rien à répondre et ne dit plus rien. Ils commencèrent à déterrer la souche et, quand apparut le coffret, le vieux fit semblant d'être bien étonné. Ils mirent le coffret dans leur sac, le recouvrirent de branchages et rentrèrent comme s'ils portaient un fagot.

Le vieux dit :

– Allons à la rivière voir si quelque chose s'est pris au filet.

Sur le chemin, la vieille se mit à pousser des cris étonnés :

– Regarde, là, sur les buissons, des galettes !

– Bien sûr, dit le vieux, tu n'as pas entendu le vent souffler cette nuit ? Il venait de l'ouest. Là-bas, les toits des maisons sont couverts de galettes. Le vent a soufflé si fort qu'il a arraché les galettes des toits et les a transportées jusqu'ici.

– Que tu es savant, mon homme, dit la brave vieille, émerveillée, le vaste monde n'a pas de secrets pour toi !

Le vieux tira le filet de pêche et dégagea le lapin en disant :
— Belle prise, ma foi, cela nous servira de souper !
— Mais, dit la vieille, comment ce lapin a-t-il pu se prendre dans le filet de pêche ?
— Oh ! répondit tranquillement le vieux, cela arrive souvent quand les lapins vont à la rivière prendre leur bain. Ce sont des animaux très propres, tu sais !

Ils cachèrent le trésor dans leur maison et continuèrent à vivre comme auparavant, mais ils n'avaient plus l'angoisse du lendemain.

Pourtant, le secret pesait lourd sur le cœur de la vieille femme et plus le temps passait, plus il était insupportable. Finalement, elle commença à faire des confidences à sa voisine et, de confidence en confidence, elle lui raconta tout. Le premier pas était franchi ; et la vieille femme ne cessa plus de parler du trésor aux uns et aux autres. De son côté, la voisine s'empressa d'aller raconter l'affaire à sa sœur, qui la raconta à la boulangère. En deux jours, tout le village était au courant et le troisième jour, le seigneur ordonna à ses soldats d'aller chercher le couple de vieux paysans.

Quand ils furent devant lui, le seigneur les regarda d'un air terrible et cria :
— Ah ! brigands ! Vous trouvez un trésor dans ma forêt et vous ne me dites rien. Cela ne se passera pas comme ça ! Cet or m'appartient, rendez-le-moi.
— Monseigneur, gémit le paysan, comment pouvez-vous imaginer une chose pareille ? Hélas, je suis aussi pauvre que je l'ai toujours été et cette pauvreté a tourné la tête de mon épouse. Elle raconte partout qu'elle a trouvé un trésor, mais ce n'est qu'un rêve !
— Quoi s'écria la vieille femme, indignée, ce n'est pas vrai que nous avons trouvé un trésor ?
— Mais tu sais bien que non, répondit son mari.
— Tais-toi, dit le seigneur au paysan. Mais toi, dit-il à la vieille d'une voix plus douce, parle, raconte-moi tout.

LA VIEILLE FEMME BAVARDE ET LE TRÉSOR

—Oui, Monseigneur, je vais tout vous raconter. Voilà, c'était il y a environ trois mois, au printemps; d'ailleurs un poisson commençait à faire son nid dans un arbre...
—Qu'est-ce que tu racontes? l'interrompit le seigneur.
—La vérité, Monseigneur, j'ai vu le poisson dans l'arbre comme je vous vois. Nous avons donc trouvé le coffre au pied d'une souche, nous l'avons caché dans un sac et nous sommes rentrés en passant par la rivière. Je me souviens très bien. La veille, le vent avait soufflé en tempête et avait répandu des galettes dans les buissons...
—Des galettes?... Dans les buissons?... murmura le seigneur, de plus en plus perplexe.
—Oui, Monseigneur. Mon homme a relevé le filet de pêche. Un joli lapin s'était pris. Nous sommes rentrés, nous avons caché le trésor et nous avons mangé le lapin en sauce. Voilà toute la vérité!
Le seigneur regarda la vieille femme, regarda son mari qui levait les yeux au ciel d'un air désolé et déclara :
—Le proverbe a bien raison, qui dit qu'on ne peut pas empêcher le vent de souffler et les gens de raconter n'importe quoi... Rentrez chez vous!
Ils rentrèrent chez eux, partagèrent le trésor avec leurs enfants et vécurent ainsi en paix.

LE VASE AU FOND DU LAC

ILLUSTRÉ PAR VIRGINIE GUÉRIN

CONTE D'ARMÉNIE

À PARTIR DE 4 ANS   5 MINUTES   POUR APPRENDRE À VIEILLIR

Il y avait une fois un roi très jaloux de son pouvoir. Il dirigeait la vie de ses sujets jusque dans le moindre détail et exigeait de tous une obéissance aveugle.

Pourtant, il n'était pas heureux, car il se disait : « Ils m'obéissent parce que je suis jeune et fort. Mais quand je ne serai plus qu'un faible vieillard, ils n'auront plus peur et ils se révolteront. »

Alors, pour paraître toujours jeune, il se faisait teindre les cheveux, se faisait masser le visage et le corps avec des pommades, et achetait à tous les charlatans de passage des élixirs de jeunesse.

Mais il ne pouvait pas arrêter la marche du temps.

Un jour, il se rendit compte que ses plus proches serviteurs avaient des rides et des cheveux blancs et il se dit : « Ils sont nés en même temps que moi et nous avons grandi ensemble. À quoi me sert de paraître jeune, s'ils peuvent lire sur leur propre visage l'âge que j'ai réellement ? »

Alors, il fit couper la tête de tous ses vieux serviteurs et fit proclamer cet édit dans tout son royaume :

« Sa Majesté ne veut que des sujets jeunes et vaillants comme lui. Les cheveux blancs ont trois jours pour quitter le royaume. Passé ce délai, les vieillards auront la tête tranchée. Mais, parce qu'elle est aussi généreuse que puissante, Sa Majesté offre aux fils de racheter les pères : celui qui repêchera le vase d'or tombé au fond du lac sauvera la vie de son père. En cas d'échec, ils mourront tous les deux. »

En apprenant l'édit, certains fils firent fuir leurs pères dans un pays étranger, d'autres les cachèrent, d'autres se présentèrent au palais pour tenter de repêcher le vase d'or. Mais aucun plongeur ne réussit à ramener le vase d'or et, jour après jour, des dizaines de jeunes gens tombèrent sous la hache du bourreau.

La foule était autorisée à assister aux essais, pour que personne ne dise qu'il y avait une tricherie.

Un jeune garçon vint lui aussi au bord du lac et regarda dans l'eau transparente : le vase brillait, posé sur le sable du fond. Il semblait qu'il suffisait de tendre la main pour le saisir. Pourtant, tous ceux qui plongèrent ce jour-là remontèrent les mains vides et eurent la tête tranchée.

Le garçon, tout pensif, rentra chez lui, mit de la nourriture dans un sac et prit le chemin de la montagne. C'est là, au fond d'une grotte, qu'il cachait son vieux père pour le protéger du cruel roi. Pendant que l'homme mangeait, le garçon restait silencieux.

– Ô toi, le plus dévoué des fils, dit le vieil homme, pourquoi es-tu si triste ? Peut-être es-tu las de faire chaque jour tout ce chemin pour me nourrir ?

– Non, père ! s'écria le garçon. Je pourrais parcourir trois fois cette distance, pourvu que tu sois en sécurité. Mais je pensais à ce vase, au fond du lac. On le voit, mais on ne peut l'attraper. Pourquoi ?

Le père réfléchit un moment, puis demanda :

– Y a-t-il un arbre sur la berge à l'endroit où l'on voit le vase ?

– Oui, père, dit le garçon.

– Et ses branches se reflètent dans l'eau ?

– Bien sûr, répondit le garçon.

– Si tu voulais saisir les branches de l'arbre, tu n'essaierais pas de les attraper dans l'eau, n'est-ce pas ?... Eh bien, c'est la même chose pour le vase ! En réalité il est dans l'arbre et ce que les plongeurs essayent de ramener, ce n'est qu'un reflet.

Le garçon embrassa son père, rentra chez lui et, le lendemain, à la première heure, il se présenta au palais pour tenter l'épreuve. Devant les assistants stupéfaits, il grimpa dans l'arbre et décrocha le vase : il était accroché l'ouverture vers le bas, si bien que, dans le reflet, il semblait posé au fond de l'eau. Porté en triomphe par la foule, le garçon se présenta devant le roi, le vase dans les bras.

– Comment as-tu deviné que le vase était dans l'arbre ? demanda le roi, bien étonné.

– Ce n'est pas moi qui ai eu cette idée, c'est mon père ; il est caché dans la montagne pour être à l'abri de tes soldats.

Le roi resta songeur. Il se disait : « Plus de cent garçons se sont précipités tête la première dans le lac, sans deviner la ruse. Et ce vieillard au loin dans la montagne a tout compris. Peut-être que les hommes âgés sont plus sages que les jeunes... »

Le roi donna l'ordre d'annuler le décret et depuis, dans ce pays, tout le monde respecte les hommes à cheveux blancs.

ÉNIGMES ET DEVINETTES

ILLUSTRÉ PAR ÉMILE JADOUL

LE VEILLEUR DE NUIT

Un directeur d'usine doit prendre l'avion le lendemain matin, de très bonne heure. Le soir, il s'aperçoit qu'il a oublié un document dans son bureau. Il est très tard, mais il décide d'aller quand même chercher ce papier important. Il arrive vers minuit à l'usine et discute avec le veilleur de nuit. Celui-ci lui dit :
— Je vous conseille de ne pas prendre l'avion. Je viens de rêver que cet avion allait avoir un accident et mes rêves se réalisent toujours !
Impressionné, le directeur de l'usine préfère prendre le train. Et en effet, l'avion a un grave accident et tous les passagers sont tués. Dès son retour, le directeur fait venir le veilleur de nuit, lui donne de l'argent pour le remercier de son bon conseil puis le met à la porte. Pourquoi ?
Réponse : Si le veilleur de nuit a fait un rêve, c'est qu'il dormait au lieu de surveiller l'usine. Donc, il ne faisait pas bien son travail.

ÉNIGMES ET DEVINETTES

PASSAGE INTERDIT

Un chien arrive à l'entrée d'une rue où il y a un panneau « Passage interdit ». Comment fait-il pour continuer son chemin ?
Réponse : Le chien ne sait pas lire, alors il s'engage tranquillement dans la rue.

✷✷✷

Qu'est-ce qui est grand comme une montagne et plus léger qu'une plume ?
Réponse : L'ombre de cette montagne.

✷✷✷

Elle est toujours à l'abri, et pourtant elle est toujours mouillée.
Réponse : La langue.

✷✷✷

Qu'est-ce qui ne peut pas changer de place pendant sa vie et se promène après sa mort ?
Réponse : La feuille (morte).

✷✷✷

Qu'est-ce qui vole et n'a pas d'ailes ?
Réponse : Le nuage, le cerf-volant, le ballon quand on le laisse s'échapper...

✷✷✷

J'ai quatre pieds, mais je ne marche pas. J'ai aussi une tête, mais je ne parle pas. Qui suis-je ?
Réponse : Le lit.

✷✷✷

Qu'est-ce qui a des dents, mais ne mord pas ?
Réponse : Le peigne (également : le râteau, la fourche, le timbre-poste).

✷✷✷

Qu'est-ce qui a 2 ailes et 22 pieds et court sur du gazon ?
Réponse : Une équipe de football.

✷✷✷

Quatre pattes sur quatre pattes guettent quatre pattes...
Réponse : Un chat sur un fauteuil en train de guetter une souris.

✳✳✳

Quelle est la lettre que préfère le bûcheron ?
Réponse : H (hache).

✳✳✳

Quelles sont les lettres qu'on n'a pas envie de caresser ?
Réponse : D.R.O. (des héros).

✳✳✳

Avec quelles lettres peut-on construire une tour ?
Réponse : F et L (tour Eiffel).

✳✳✳

Quelles sont les lettres qui sont mortes ?
Réponse : D.C.D. (décédées).

✳✳✳

Quelles sont les lettres les plus actives ?
Réponse : O.Q.P. (occupées).

✳✳✳

Sans cette lettre, Paris serait pris.
Réponse : La lettre A.

✳✳✳

Quelles sont les lettres les plus discrètes ?
Réponse : F.A.C. (effacées).

✳✳✳

Quelles sont les lettres pour lesquelles on dépense de l'argent ?
Réponse : H.T. (achetées).

✳✳✳

Quelle est la lettre la plus affectueuse ?
Réponse : M (aime).

✳✳✳

Quelles sont les lettres les plus vieilles ?
Réponse : A.G. (âgées).

✳✳✳

ÉNIGMES ET DEVINETTES

Quelles sont les lettres que les parents disent souvent aux enfants ?
Réponse : O.B.I.C. *(obéissez).*

✳✳✳

J'ai deux couleurs. Battez-moi, je n'en aurai plus qu'une. Qui suis-je ?
Réponse : L'œuf.

✳✳✳

On me coupe les pieds, on m'écrase la tête, on me fait cuire et on me mange. Qui suis-je ?
Réponse : Le blé (on le moissonne, on le moud, on fait cuire la farine et on mange le pain).

✳✳✳

Je viens de l'eau et je meurs dans l'eau. Qui suis-je ?
Réponse : Le sel (il naît de l'eau de mer et se dissout dans l'eau).

✳✳✳

On me met sur la table, on me coupe, mais on ne me mange pas. Qui suis-je ?
Réponse : Le jeu de cartes.

✳✳✳

Je descends en dansant et remonte en pleurant. Qui suis-je ?
Réponse : Le seau du puits.

✳✳✳

Je suis un fruit, ou une couleur, ou une ville. Qui suis-je ?
Réponse : Orange.

✳✳✳

Quel est l'oiseau qui vit très longtemps ?
Réponse : Le milan (mille ans).

✳✳✳

Quelle est la fleur qui fait peur ?
Réponse : La gueule-de-loup.

✳✳✳

Quelle est la fleur qui empêche de dormir ?
Réponse : Le souci.

✳✳✳

Qui marche sans changer de place ?
Réponse : La pendule.

***

Mon premier est un oiseau.
Mon second est un poisson.
Mon tout est un serpent.
Réponse : Le python (Pie-Thon).

***

Avec un F, je suis un gentil bébé animal.
Avec un P, je suis un bel oiseau.
Avec un T, je suis un vilain insecte qui pique.
Réponse : Faon, Paon, Taon.

LE LOUP, LA CHÈVRE ET LE CHOU

Un passeur doit faire traverser la rivière à un loup, à une chèvre et à un chou. Il doit faire trois voyages, car la barque ne peut contenir qu'un passager à la fois. S'il fait traverser le loup, la chèvre restera seule avec le chou et le mangera ; s'il fait traverser d'abord le chou, pendant ce temps, le loup mangera la chèvre ; s'il fait traverser la chèvre et ensuite le chou, la chèvre le mangera pendant qu'il ira chercher le loup ; s'il fait traverser la chèvre et ensuite le loup, ce dernier mangera la chèvre pendant qu'il reviendra chercher le chou. Le voilà donc bien embarrassé. Et pourtant, il a trouvé une solution. Devinez comment il a fait...

Réponse : Il a d'abord fait passer la chèvre.
Il a ensuite fait passer le loup, et a ramené la chèvre pour que le loup ne la mange pas.
Pour finir, il a fait passer le chou et est revenu chercher la chèvre.
Et personne n'a été mangé !

ÉNIGMES ET DEVINETTES

Pour faciliter la compréhension, mettre en scène le problème avec trois pelotes de laine : une marron pour le loup, une blanche pour la chèvre, une verte pour le chou. Une petite boîte représentera la barque.

SOURIEZ MAINTENANT

LE COQ ET LA POULE EN VOYAGE

ADAPTÉ D'UN CONTE DE GRIMM

À PARTIR DE 3 ANS   5 MINUTES   POUR ROULER L'AUBERGISTE

Un jour, le coq dit à la poule :
— Voici la saison des noix ; il faut aller sur la colline avant que l'écureuil ne les mange toutes.
— Bonne idée, répondit la poule, nous allons bien nous amuser !
Ils se rendirent tous deux sur la colline et mangèrent des noix jusqu'au soir. Puis, soit par vanité, soit parce qu'ils avaient trop mangé, ils ne voulurent pas rentrer chez eux à pied, et le coq fabriqua une petite voiture avec des coquilles de noix. Quand elle fut prête, la poule monta dedans et dit au coq de s'atteler pour tirer la voiture.
— Pour qui me prends-tu ? répondit le coq ; j'aimerais mieux m'en retourner à pied que de m'atteler comme un cheval ; je veux être cocher et m'asseoir sur le siège.

Comme ils se disputaient, une cane arriva et se mit à crier :

– Eh ! voleurs, qui vous a permis de venir manger mes noix ? Attendez, je vais vous apprendre !

Et elle se précipita sur le coq. Mais celui-ci la frappa aussitôt et lui laboura si bien les chairs à coups d'ergot qu'elle demanda pardon. Pour la punir de les avoir attaqués, le coq l'attela à la voiture et s'assit sur le siège pour conduire l'équipage ; il le lança à fond de train en criant :

– Au galop, cane, au galop !

Ils avaient déjà fait un bout de route quand ils rencontrèrent deux voyageurs qui cheminaient à pied ; c'était une épingle et une aiguille, qui crièrent :

– Halte ! halte !

Le coq fit arrêter la voiture.

– Nous ne pouvons plus avancer, car le chemin est plein de boue ; nous nous sommes attardées à boire de la bière devant la porte à l'Auberge du joyeux tailleur et bientôt il fera nuit noire. Accepteriez-vous de nous laisser monter dans votre voiture ?

Le coq, vu la maigreur des nouveaux venus et le peu de place qu'ils tiendraient, accepta de les recevoir, à condition qu'ils ne marchent sur les pieds de personne !

Très tard dans la soirée, ils arrivèrent à une auberge et, comme la cane était fatiguée, ils se décidèrent à entrer. L'aubergiste fit d'abord des difficultés, car sa maison était déjà pleine et les nouveaux voyageurs ne lui paraissaient pas bien riches. Mais le coq promit de lui abandonner l'œuf que la poule venait de pondre et de lui laisser la cane, qui en pondait un tous les jours. Convaincu par ces belles paroles, l'aubergiste accepta de les recevoir pour la nuit. Ils se firent servir un excellent repas et passèrent la soirée à faire bombance.

Le lendemain matin, à la pointe du jour, quand tout le monde dormait encore, le coq réveilla la poule. À coups de bec, ils mangèrent l'œuf et jetèrent la coquille dans la cheminée ; ils allèrent ensuite prendre l'aiguille, qui dormait encore ; ils la plantèrent, tête en bas, dans le fauteuil de l'aubergiste, et plantèrent de la même façon l'épingle dans sa serviette ; puis ils prirent leur vol par la fenêtre. La cane, qui avait couché à la belle étoile, dans la cour, se leva en les entendant passer, et sauta dans un ruisseau qui coulait au pied du mur. Elle s'échappa plus vite qu'elle n'avait tiré la voiture la veille !

Deux heures plus tard, l'aubergiste sortit du lit et, après s'être lavé la figure, prit la serviette pour s'essuyer ; mais l'épingle lui égratigna le visage et lui fit une grande balafre rouge d'une oreille à l'autre. Il descendit à la cuisine pour allumer sa pipe ; mais, en soufflant sur le feu, les débris de la coquille de l'œuf lui sautèrent dans les yeux.

« Tout est contre moi ce matin », se dit-il. Il se laissa tristement tomber dans son grand fauteuil ; mais il bondit aussitôt en poussant de grands cris, car l'aiguille l'avait joliment piqué. Où l'avait-elle piqué ? Pas à la tête, bien sûr !

Ce dernier accident acheva de le rendre furieux ; ses soupçons tombèrent tout de suite sur les voyageurs qu'il avait reçus la veille au soir. Il se précipita pour voir ce qu'ils étaient devenus, mais ils avaient disparu. Alors il promit bien qu'à l'avenir il ne recevrait plus dans sa maison de ces vagabonds qui font beaucoup de dépenses, ne payent pas, et pour tout merci vous jouent de méchants tours !

Pendant ce temps, le coq et la poule étaient rentrés chez eux, enchantés de leur expédition.

LE BRAVE MOITIÉ-DE-POULET ET SON ROI

ILLUSTRÉ PAR ÉMILE JADOUL

ADAPTÉ D'UN CONTE DE GRIMM

À PARTIR DE 5 ANS   10 MINUTES   POUR TROUVER LES BONS COMPAGNONS

Il était une fois deux vieilles sœurs qui possédaient un unique poulet à elles deux. Un jour, l'aînée dit à la cadette :
— Qu'allons-nous nous faire pour notre déjeuner ? Nous n'avons plus de lait, ni de farine. Il ne nous reste que notre poulet : faisons un bouillon !
— Ah non ! s'exclama la cadette. Je préfère le voir s'ébattre dans notre cour.
— Eh bien je vais me faire un bouillon avec ma moitié de poulet.
— Comme tu voudras ! Mais laisse ma moitié courir dans la cour !
Alors l'aînée se prépara un bouillon avec sa moitié de poulet, et la cadette laissa sa moitié à elle folâtrer dans la cour. Moitié-de-poulet gambadait ; il agitait son aile unique, il picorait avec sa moitié de bec,

il sautillait sur sa patte unique. Et tout en s'ébattant, en grattant la terre, en becquetant, il trouva une bourse remplie de pièces d'or sur un tas de saletés. Moitié-de-poulet chanta avec entrain :

« Cocorico, cocorico
J'ai des louis d'or bien gros
Et je pourrai payer ma dette
À ma grand-mère, la sœur cadette »

Aussitôt, il courut vers la maison pour remettre à la vieille femme ses pièces d'or. Mais, au même moment, le roi vint à passer par là dans un élégant carrosse doré. Lorsqu'il aperçut Moitié-de-poulet qui courait en portant en son bec une bourse bien pleine, il fit arrêter sa voiture et il demanda à son cocher :
– Que porte-t-il ? On dirait une bourse ?
– Oui, Votre Majesté, il porte une bourse pleine de louis d'or.
– Qu'on me l'apporte !
Les gens du roi attrapèrent Moitié-de-poulet et lui arrachèrent son petit sac. Le roi et sa suite reprirent leur route. Mais tout cela déplaisait fort à Moitié-de-poulet qui se mit à crier d'une voix perçante :

« Cocorico, cocorico
À moi était un beau magot
C'était moi qui l'avais trouvé
Mais le roi me l'a volé
Vite, vite, que j'aille au palais
Pour faire le bon droit respecter »

Et le voilà qui se dirige vers le palais du roi ! Il marcha longtemps, traversa une forêt, et rencontra le renard.

LE BRAVE MOITIÉ DE POULET ET SON ROI

—Tiens ! Moitié-de-poulet ! Bonjour. Où vas-tu donc ?
—Je vais récupérer des louis d'or que le roi m'a dérobés.
—Je t'accompagne.
Et les voilà, cheminant de concert, qui s'en vont vers le palais du roi. Mais la route était longue, et le renard finit par traîner la patte.
—Moitié-de-poulet, je suis fatigué. Je ne peux plus faire un pas !
—Alors viens sous mon aile.
Et le renard de se loger sous l'aile du bon Moitié-de-poulet qui poursuivit bravement son chemin. Il marcha encore bien longtemps et, dans un champ, il rencontra un essaim d'abeilles.

—Bonjour, Moitié-de-poulet ! Où vas-tu donc ?
—Je vais récupérer mes louis d'or que le roi m'a dérobés.
—Eh bien, nous t'accompagnons.
Et les voilà qui se dirigent vers le palais du roi. Ils marchèrent tant que les abeilles avaient du mal à suivre Moitié-de-poulet.
—Moitié-de-poulet, nous sommes fatiguées. Arrêtons-nous !
—Non, mais venez sous mon aile.
Alors les abeilles se logèrent sous l'aile du bon Moitié-de-poulet qui poursuivit bravement son chemin. Il marcha encore longtemps et, au sortir d'un pré, il rencontra une rivière.
—Tiens, Moitié-de-poulet ! Où vas-tu donc ainsi ?
—Je vais récupérer les louis d'or que le roi m'a dérobés.
—Je t'accompagne. Et les voilà tous en route pour le palais royal. Au bout d'un long moment, la rivière se sentit fatiguée :
—Arrêtons-nous, Moitié-de-poulet. Je ne peux plus te suivre !
—Alors viens sous mon aile !
La rivière vint donc se loger sous l'aile du bon Moitié-de-poulet qui poursuivit bravement sa route. Il marcha encore longtemps et arriva enfin au palais du roi.
—Bonjour, Votre Majesté ! Je viens chercher mes louis d'or, rendez-les-moi !

— Demain, Moitié-de-poulet. C'est promis, je te les rendrai demain. Et il demanda à ses gens d'enfermer Moitié-de-poulet dans la basse-cour où se trouvaient toutes ses poules. Le roi pensait que ses volailles allaient se jeter pendant la nuit sur le pauvre Moitié-de-poulet et qu'on le retrouverait assommé. C'est en effet ce qui faillit se produire, mais dès qu'il se vit en danger, Moitié-de-poulet appela le renard à la rescousse :

— Renard, défends-moi, ou l'on me mangera.

Le renard sauta de dessous l'aile de Moitié-de-poulet. Il croqua toutes les poules royales, puis retourna dans la forêt. Le lendemain matin, quand le roi arriva dans sa royale basse-cour, il resta éberlué : il n'y avait plus aucune poule ! Moitié-de-poulet, dès qu'il l'aperçut, lui cria :

— Votre Majesté, rendez-moi ma bourse et mes louis d'or !

— Attends demain, et je te rendrai tout ce qui t'appartient.

Et il demanda à ses gens d'enfermer cette moitié de poulet dans la salle du trône. Il se disait qu'il viendrait lui-même, pendant la nuit, étrangler cet ennuyeux volatile. Lorsque l'on verrouilla la porte sur lui, Moitié-de-poulet s'installa confortablement sur le coussin royal, et plongea dans un sommeil profond. Il n'entendit pas le roi entrer, mais il se réveilla quand il sentit que l'on voulait l'étouffer. Le roi, en effet, s'était emparé d'un coussin, et il l'appuyait de toutes ses forces sur Moitié-de-poulet. Aussitôt, ce dernier appela les abeilles à la rescousse :

— Abeilles, défendez-moi, ou c'en est fait de moi. Les abeilles s'envolèrent de dessous l'aile de Moitié-de-poulet. Elles piquèrent le roi sur les bras, les jambes, le visage, si bien que Sa Majesté s'enfuit en hurlant de douleur. Puis les abeilles retournèrent butiner leurs fleurs. Quand le roi se réveilla, le lendemain, il était enflé de partout. Moitié-de-poulet vint le voir et lui réclama ses louis d'or.

— Attends demain, Moitié-de-poulet, et je te les rendrai.

Et il demanda à sa femme d'enfourner Moitié-de-poulet, et de bien refermer la porte du four. Il se disait qu'on chaufferait le four le lendemain et que Moitié-de-poulet en ressortirait rôti.

Effectivement, à l'aube, les cuisiniers firent chauffer le four. Quand il commença d'avoir très chaud, Moitié-de-poulet appela la rivière :
— Rivière, défends-moi, ou l'on me grillera.
Aussitôt, la rivière coula de dessous l'aile de Moitié-de-poulet. Elle inonda le four, puis les cuisines, enfin tout le palais, menaçant de noyer tout le monde. Le roi dut grimper sur son trône, puis aux rideaux. Il finit par se réfugier sur le toit du palais. Moitié-de-poulet le poursuivait en criant :
— Hé, Votre Majesté, rendez-moi ma bourse et mes louis. Si vous refusez, vous serez noyé.
Le roi comprit que Moitié-de-poulet ne s'avouerait jamais vaincu. Excédé, il attrapa la bourse qui pendait à sa ceinture et il la lui jeta :
— Tiens, attrape !
Alors la rivière se retira et retourna dans son lit. Moitié-de-poulet ramassa sa bourse, la saisit dans son bec et courut la donner à la sœur cadette, pour la remercier de lui avoir laissé la vie sauve.
Moitié-de-poulet vécut très, très, très longtemps. Il prit l'habitude de fredonner, tout en grattant la terre et en gambadant dans la cour :

« Cocorico, cocorico
J'avais un beau magot
Le roi a voulu me le prendre
Mais j'ai pu le lui faire rendre »

JEAN LE SOT VA AU MOULIN

ILLUSTRÉ PAR VIRGINIE GUÉRIN

CONTE DE FRANCE

À PARTIR DE 5 ANS — 10 MINUTES — POUR PARLER À TORT ET À TRAVERS

Il y avait une fois une brave femme qui avait pour unique enfant un garçon qui n'était pas des plus éveillés. Un jour, elle lui demande de porter du grain au moulin, en lui recommandant bien de ne pas se laisser voler par le meunier.
— Fais attention, lui dit-elle, il te faudra dire au meunier : « Avec tout ce grain, vous ferez bien trente kilos de farine. » Ne l'oublie pas !
Jean le sot charge le sac de grains sur son épaule et part vers le moulin. Pour ne pas oublier la quantité de farine qu'il doit rapporter, il répète à haute voix, tout le long du chemin :
— Vous ferez bien trente kilos de farine, avec tout ce grain, vous ferez bien trente kilos de farine…

Il arrive devant un champ de blé que les moissonneurs sont en train de faucher. Au bord du chemin, le propriétaire du champ et un de ses amis parlent de la récolte. Pourvu qu'elle soit abondante ! Jean le sot s'arrête près d'eux pour souffler, en disant tout haut :
— Avec tout ce grain, vous ferez bien trente kilos de farine.
Vlan ! une gifle s'abat sur sa joue sans qu'il ait eu le temps de la voir venir.
— Insolent ! crie le paysan en colère, tu te moques de nous ? Tu crois que nous trimons pour trente malheureux kilos de farine ?
— Que faut-il dire ? demande Jean le sot en se frottant la joue.
Le paysan montre la charrette qui attend en bordure du champ et dit :
— Il faut dire : Je vous souhaite dix charrettes comme celle-là pleines à ras bord.

JEAN LE SOT VA AU MOULIN

Jean le sot reprend son sac et repart en répétant :
– Dix charrettes comme celle-là pleines à ras bord…
Il continue son chemin et, arrivé à un carrefour, il rencontre un cortège d'enterrement. Le cercueil est posé sur une charrette tirée par deux chevaux. Derrière viennent les assistants, tout habillés de noir, l'air bien affligé. Et voilà mon Jean le sot qui dit tout haut :
– Je vous souhaite dix charrettes comme celle-là pleines à ras bord.
Quel scandale ! Le cortège continue sa route, mais deux solides gaillards restent en arrière et… vlan ! sur la tête de Jean le sot, paf ! sur ses fesses.
– Misérable ! disent les deux hommes, tu souhaites la mort de tout le village !
– Que faut-il dire ? demande Jean le sot en se massant le bas du dos.
– Il faut dire : Ah ! quelle perte cruelle nous subissons !
Et Jean le sot continue sa route, en répétant cette phrase. Un peu plus loin, il croise un homme qui va noyer une chienne enragée. Et l'homme est bien surpris d'entendre Jean le sot soupirer :
– Ah ! Quelle perte cruelle nous subissons !
Il attrape le garçon par l'oreille et le secoue.
– Perte cruelle ! répète-t-il, tu te moques de moi ? Tu voudrais que je garde un animal enragé ?
– Aïe ! Aïe ! crie Jean le sot, que faut-il dire ?
– Il faut dire : Oh ! la vilaine bête ! Allez vite la noyer !
L'oreille en feu, Jean le sot reprend le chemin et arrive dans un village. Il voit venir un cortège de noce. Les joueurs de violon ouvrent la marche, suivis de la mariée tout en blanc et couronnée de fleurs, au bras de son père. Puis viennent les invités, dans leurs plus beaux habits. Tout le village s'est rassemblé pour les voir passer. Jean le sot s'arrête au premier rang des badauds, mais sans cesser de répéter sa phrase. Si bien qu'en arrivant à sa hauteur, le père de la mariée a la stupéfaction de s'entendre dire :
– Oh ! la vilaine bête ! Allez vite la noyer !

Le fiancé et les frères de la mariée ont entendu eux aussi. Ils s'empressent de flanquer à Jean le sot une correction en criant :
– Insolent ! Tu n'as pas honte d'insulter une si jolie mariée ? Voilà pour t'apprendre les bonnes manières !
– Aïe ! crie le garçon. Que faut-il dire ?
– Il faut dire, répond le fiancé : Ah ! Qu'elle est belle ! Quel réjouissant spectacle !
Et Jean le sot reprend son chemin, les côtes endolories. Il arrive devant une maison en feu. De tous côtés, des gens courent en transportant des seaux d'eau pour éteindre l'incendie.

JEAN LE SOT VA AU MOULIN

Et lui, planté devant la maison en feu, s'exclame :
– Ah ! Qu'elle est belle ! Quel réjouissant spectacle !
À peine a-t-il prononcé ces mots qu'il reçoit un seau d'eau sur la tête : splatch ! et puis un autre, et encore un autre.
Quelqu'un lui crie :
– Tu as de la chance que nous n'ayons pas de temps à perdre, sinon, quelle raclée tu prendrais !
Trempé jusqu'aux os, le garçon balbutie :
– Que faut-il dire ?
– Il faut dire : Ah ! Si seulement il pouvait pleuvoir !
Dégoulinant d'eau, Jean le sot repart et arrive enfin au moulin. Devant la porte, la femme du meunier avait mis des prunes à sécher au soleil. Elle était en train de retourner les fruits pour bien les faire sécher et mon Jean le sot lui dit en guise de salut :
– Ah ! Si seulement il pouvait pleuvoir !
– Oiseau de malheur ! glapit la meunière. Pourquoi appelles-tu la pluie ?
– Je ne sais pas, répond Jean le sot.
– Si tu ne sais pas, tu n'as qu'à te taire.
C'était un bon conseil. À partir de ce jour, Jean le sot s'abstint de parler à tort et à travers et il ne fut plus battu.

Nasreddin ne veut pas prêter son âne

CONTE DE TURQUIE

À PARTIR DE 5 ANS 5 MINUTES UNE HISTOIRE DE MAUVAISE FOI

Un jour, un voisin vint demander à Nasreddin Hodja de lui prêter son âne.
— L'âne est au pré, répondit Nasreddin.
Comme il prononçait ces paroles, on entendit l'âne braire dans l'écurie.
Le voisin dit, d'un air sévère :
— L'âne est à l'écurie, et tu voulais me faire croire qu'il est au pré parce que tu ne veux pas me le prêter. Je suis très déçu par ton attitude.
Et Nasreddin de répondre, indigné :
— C'est moi qui suis déçu. Tu crois le baudet, et tu ne me crois pas, moi !

NESREDIN NE VEUT PAS PRÊTER SON ÂNE

POUR ALLER PLUS LOIN

Nasreddin Hodja est le héros d'un cycle d'histoires drôles
qui sont encore bien vivantes en Turquie.
Selon la tradition, ce personnage historique aurait vécu à la fin du XIIIe siècle,
sous le règne de Tamerlan, mais beaucoup des histoires
qu'on lui attribue sont fictives et peuvent se retrouver
dans la tradition d'autres pays.
Nasreddin Hodja incarne la bonhomie du villageois turc et,
en même temps, une sagesse commune à bien des nations.
Quelle que soit la situation à laquelle il est confronté,
il s'en tire toujours par une repartie drôle, naïve ou d'une logique absurde.

LE PLUS GRAND CHAGRIN

CONTE DE TURQUIE

À PARTIR DE 5 ANS   5 MINUTES   UNE HISTOIRE DE RUSE

Quand Nasreddin perdit sa femme, ses amis vinrent le consoler, comme c'est la coutume.
—Hélas, dit l'un, nous sommes tous mortels !
—Ne te laisse pas anéantir par le chagrin, dit l'un.
—Nous te trouverons une femme encore plus belle, assuraient-ils tous.
Quelque temps après, l'âne mourut.
Comme les jours passaient, il sembla aux gens que Nasreddin était plus chagriné par la mort de l'âne que par celle de sa femme.
Quelqu'un lui en fit la remarque.

LE PLUS GRAND CHAGRIN

Nasreddin répondit :

– Quand j'ai perdu ma femme, mes amis sont venus me dire : « Nous te trouverons une femme encore plus belle. » Mais quand l'âne est mort, personne ne m'a dit : « Nous t'achèterons un âne plus robuste que celui qui vient de mourir. » Voilà pourquoi la mort de l'âne me chagrine plus que celle de ma femme.

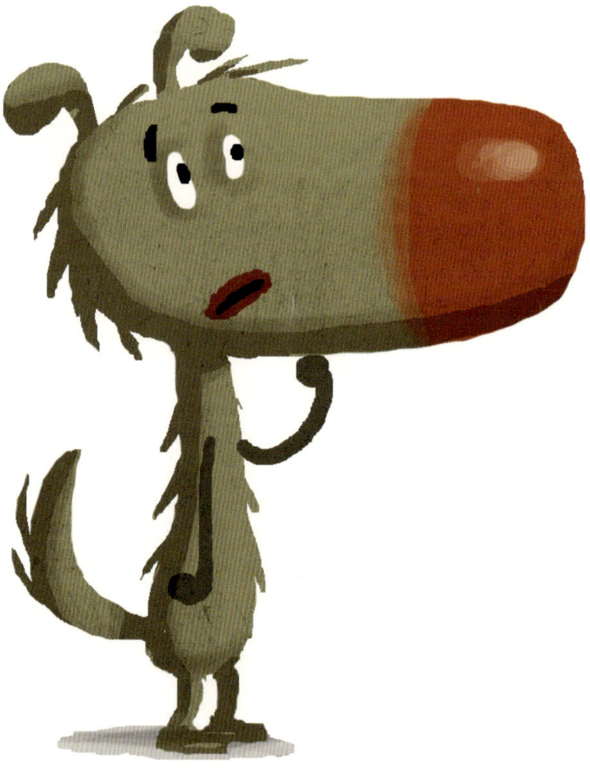

LE CHIEN ET L'AMBASSADEUR

ILLUSTRÉ PAR CHRISTIAN GUIBBAUD

ALAIN SERRES, TEXTE EXTRAIT
DE HISTOIRES EN CHAUSSETTES, © ÉDITIONS GALLIMARD, 1987

À PARTIR DE 7 ANS   10 MINUTES   POUR TENIR DES PROPOS DÉROUTANTS

Il était un chien galeux que tout le monde jugeait complètement fou, parce qu'il répondait strictement n'importe quoi aux questions qu'on lui posait.
Quand le maire du village lui demandait :
– Quel âge as-tu, brave bête ?
Il haussait les épaules et bafouillait un « Pfff ! » dans ses babines.
– Dans combien de temps penses-tu te marier ? poursuivait le questionneur.
– Douze ans, trois mois et quatre jours ! répondait-il sans hésiter.
– Mais tu vas donc choisir une femme dans notre village ?
– Oh ! grand Dieu, jamais, monsieur le maire !
– Alors, tu vas publier une annonce dans les journaux ?

—Certainement une blanche et noire.
—Et peut-être même à la télévision ?
—Point, point, point, cela est bien trop coûteux pour un pauvre chien galeux comme moi.
Puis, il partait en se dandinant comme un danseur étoile.
Quand le commissaire de police l'interrogeait, voilà ce que l'on pouvait entendre :
—Pourquoi ne possèdes-tu pas le permis de conduire ?
—Pfff ! bafouillait le chien dans ses babines.
—Où aimerais-tu partir en vacances cet été, adorable toutou ?
—À mon âge, ce n'est pas sérieux ! Mais plutôt dangereux pour les autres.
—Mais tu sors bien de temps en temps, où vas-tu faire tes courses ?
—Au Venezuela, monsieur le commissaire.
—À pied ?
—Oui, juste à la sortie du village. D'ailleurs, il est temps que j'y coure...
Et le chien, fier de l'étonnement qu'il provoquait, repartait en sautillant sur la pointe de ses pattes.
Voilà bien longtemps que le chien avait pris cette étrange décision. Il avait choisi de ne jamais plus parler à un homme qu'en répondant à la question précédente. Personne n'avait su jusqu'à présent déceler son astuce.
On fit venir des spécialistes, des psychiatres pour chiens, des vétérinaires psychologues, et même un professeur de faculté qui demanda au chien :
—Combien as-tu de pattes ?
Il s'entendit bien évidemment répondre « Pfff ! » par les babines de l'animal.
—Combien as-tu d'oreilles ? insista-t-il.
—Quatre, professeur. Deux devant et deux derrière !
—Et combien as-tu de queues ?
—Deux. Dressées sur la tête. Comment un professeur peut-il ignorer cela ?

— Mais combien de fois vas-tu encore te moquer de moi ?
— Une seule, professeur, elle se balance derrière moi quand je marche !
Et le chien fila entre les jambes du professeur de faculté et s'éloigna en dessinant des huit avec sa queue.

Un jour, cet original quadrupède fit une étrange rencontre. Il découvrit à la fontaine Blanche un personnage étonnant qui se désaltérait sous l'eau fraîche.

Cet être vivant ne ressemblait ni à un homme ni à un animal. Il ressemblait à autre chose. Plutôt large et plutôt plat, il possédait d'innombrables pattes ou trompes transparentes, régulièrement réparties autour de lui. De plus, cet individu déclarait être ambassadeur de la planète Abribus.

—Mais que viens-tu faire sur cette misérable Terre ? demanda le chien.
—Je viens m'y installer, expliqua l'ambassadeur.
—T'installer sur la planète Terre ? Mais tu n'y penses pas !
—Si, si, mon ami. Je m'établis définitivement sur la Terre, pour y représenter mon peuple bien-aimé.
—As-tu vu comment tu es fabriqué ? lança le chien. À peine te verront-ils qu'ils t'enfermeront dans des laboratoires ! Ils te couperont en rondelles, pour savoir si tu es constitué comme eux. Et si tu les amuses, ils te feront défiler sous des chapiteaux pour les distraire !
—Que me racontes-tu là, animal ?
—Je te dis la vérité, mon frère. Si, par contre, tu suis mon conseil, tu éviteras le pire : dorénavant tu répondras toujours à la question d'après !
Le chien expliqua alors qu'il répondait toujours à la question d'avant et que les hommes s'intéressaient ainsi à sa folie, sans s'étonner une seule seconde d'entendre un chien parler !
—C'est comme cela, ajouta-t-il, que j'ai pu éviter de devenir un chien de cirque, un chien savant vivant derrière des barreaux. Comprends-tu maintenant, ambassadeur ? Tu dérouteras tellement les hommes par tes réponses qu'ils en oublieront de te regarder !
L'ambassadeur, capable de prévoir la question suivante, sut parfaitement jouer le jeu que lui recommandait le chien. Dès qu'il arriva sur la place du village, la foule accourut et s'empressa de l'assaillir de questions :
—Mais d'où viens-tu, drôle de bête ?
—En soucoupe ! répliqua-t-il.
—Et comment es-tu venu jusqu'ici ?
—Oui, quatre !
—As-tu des enfants ?
—En plastique souple et transparent !
—En quelle matière est fabriqué ton casque ?
—En citrouille !

La foule riait aux éclats et continuait de plus belle :
— En quoi te déguises-tu pour le carnaval ?
— Ambassadeur !
— Quel métier exerces-tu ?
— Le chien !
— Qui as-tu vu en premier dans le village ?...
L'ambassadeur réussit à se frayer un chemin parmi le public qui pleurait de rire et s'esclaffait :
— Celui-là semble encore plus fou que le chien ! Qu'il aille porter sa folie plus loin !
L'ambassadeur et le chien parvinrent à se soustraire à la place. Ils prirent la route des Arbres-Bleus et échappèrent ainsi, grâce au génie du chien, l'un au cirque et l'autre aux laboratoires.
Ils devinrent de si fidèles amis que le chien remplit les fonctions d'ambassadeur des Terriens auprès du peuple de la planète Abribus.
— Un chien fou et galeux devenu ambassadeur ! s'étonnaient les hommes. Mais qui s'en plaindra ?

LE MARI À LA MAISON

ILLUSTRÉ PAR FABRICE TURRIER

CONTE DE SCANDINAVIE

À PARTIR DE 5 ANS   5 MINUTES   POUR TENIR UNE MAISON

Il y avait une fois un homme qui n'avait pas bon caractère. Il critiquait sans arrêt sa femme :
– Tu restes à la maison toute la journée, disait-il ; tu ne fais pas grand-chose, tandis que moi, je travaille dur dans les champs.
À la fin, sa femme en eut assez. Elle lui dit :
– Demain, tu feras le travail à la maison, et moi, j'irai aux champs.
– D'accord, dit l'homme, je n'aurai pas une tâche bien compliquée !
Le lendemain, la femme s'en alla donc tailler la vigne. Le mari s'occupa de ranger la maison. Puis il versa la réserve de crème dans la baratte et se mit à la battre pour faire du beurre. Ce travail achevé, il se rendit compte qu'il avait très soif.
« J'ai bien mérité un peu de vin frais », se dit-il.

Il descendit à la cave, déboucha un tonneau et commença à tirer un pichet de vin. Mais il entendit un bruit bizarre dans la cuisine.
« Allons jeter un coup d'œil », se dit-il, un peu inquiet. Le vin ne coulait pas vite, il laissa le pichet se remplir tout seul et, d'un bond, alla à la cuisine. La porte était restée ouverte. Le cochon en avait profité pour venir explorer la cuisine, laissant partout la trace de ses pattes pleines de boue. Il avait renversé la baratte et tout son contenu et était très occupé à se régaler de beurre.
– Ah! brigand! s'écria l'homme. Veux-tu ne pas toucher à ce beurre?
Il s'élança pour chasser le cochon, mais il glissa sur le beurre et s'aplatit sur le carrelage. Les habits pleins de gras, il se releva et se mit à poursuivre le cochon à travers la cuisine pour l'obliger à partir. L'animal n'était pas du tout disposé à quitter un endroit aussi hospitalier. Passant et repassant l'un à la suite de l'autre sur la flaque de beurre, ils l'étalèrent largement sur le carrelage. Enfin, l'homme réussit à chasser le cochon.

« Il faut que je nettoie le sol avant que ma femme rentre, se dit le mari. Mais, d'abord, je vais mettre la soupe à cuire. »

Il mit une marmite d'eau dans la cheminée, éplucha les légumes, les versa dans l'eau et ajouta du bois dans le feu. Il était si occupé qu'il avait complètement oublié le pichet de vin qui était en train de se remplir dans la cave ! À vrai dire, le pichet était rempli depuis longtemps et le vin se répandait lentement sur le sol de la cave, sans que personne s'en préoccupât.

Ce qui tracassait plutôt notre homme, c'était les meuglements désespérés que poussait la vache depuis le début de la matinée.

« Cette pauvre bête est affamée, se dit le paysan. Il est grand temps de la conduire au pré. »

Il attacha donc une corde au cou de la vache pour la conduire au pré, mais, en repassant devant la maison, il eut une idée.

La ferme était adossée à la colline, si bien qu'en montant sur cette colline, on pouvait accéder au toit. Entre les tuiles, l'herbe poussait verte et drue. « Le pré est loin, se dit l'homme, alors que j'ai de l'herbe tout près. »

– Allons, viens, Blanchette, dit-il à la vache, tu vas te régaler.

Blanchette accepta de monter sur la colline, mais, arrivée au bord du toit, elle refusa d'aller plus loin. L'homme attacha l'extrémité de la corde autour de sa taille et se mit à pousser la vache pour la faire avancer. Après avoir bataillé un quart d'heure, il réussit à l'amener au milieu du toit. Elle resta plantée là, les pattes flageolantes, visiblement prise de vertige.

– Allons, mange, dépêche-toi, lui dit l'homme d'un ton engageant.

Il la tira par les cornes, pour l'obliger à baisser son mufle vers l'herbe, mais la pauvre bête commençait à s'énerver. D'un coup de tête, elle le repoussa. Il perdit l'équilibre, bascula et tomba la tête la première dans la cheminée. Heureusement, la corde qui le reliait à la vache le retint, l'empêchant de plonger dans la marmite de soupe. Mais ce n'était que partie remise...

Vers midi, la fermière rentra à la maison. Elle leva les bras au ciel en apercevant Blanchette perchée sur le toit et se précipita pour la faire descendre. Elle vit bien qu'un poids retenait l'animal au bout de la corde, mais elle n'imagina pas un instant qu'il s'agissait de son mari. D'un coup de sécateur elle coupa la corde, et ramena à l'étable la pauvre vache qui tremblait de toutes ses pattes.

Mais un spectacle encore plus désolant attendait la fermière dans la cuisine : mari assommé et à moitié ébouillanté, feu éteint, marmite renversée, carrelage tartiné de beurre... une tornade semblait avoir traversé la cuisine. Elle s'empressa auprès de son mari et, quand il eut repris ses esprits, elle lui dit :

— Allons, repose-toi, je vais te chercher un peu de vin pour te réconforter.

— Le vin... le vin..., gémit l'homme, se rappelant brusquement qu'il avait laissé le tonneau ouvert. Va vite à la cave !

Elle courut à la cave, mais trop tard ! Le sol était inondé et le tonneau vide. Ils durent se passer de vin pendant plusieurs semaines, mais aussi de beurre et de fromage, car l'émotion avait tari Blanchette. Pourtant la fermière ne se plaignit pas, car, après cette aventure, son mari ne se moqua plus d'elle en prétendant que les travaux de la maison étaient faciles à exécuter.

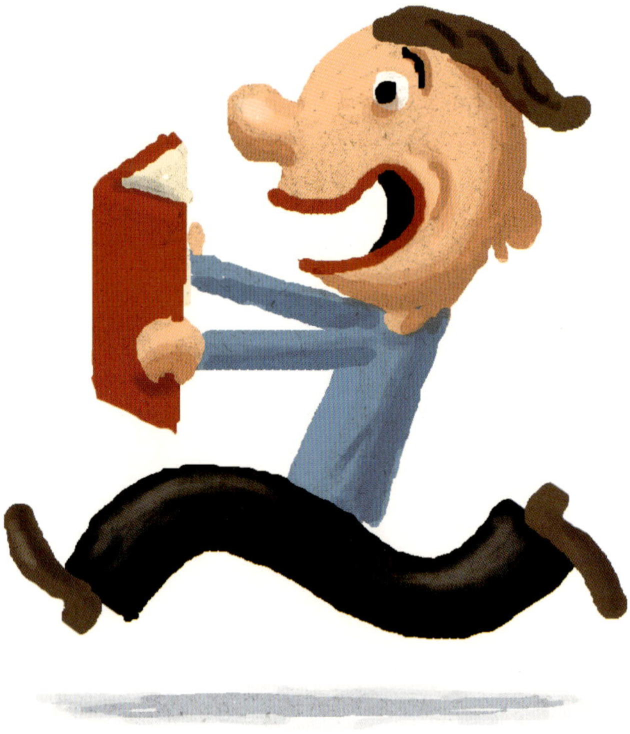

HISTOIRES POUR RIRE

ILLUSTRÉ PAR CHRISTIAN GUIBBAUD

Un jeune homme entre dans une charcuterie. Il demande du jambon. Le charcutier demande :
– Combien de tranches voulez-vous ?
Le client répond :
– Coupez, coupez, je vous dirai stop.
À la cinquante-deuxième tranche, le client dit :
– Stop ! C'est celle-là que je veux !

✻

Un taureau et un hibou discutent. Au bout d'un moment, le taureau dit :
– Il faut que je parte.
Le hibou répond :
– Reste donc à parler !
Mais le taureau :
– Toi, ta femme est chouette, mais la mienne est vache !

*

Dans leur chambre, les garçons font un boucan terrible. Leur mère appelle :
– Olivier ! Qu'est-ce que tu fais là-haut ?
– Rien, maman.
– Et toi, Manuel ?
– Moi ? Je l'aide, maman.

*

Juliette entre dans la salle de bains en chantant :
– Ah ! Regardons-nous dans la glace pour voir si nous sommes belle…
Son frère, qui n'en rate pas une, s'écrie :
– Il n'est pas magique, ton miroir !

*

Julien et son père discutent :
– Tu m'avais donné ta parole ! dit le père.
– Oui !
– Et tu ne l'as pas tenue !
– Et comment aurais-je pu la tenir puisque je te l'avais donnée !

*

Au pôle Nord, on a cambriolé un igloo. L'inspecteur esquimau interroge un suspect :
– Que faisiez-vous dans la nuit du 2 novembre au 5 mai ?

*

HISTOIRES POUR RIRE

Pierre montre ses muscles à son ami Paul.
— Mon secret est simple. Je ne mange que de la viande rouge, et je suis fort comme un bœuf.
— C'est curieux, dit Paul, je mange beaucoup de poisson, et pourtant je ne sais toujours pas nager !

✳

Un père demande à son fils :
— Tu me montres ton carnet de notes ?
Le fils lui répond fièrement :
— C'est Sébastien qui l'a ! Je le lui ai prêté, il voulait faire peur à son père !

✳

— Maîtresse, est-ce qu'on peut être puni pour quelque chose qu'on n'a pas fait ? demande un élève.
— Mais non, ce n'est pas possible, répond la maîtresse.
— Parce que je n'ai pas appris ma poésie, dit l'élève.

✳

Une petite fille joue avec sa mère.
— Tu triches, dit la mère. Tu sais ce qui arrive aux tricheuses ?
— Oui, elles gagnent, répond la petite fille.

✳

— Fais un vœu tout bas, dit papa à Noémie, qui voit passer une étoile filante.
— Que Paris devienne la capitale de l'Angleterre, sinon j'aurai un zéro ! souffle Noémie.

SOURIEZ MAINTENANT

✳

—Ça marche bien les maths ?
—Oh non ! je nage !
—Et en français, tu es bon ?
—Oh ! là ! là ! je nage aussi !
—Ah ! Et en natation ?
—Alors là, je coule !

✳

—Ma fille, dit une maman moustique à son enfant, les hommes ne nous aiment pas.
—Oh, maman, tu exagères ! Chaque fois qu'ils nous voient, ils applaudissent !

✳

—As-tu changé l'eau des poissons rouges ?
—Mais maman, ils n'ont pas fini de boire celle de la semaine dernière !

✳

Stéphane ne veut plus apprendre l'anglais.
Sa maman lui dit :
—Pense que plus de la moitié de la terre parle anglais !
—Tu ne crois pas qu'ils sont assez nombreux ! réplique Stéphane.

HISTOIRES POUR RIRE

✳

Le maître dit à Antoine :
—Conjugue le verbe « marcher », au présent.
—Je marche, tu marches, euh...
—Plus vite ! dit le maître.
—Je cours, tu cours, il court...

✳

Un petit chien revient de l'école.
—Aujourd'hui on a appris une langue étrangère, dit-il à sa maman.
—Et qu'as-tu appris ? lui demande celle-ci.
—À dire « miaou ».

✳

Un instituteur considère avec étonnement un de ses élèves :
—Comment ! À ton âge, tu comptes encore sur tes doigts ?
—Ah ! qu'est-ce que vous voulez, m'sieur, c'est bien connu que dans la vie on ne peut compter que sur soi-même, répond l'élève.

✳

Dans une salle de bains :
—Je suis de mauvais poil, ce matin ! dit la brosse.
—Moi, j'ai le nez qui coule, dit le robinet.
—Et moi, dit le savon, je maigris de jour en jour.

N'OUBLIE PAS MON PETIT SOULIER

LES TROLLS DE NOËL

CLAUDE CLÉMENT, TEXTE PUBLIÉ DANS LE MAGAZINE *TOBOGGAN* N°97, DÉCEMBRE 1988

À PARTIR DE 4 ANS   5 MINUTES   POUR CHASSER LES TROLLS

Dans un pays si loin vers le nord qu'on n'y voit plus, en hiver, que brumes glacées, neiges poudrées et rivières gelées vivait autrefois Nils, le berger.

Un jour, en se promenant dans la montagne, il trouva un ourson perdu qui gémissait de peur, de fatigue et de faim. Il l'emporta dans le chalet de ses parents et l'apprivoisa, tant et si bien que l'ourson fit bientôt partie de la famille. On l'appela Oskar. Et plus il grandissait, plus il devenait courageux, gourmand de miel et malicieux.

Un matin, au village, Nils entendit raconter que le roi du Danemark inviterait à réveillonner dans son château celui qui lui apporterait en cadeau un ours parfaitement apprivoisé. Le jeune berger décida donc d'emmener Oskar, dans l'espoir de dîner et de danser dans ce merveilleux palais.

Il traversa des montagnes hérissées de rochers et de forêts où se cachent ces petits lutins ricanants, et parfois même un peu méchants, que l'on appelle « trolls » dans ce pays du Nord plein de brumes glacées, de neiges poudrées et de rivières gelées.

En chemin, Nils aperçut une petite maison de bois aux volets tout de guingois.

Il frappa à la porte déglinguée et demanda la permission d'entrer pour se réchauffer. Le paysan qui habitait là accepta. Mais il le prévint toutefois qu'il s'apprêtait à s'en aller avec sa fille Camilla. La jeune fille invita le garçon et son ours à dîner. Sur la table, elle posa une grosse miche de pain, du jambon, de la dinde et du saucisson. Elle ajouta un joli gâteau de Noël et un énorme pot de miel. Pendant ce temps, son père racontait à Nils et à Oskar la raison de leur départ : chaque année, pendant la veillée de Noël, les trolls envahissaient leur chalet et mettaient tout sens dessus dessous. Ils grignotaient les miches de pain et prenaient les casseroles pour des tambourins. Et, quand ils avaient encore faim, ils mangeaient même les coussins, les rideaux et les serviettes de bain !

Le paysan et sa fille en avaient assez et ils préféraient s'en aller, même si les trolls en profitaient pour chambouler toute la maison.

Nils proposa :

– Moi et Oskar, nous resterons. Et, cette fois, nous verrons bien qui d'entre nous sera le plus malin !

Camilla et son père s'éloignèrent...

Nils et Oskar se retrouvèrent tout seuls pour réveillonner. Le garçon soupira :

– C'était tout de même plus gai chez nous ! Faut-il que je sois un peu fou pour avoir eu l'idée de nous faire inviter dans ce magnifique et lointain palais où nous n'arriverons jamais...

À ce moment, la porte et les volets volèrent en éclats et une horde de trolls se précipita dans le petit chalet de bois. Il y en avait des grands et des petits, des grassouillets, des rabougris...

Tous bondissaient en ricanant et ils grignotèrent en un instant la très grosse miche de pain, le jambon, la dinde et le saucisson. Et, comme ils avaient encore faim, ils dévorèrent le gâteau de Noël! Mais ils ne trouvèrent pas tout de suite le pot de miel qu'Oskar cachait avec lui sous la table.

Alors, en dansant au son des casseroles qui leur servaient de tambourins, les trolls s'apprêtèrent à manger aussi les coussins, les rideaux et les serviettes de bain. Mais l'un d'entre eux aperçut soudain le miel que l'ours cachait sous la table.

Il crut peut-être très malin de tremper ses doigts dans le pot... Oskar grogna et se fâcha aussitôt. Il se dressa hors de sa cachette, chassa les lutins des assiettes, en attrapa un par les pieds, un autre par le bout du nez et les lança jusqu'au plafond...

Alors, tous les trolls prirent peur et s'enfuirent de la maison. Nils s'écria:

— Bravo, Oskar! Je crois qu'ils ne reviendront pas.

Tout le restant de la nuit, le garçon remit de l'ordre dans le chalet.

Au matin, lorsque Camilla et son père vinrent le retrouver, ils virent la porte et les volets réparés, la table mise et le sapin décoré.

— Que puis-je faire pour te remercier? questionna le paysan.

Nils répondit:

— Faites venir mes parents, mes cousins et mes amis, et demandez à Camilla si elle me veut pour mari!

Le mariage eut lieu quelques jours plus tard. Tout le monde y dansa et s'y régala... même le joyeux ours Oskar!

PETIT NOËL

PHILIPPE DORIN,
TEXTE EXTRAIT DE *LE JOUR DE LA FABRICATION DES YEUX*,
© CCL ÉDITIONS, 6 RUE RAOUL-BLANCHARD, 38000 GRENOBLE

À PARTIR DE 2 ANS   5 MINUTES   POUR LES PLUS PETITS QUE SOI

La veille de Noël, quand le papa de Léa prépare l'arbre de Noël, il s'aperçoit qu'il manque une branche sur le sapin.
C'est la souris qui l'a prise, pour faire un arbre de Noël à ses petits.
La nuit de Noël, quand le Père Noël sort de la cheminée, il s'aperçoit qu'il manque une poche à son manteau rouge.
C'est la souris qui l'a prise, pour faire un Père Noël à ses petits.
Le matin de Noël, quand Léa ouvre son cadeau, elle s'aperçoit qu'il manque un soulier à sa poupée en habit de princesse.
C'est la souris qui l'a pris, pour faire un cadeau de Noël à ses petits.
Le midi de Noël, quand la maman de Léa sort le gâteau de Noël du frigo, elle s'aperçoit qu'il manque une tranche à la bûche.

PETIT NOËL

C'est la souris qui l'a prise, pour faire un gâteau de Noël à ses petits. Le lendemain de Noël, quand la souris réveille ses petits pour fêter le Noël des souris, elle s'aperçoit qu'il manque une aiguille à la branche de sapin, un fil rouge à la poche du manteau, un ruban au soulier de la poupée en habit de princesse, une miette à la tranche de gâteau.
C'est la fourmi qui les a pris, pour faire un Noël à ses petits.

LE PÈRE NOËL ET MON PAPA

ILLUSTRÉ PAR VIRGINIE GUÉRIN

DO SPILLERS,
TEXTE PUBLIÉ DANS LE MAGAZINE *DIABOLO* N°2, DÉCEMBRE 1987

À PARTIR DE 6 ANS   5 MINUTES   POUR RASSURER SON NOUNOURS

Cette nuit, j'ai entendu du bruit dans l'appartement. Ça m'a réveillé. J'ai pas bougé, pour être sûr... Ça a recommencé ! Des pas dans le salon. D'abord, je me suis dit que c'était peut-être des cambrioleurs, et j'ai tiré la couverture par-dessus ma tête en serrant très fort mon ours. Pour qu'il ne remue pas. Oh ! moi, j'avais pas peur, mais si on voulait les attraper, il valait mieux ne pas se faire remarquer.
J'ai écouté longtemps, sans respirer... mais, comme on n'entendait plus rien, j'ai lâché mon ours pour le cas où ça deviendrait dangereux, et je me suis glissé hors du lit pour aller chercher mon pistolet-laser. J'ai remonté le pantalon de mon pyjama qui descend toujours, puis j'ai ouvert la porte de ma chambre, tout doucement, car parfois elle grince.

LE PÈRE NOËL ET MON PAPA

Il faisait tout noir dans le hall d'entrée ; sous la porte de la chambre de papa et maman, il n'y avait même pas le petit rayon des nuits où maman lit très tard.

Sur la pointe des pieds, je suis arrivé à la porte du salon, qui était entrouverte, et là... j'ai failli laisser tomber mon pistolet-laser.

Le « cambrioleur » avait allumé la petite lampe à côté de la télé. Ah ! oui, drôle de cambrioleur ; je l'ai reconnu tout de suite, à son costume rouge bordé de blanc, à son bonnet spécial et à sa barbe toute blanche. Il avait appuyé sa grande hotte contre la cheminée, pour travailler plus à l'aise : il déposait plein de cadeaux sur le tapis, au pied du sapin. J'ai fait :
– Ouââââh ! Le Père Noël !

Lui, il s'est retourné et il a rigolé en voyant mon pistolet-laser pointé sur lui. Il a posé son doigt sur la bouche :

— Chut ! N'aie pas peur, c'est papa. Ne fais pas de bruit, tu vas réveiller ta sœur.

J'étais tellement étonné de rencontrer le Père Noël, comme ça, à la maison pendant la nuit, que j'ai rien trouvé à répondre.

Alors, il m'a dit :

— Retourne vite te coucher, petit homme, pendant que je termine de préparer la fête pour demain.

Et il m'a envoyé un baiser qui vole, exactement comme fait papa quand il me dit bonsoir, avant d'éteindre. Mais là, c'était pas pareil ; il a soufflé sur son gant blanc et sa grosse bague a jeté un reflet rouge. Je me suis senti tout bizarre : mes yeux piquaient, comme quand j'ai sommeil…

J'ai remonté le pantalon de mon pyjama, qui était encore descendu, et je suis retourné dans ma chambre, comme il l'avait demandé. J'ai refermé la porte, et j'ai grimpé dans mon lit, près de mon ours. Il s'était caché tout au fond. Maman dit souvent qu'on a le même âge tous les deux, et après elle l'appelle Vieux Nounours. Il est pas vieux ; moi, je le trouve encore petit : il a toujours peur. Il faut que je le protège. Alors, je lui ai tout expliqué pour le rassurer :

— … Et, tu sais, j'ai rien dit, parce qu'il faisait semblant d'être papa, pour pas qu'on le reconnaisse et parce qu'il n'avait pas le temps, à cause de tout le travail qu'il a cette nuit pour aller chez tous les enfants. Partout ! Tu te rends compte ?… Mais moi, je sais bien que ce n'était pas mon papa. C'ÉTAIT LE PÈRE NOËL !

LE NOËL DE RENARD

ILLUSTRÉ PAR FABRICE TURRIER

JEAN VACHER, TEXTE PUBLIÉ DANS LE MAGAZINE *TOBOGGAN* N°85, DÉCEMBRE 1987

À PARTIR DE 4 ANS   5 MINUTES   POUR SE DÉGUISER EN PÈRE NOËL

C'est une terrible nuit d'hiver, sans lune et sans étoiles. Une tempête de neige déchire le ciel. Renard marche, le nez en l'air. Il a faim et froid, mais il ne trouve rien à chasser. Soudain, Renard entend un bruit dans la forêt. C'est peut-être un bon repas... Une poule ou un lapin ? Mais Renard se trompe ! C'est le Père Noël qui sort du brouillard avec son traîneau chargé de cadeaux.
Le Père Noël voit Renard et s'écrie :
– Peux-tu m'aider ? Je suis épuisé. Où pourrais-je me reposer ?
Renard est un peu étonné. Il bredouille :
– Euh... Je connais une cabane près d'ici. Venez avec moi.
Tout heureux, le Père Noël suit Renard. Dans la cabane, il s'allonge sur un lit de paille et s'endort aussitôt.

Pendant ce temps, Renard se dit : « Si j'étais le Père Noël, les hommes ne me chasseraient plus. Je pourrais entrer dans les jardins et croquer toutes les poules. » Alors, tout doucement, Renard déshabille le Père Noël et enfile son manteau rouge. Puis il cache son museau avec une écharpe et murmure :
— Hé, hé, maintenant, le Père Noël, c'est moi !
Puis il s'en va sur la pointe des pieds.

Dans son costume de Père Noël, Renard va frapper à la porte de Madame Poule. Toc toc toc.
— Ouvrez, c'est le Père Noël ! J'apporte des jouets pour vos poussins.
Madame Poule se méfie : elle regarde par la fenêtre et voit le manteau rouge du Père Noël. Vite, elle ouvre sa porte en disant :
— Entrez, entrez, Père Noël ! Ne restez pas dehors avec ce froid.
Les poussins sautent de leur nid en criant :
— Père Noël, montre-nous tes jouets et ta grande barbe blanche.
Aussitôt, Renard retire son écharpe. Les poussins reconnaissent le museau et les grandes dents pointues de Renard.
Renard éclate de rire :
— Ha ha ha ! Qui vais-je manger le premier ?

LE NOËL DE RENARD

Madame Poule a une idée. Elle dit en tremblant :
— Attends, Renard, le soir de Noël, tu dois faire un bon repas. Une poule et des poussins, ça ne suffit pas. Je vais chercher une dinde bien dodue. Elle habite juste à côté.
Renard répond :
— Tu as raison, la dinde, j'adore ça. Mais dépêche-toi, j'ai le ventre qui gargouille !
Madame Poule demande :
— Est-ce que tu aimes le cochon aussi ?
Renard s'écrie :
— Oh oui, c'est délicieux ! Amène le cochon avec la dinde.
Madame Poule ajoute :
— Que dirais-tu aussi d'une cuisse de vache avec un morceau de fesse de cheval...
Renard bave d'envie.
— Je mangerais tout ça avec plaisir ! Amène la dinde, le cochon, le cheval et la vache, je n'en ferai qu'une bouchée.
Madame Poule va vite chercher la dinde, le cochon, la vache et le cheval. Mais devant ces animaux, Renard se sent tout petit et tout seul... Boum ! le cheval lui envoie un coup de sabot, paf ! le cochon lui donne un coup de tête, et hop ! la vache le soulève avec ses cornes. La dinde et la poule le piquent avec leur bec. Ouille, ouille ! Aïe aïe aïe ! Renard sort de la maison à toute vitesse et il s'enfuit dans la forêt.
Pauvre Renard ! Il n'a rien mangé le soir de Noël. Il rentre tristement dans la cabane abandonnée. Mais le Père Noël est parti. Renard regarde le lit de paille et, tout à coup, il saute de joie : à la place du Père Noël, il y a un beau jambon !

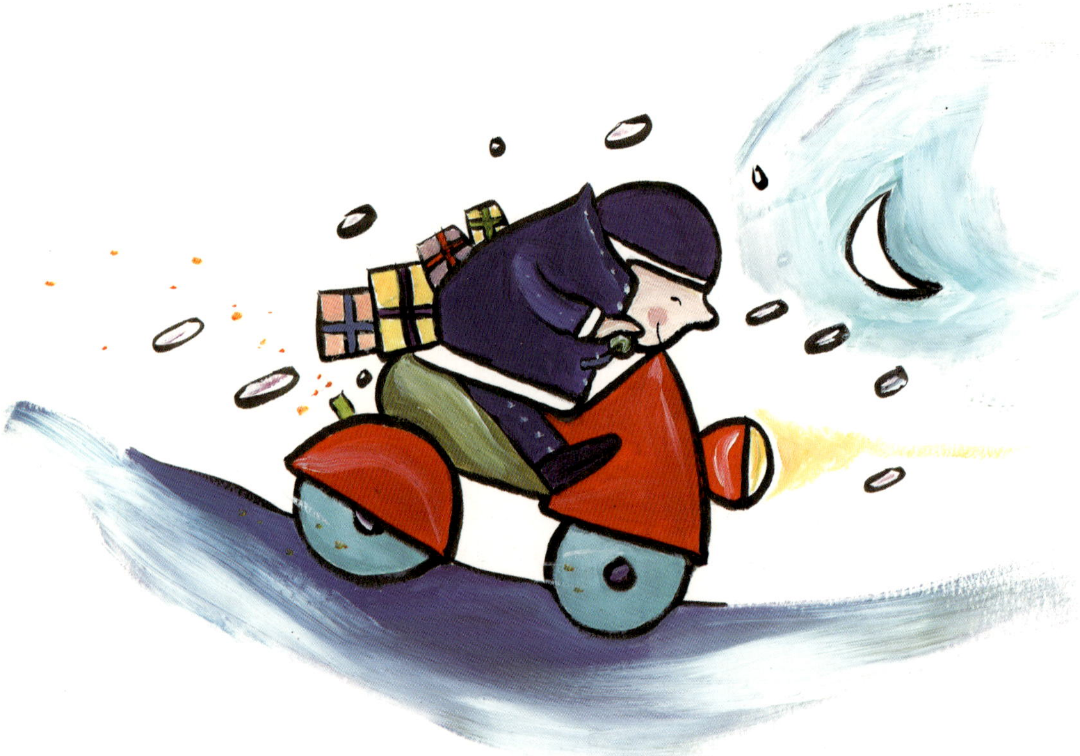

LE SCOOTER DU PÈRE NOËL

ILLUSTRÉ PAR ÉMILE JADOUL

CLAUDE CLÉMENT, TEXTE PUBLIÉ
DANS LE MAGAZINE *TOBOGGAN* N°73, DÉCEMBRE 1986

À PARTIR DE 4 ANS   5 MINUTES   POUR ÉCHANGER LES RENNES

Autrefois, pour distribuer les jouets la nuit de Noël, le Père Noël se servait d'un traîneau tiré par quatre rennes. Quand il arrivait sur la terre, tout le monde le reconnaissait.
Le boucher lui disait :
— Bonsoir, Père Noël ! Je vous garde une cuisse de dinde pour votre dîner !
La boulangère lui disait :
— Bonsoir, Père Noël ! Je vous garde une bûche au chocolat pour votre dessert !
Le menuisier lui disait :
— Bonsoir, Père Noël ! Je vous garde du bois pour vous faire du feu quand vous aurez fini !

Et, tout content, le Père Noël commençait à distribuer ses jouets en sifflotant.

Le temps a passé et le Père Noël a eu de plus en plus de travail, car les enfants étaient de plus en plus nombreux. Alors, il a décidé d'abandonner son vieux traîneau et de laisser ses rennes dans un jardin, sur une étoile.

Il les a remplacés par un scooter de l'espace ; c'est beaucoup plus rapide ! Mais son grand habit rouge le gênait. Sa capuche tombait tout le temps et sa barbe volait au vent. Elle lui cachait les yeux pour conduire. Le Père Noël a donc décidé de remplacer son bel habit rouge par un blouson de cuir, et sa capuche par un casque de motard. Puis, il a coupé sa longue barbe blanche...

Mais cette nuit de Noël, en arrivant sur la terre, son scooter tombe en panne. Le Père Noël se précipite chez son ami le boucher.

– Vite ! Téléphonez au garagiste ! Mon scooter est en panne et je ne peux pas continuer ma tournée de Père Noël.

Le boucher se met à rire :

– Vous n'êtes pas le Père Noël ! Je le connais bien... Il n'a pas de scooter. Il a un beau traîneau tiré par quatre rennes. Allez-vous-en !

Alors, le Père Noël va trouver la boulangère. Mais la boulangère se met à rire :

– Vous n'êtes pas le Père Noël ! Je le connais bien... Il n'a pas de blouson de cuir ni de casque de motard. Il porte un bel habit rouge avec une grande capuche. Allez-vous-en !

Alors, le Père Noël va trouver le menuisier. Mais le menuisier se met à rire :

– Vous n'êtes pas le Père Noël ! Je le connais bien... Il a une longue barbe blanche. Allez-vous-en !

Alors, le Père Noël se met à pleurer dans son casque. Un vieux monsieur passe par là...

– Pourquoi pleurez-vous ? demande-t-il au Père Noël.

LE SCOOTER DU PÈRE NOËL

– Je suis le Père Noël. Mais plus personne ne me reconnaît depuis que j'ai remplacé mon traîneau par un scooter, depuis que j'ai changé mon habit rouge pour un blouson de cuir et un casque de motard, et depuis que j'ai rasé ma barbe blanche.
– Ce n'est pas étonnant ! s'écrie le vieux monsieur. Un Père Noël doit ressembler à un vrai Père Noël ! Tenez, je coupe ma barbe et je vous la donne. Collez-la à votre menton en attendant que la vôtre repousse et remettez votre vieil habit...
Le Père Noël obéit : il tire un sifflet de sa poche et souffle très fort dedans. Dans leur jardin, sur leur étoile, les rennes entendent son appel. Ils bondissent dans l'espace, tirant leur traîneau au grand galop.
Quand ils arrivent sur la terre, le Père Noël redevient enfin un vrai Père Noël. Et, tout content, il reprend sa distribution de jouets en sifflotant, comme il l'a toujours fait et comme il le fera toujours.

PETIT JEAN ET L'OIE DE NOËL

CONTE DE FRANCE

À PARTIR DE 5 ANS · 10 MINUTES · POUR PARTAGER UNE OIE

Il y avait une fois une pauvre veuve chargée de jeunes enfants. Elle travaillait beaucoup, mais avait bien du mal à nourrir toute sa petite famille. Heureusement, l'aîné de ses fils était vaillant et malin comme pas un.
Il s'appelait Petit Jean et, malgré son jeune âge, il savait rendre des services à tous les habitants du village. Ainsi, il rapportait un peu d'argent à la maison.

Le jour de Noël arriva et la pauvre femme aurait bien voulu régaler ses enfants. Alors, elle se décida à tuer la seule oie qu'elle possédait. Quand Petit Jean rentra de son travail, il la trouva qui finissait de préparer l'oie.

PETIT JEAN ET L'OIE DE NOËL

—Mère, pourquoi avoir tué cette oie ? dit-il. Nous aurions pu nous contenter de pain, comme d'habitude.

—Pauvre enfant ! répondit sa mère, demain, c'est Noël ! Je suis si malheureuse de n'avoir rien à vous offrir, à toi et à tes frères. Je voulais au moins vous faire faire un bon repas, pour une fois.

—Mère, faites-moi confiance et je tirerai de cette oie un meilleur parti, proposa Petit Jean.

Alors, il prit l'oie, l'enveloppa dans un linge bien propre et s'en alla trouver le roi. Dès qu'il fut devant lui, il fit une belle révérence, présenta son oie et dit :

—Majesté, demain, c'est Noël. Ma famille est bien pauvre mais vous êtes si bon que nous voulons vous faire un cadeau. Alors, nous vous offrons cette oie, la seule que nous possédons.

« Hé, hé, pensa le roi, en voilà un qui se croit malin. Il s'imagine obtenir de moi une récompense pour son beau geste. Je ne suis pas si naïf ». Il dit tout haut :

—Je te remercie de ton cadeau, mais je t'avoue qu'il m'embarrasse. Comment vais-je partager cette oie ? Fais toi-même le partage entre moi, ma femme, mes deux fils et mes deux filles. Si tout le monde est satisfait, je te récompenserai. Si quelqu'un envie le morceau de son voisin, tu n'auras rien. Holà ! Qu'on donne un couteau à ce garçon.

Un serviteur s'empressa d'apporter un couteau et Petit Jean commença le partage. Il coupa la tête et la présenta au roi en disant :

—Majesté, vous pensez à tout, vous dirigez tout, vous êtes la tête du pays : voici donc la tête.

Puis il dit à la reine :

—Majesté, vous surveillez les servantes, assise sur un fauteuil. Voici donc votre morceau.

Et il lui donna le croupion. Puis il coupa les pattes et en tendit une à chaque fils.

—Jeunes seigneurs, vous allez bientôt partir courir le monde. N'est-ce pas le morceau qui vous convient le mieux ?

Puis il donna une aile à chaque fille, en leur disant :
— Belles demoiselles, vous allez quitter le nid pour vous marier. Voici votre morceau. Les restes de la table royale sont donnés aux pauvres, ajouta-t-il. Je prends donc le reste de l'oie.
Vous pensez bien que la famille du roi faisait une drôle de tête en entendant les beaux raisonnements du garçon, mais personne n'osa se plaindre. Le roi se mit à rire et dit à Petit Jean :
— Tu es malin. En plus de ce que tu appelles le reste de l'oie, je te donne cette bourse d'argent. Passe un joyeux Noël !
Et le garçon rentra chez lui, tout content à l'idée de la bonne surprise qu'il allait faire à sa mère. En chemin, Petit Jean rencontra un riche voisin, qui fut bien étonné de lui voir la mine réjouie alors qu'il était si pauvre. Le garçon lui montra la bourse et lui dit :
— J'ai offert une oie au roi, et voilà comment il m'a remercié.
Aussitôt, le démon de la jalousie se mit à mordre le cœur du riche voisin. La veille du jour de l'An, il dit à sa femme de préparer cinq oies, puis il alla les offrir au roi en disant :
— Majesté, je vous présente mes vœux et je vous prie d'accepter ce modeste cadeau.
Le roi pensa : « Par ma barbe, ça devient une habitude ! Mais voyons si celui-ci est aussi malin que l'autre. » Et il demanda à l'homme de partager les oies. Celui-ci eut beau se gratter la tête, puis se gratter le bout du nez, aucune idée ne venait. Et vous, comment partageriez-vous cinq oies entre six personnes ?
À la fin, le roi perdit patience. Il envoya chercher Petit Jean et lui exposa le problème.
Le garçon déclara :
— Majesté, à chaque moment de mon partage, le compte sera le même.
Il prit la première oie et la donna au roi :
— Majesté, vous, votre épouse et cette oie, ça fait trois.
Puis il donna une autre oie aux deux filles du roi en disant :
— Ça fait trois aussi.

PETIT JEAN ET L'OIE DE NOËL

... Et une oie aux deux garçons :
— Ça fait encore trois.
Pour finir, il prit les deux oies qui restaient et dit :
— Ces deux-là et moi, ça fait encore trois. Le compte est bon !
Alors le roi se mit à rire et donna une nouvelle bourse d'argent au garçon, en plus des oies. Petit Jean dit au riche voisin, qui s'étranglait de colère et de jalousie :
— Je suis trop petit pour pouvoir porter ces deux oies. Je t'en donne une, ainsi le partage sera égal entre nous deux.
L'homme s'empara d'une oie et fila sans même dire merci. Le garçon rentra chez lui et, avec sa famille, il fêta joyeusement le premier jour de l'an.
Devenu grand, Petit Jean fut choisi pour être l'intendant du roi et il s'acquitta toujours de son travail avec habileté et justice.

LA HALTE DU PÈRE NOËL

ILLUSTRÉ PAR CHRISTIAN GUIBBAUD

CÉCILE GAGNON

À PARTIR DE 5 ANS   10 MINUTES   POUR ATTENDRE LE PÈRE NOËL

Pour un Québécois, il faut que Noël soit blanc ! C'est-à-dire que le 25 décembre, il faut que la neige ait déjà recouvert villes et campagnes, sinon ce n'est pas un vrai Noël. Il va sans dire que les sapins, les guirlandes, les lumières sont omniprésents durant toute la période des fêtes. Il n'y a pas si longtemps, Noël était surtout une célébration religieuse et l'on festoyait en famille après la messe de minuit. Aujourd'hui, le petit Jésus de la crèche n'en mène pas large. Le Père Noël occupe beaucoup de place dans l'imagerie, sa silhouette se retrouve partout et la folie de la consommation a gagné toute l'Amérique du Nord.

Mais on s'arrête parfois pour rêver, comme ce Père Noël qui fait une halte méritée dans la forêt québécoise.

Il fait nuit à Plumebois. Tous les animaux sont éveillés. Qui a envie de dormir la nuit de Noël ? Surtout à Plumebois, où tous les habitants savent très bien qu'après minuit le Père Noël s'arrêtera chez eux.
Comment ? Tu ne le sais pas ? Bien sûr que non, j'oubliais. Puisque c'est un secret. Seuls les habitants de Plumebois le savent. Au village, à Plumetis, personne ne le sait.
Tous les ans, après sa tournée, le Père Noël vient se reposer à Plumebois.

Cette nuit, le ciel est clair et tout semé d'étoiles. La neige est tombée ce matin. Dans le chêne, on fait des paris.
– Je parie six noisettes que je le verrai le premier, dit l'écureuil roux.

— Et moi, je parie deux vers que je l'entendrai le premier, dit la mésange.
— Urk, merci pour tes vers, reprend l'écureuil dégoûté.
— Ne faites pas tant de bruit, espèces de bavards, leur dit la chouette.
« Que c'est long d'attendre ! » pensent les lièvres.
Les lièvres pourtant ne savent pas très bien ce qu'ils attendent. L'an dernier, à la même date, ils n'étaient même pas nés.
— Soyez patients, leur dit leur maman.
Les perdrix sautillent, courent, s'agitent.
Que c'est long, que c'est long !
Pendant ce temps, à l'orée du bois, le cerf fait le guet.
Le coucou, perché sur la tête du cerf, transmet les messages aux autres.
— Ne vois-tu donc rien encore ? demande le coucou.
— Non. Et toi, n'entends-tu rien encore ? demande le cerf.
— Rien, répond le coucou.
Autour du chêne, les écureuils entassent des branches de sapin.
Le raton laveur court au ruisseau. Il casse la glace. Il remplit d'eau un cornet en écorce qu'a fabriqué le renard. Les lièvres n'en peuvent plus d'attendre. Ils sont si fatigués d'avoir gambadé dans la neige tout le jour.
— Si nous faisions une petite sieste, en attendant, propose le plus grand.
— La bonne idée, décident les trois frères.
Et chacun se fait un petit trou sous la neige et s'endort.
Les écureuils n'arrêtent pas d'aller et venir dans les branches. L'écureuil roux a sûrement oublié son pari. Le voici, le nez dans la neige, qui gratte le sol pour retrouver ses noisettes.
À ce moment, la mésange arrive à tire-d'aile.
— J'entends la clochette, j'entends la clochette, crie-t-elle, haletante.
Le coucou, distrait, n'a rien vu. La mésange, elle, a gagné son pari.
Le coucou s'envole très haut au-dessus des arbres.

N'OUBLIE PAS MON PETIT SOULIER

Il redescend très vite :
– Oui ! c'est lui, dit-il au cerf. Je l'ai vu.
Le coucou part vite avertir les animaux. Mais tout le monde sait déjà la nouvelle. Et tous les habitants attendent le cœur battant. C'est le Père Noël !
Le cerf, à l'orée du bois, ne voit toujours rien. Il tremble un peu, tout seul dans le noir. Il entend le bruit doux de quelque chose qui glisse sur la neige, et le faible tintement d'une clochette.
Le son de la clochette se rapproche. Mais on ne voit toujours rien dans le noir. Le cœur du cerf bat très fort.
Tout à coup, voici qu'il voit avancer vers lui dans la nuit un drôle de cerf. Un cerf plus grand que lui, avec un panache étonnant dont il n'a jamais vu le pareil.
Le cerf en reste bouche bée.
– Qui est-ce ?
Lui qui devait accueillir le Père Noël, il est si surpris qu'il ne peut dire un mot. Heureusement que le coucou revient vite avec les écureuils et les perdrix. Le coucou, voyant la mine étonnée du cerf, vient lui dire à l'oreille :
– C'est le caribou du Père Noël.
– Ah ! le caribou… et le cerf ouvre grand ses yeux.
Derrière le caribou vient le traîneau blanc. Dedans, le Père Noël est endormi. Il n'a pas besoin de tenir les rênes.
Le caribou sait le chemin par cœur. Le gros sac dans le traîneau est tout aplati.
Tous les cadeaux sont distribués, à Plumetis comme ailleurs. Arrivé près du chêne, le traîneau s'arrête.
Et le Père Noël s'éveille.
– Bonsoir, dit-il à tous, de sa bonne voix.
– Bonsoir, Père Noël, disent ensemble tous les animaux éblouis.
– Vite, vite les lièvres, réveillez-vous. Le Père Noël est là, crie la chouette.

LA HALTE DU PÈRE NOËL

Le Père Noël descend du traîneau. Il retire ses bottes brillantes, sa tuque[1] et ses mitaines.

— Comme vous êtes gentils de m'avoir fait un bon lit, dit-il.

Les perdrix apportent un oreiller de mousse et de plumes qu'elles ont confectionné en secret.

— Je vais bien me reposer, dit le Père Noël. Mais avant, je vais fumer une bonne pipe.

Ce disant, le Père Noël sort de sa poche un petit bâton blanc et une jolie pipe brune qu'il met dans sa bouche.

Les petits lièvres, qui sont toujours en retard, arrivent en se frottant les yeux.

— C'est lui le Père Noël? demandent-ils.

— Chut, chut, disent les écureuils.

Le Père Noël frotte le petit bâton sur le patin du traîneau et une flamme jaillit. Il allume sa pipe : une fumée bleue monte dans le ciel au-dessus de Plumebois. Mmmm! comme ça sent bon!

— Ah! qu'il fait bon à Plumebois, dit le Père Noël.

Le raton laveur lui porte son cornet plein d'eau fraîche.

Le Père Noël le boit tout d'un trait.

— Merci, dit le Père Noël.

Tout en fumant sa pipe, le Père Noël parle à chacun, fait la connaissance des nouveaux et raconte, comme à chaque Noël, son voyage.

— Maintenant, voici mon cadeau pour vous, habitants de Plumebois, dit le Père Noël.

Les animaux se rapprochent et écarquillent les yeux. Ils voient le Père Noël sortir de sa poche une ficelle garnie de boules colorées. Le Père Noël prend la ficelle et s'en va jusqu'au sapin vert. Là, il attache un des bouts de la ficelle à une branche et décore tout le sapin. Les animaux se regardent, étonnés.

— Qu'est-ce que c'est? demandent-ils tous à la fois.

— C'est un calendrier, explique le Père Noël. Un calendrier à manger.

[1]. Bonnet en laine tricotée.

Un calendrier… qu'on mange ? Lièvres, écureuils, oiseaux, raton laveur, renard ne comprennent rien du tout.
— Ces boules de ficelle sont des fruits secs et des noisettes. Vous les aimez bien, n'est-ce pas ? dit le Père Noël.
— Oui, oui, répondent ensemble les habitants de Plumebois.
— Eh bien ! À partir de demain, allez au sapin et mangez un fruit de la guirlande. Mais n'en mangez qu'un seul par jour. Quand il n'en restera plus, cela voudra dire que je reviendrai cette nuit-là chez vous, à Plumebois.
Les animaux de Plumebois sont en admiration devant le sapin-calendrier.

– Nous avons un calendrier, nous avons un calendrier ! se mettent-ils à chanter.

Et pensez donc s'il est heureux, ce sapin. C'est le Père Noël lui-même qui l'a décoré !

– Combien y a-t-il de fruits ? demande le renard.

– Je vais les compter, propose un écureuil. Mais il y en a trop.

Le Père Noël, amusé, leur dit :

– Il y en a trois cent soixante-quatre.

– Ah ! font ensemble les animaux émerveillés.

– Maintenant, je vais me reposer un peu, dit le Père Noël en se couchant sur le lit de branches. Mais veillez bien pendant que je dors : gardez bien votre secret. Il faut que personne ne me voie, sinon je ne pourrai plus faire halte à Plumebois.

HISTOIRES À DORMIR DEBOUT

LA LÉGENDE DU MAÏS

ILLUSTRÉ PAR ÉMILE JADOUL

CONTE INDIEN D'AMÉRIQUE

À PARTIR DE 4 ANS   5 MINUTES   POUR PRÉPARER LA BOUILLIE

Il y a bien longtemps, les tribus indiennes entrèrent en guerre les unes contre les autres. Il devint très difficile de circuler contre, car chacun soupçonnait les voyageurs d'être des espions des tribus adverses.

Pourtant, une pauvre vieille et son petit-fils allaient de campement en campement, cherchant une tribu qui voudrait bien les accueillir, car ils n'avaient plus de famille.

Mais partout, ils étaient repoussés.

Un jour, ils arrivèrent enfin chez des Indiens qui les invitèrent à s'asseoir près du feu et à manger avec eux. Le chef de la tribu dit à la vieille femme :

HISTOIRES À DORMIR DEBOUT

—Vous pouvez rester avec nous si vous ne craignez pas la faim. Il n'y a pas beaucoup de gibier sur nos terres, mais le peu de nourriture que nous avons, nous serons heureux de le partager avec vous.
—Nous n'avons pas besoin de grand-chose, répondit la grand-mère, et je travaillerai pour vous. Je m'occuperai des enfants pendant que les parents iront chercher à manger.

Le lendemain, comme d'habitude, les hommes partirent à la chasse, les femmes s'en allèrent cueillir des fruits, des plantes, et chercher de l'eau. Les enfants restèrent seuls. Quelle chance ils avaient de pouvoir jouer toute la journée, sans être embêtés par des grandes personnes !

LA LÉGENDE DU MAÏS

Oui, mais ils n'avaient rien à manger… Les parents ne rentraient de la chasse ou de la cueillette que le soir, et leurs petits estomacs trouvaient la journée bien longue.

Ce jour-là, donc, les enfants jouèrent longtemps, puis, quand ils commencèrent à être fatigués, la vieille femme les appela. Ils s'approchèrent d'elle, très étonnés.

— Mais qu'est-ce que tu fais, grand-mère ? demanda l'un d'eux.

— Je vous prépare de la bouillie de maïs, répondit-elle, en remuant une épaisse purée dans une grande marmite.

Les enfants n'en avaient jamais vu, mais dès qu'ils y eurent goûté, ils en redemandèrent ! Quand ils furent tous rassasiés, ils s'assirent autour de la vieille, comme des poussins blottis près de leur maman poule, et elle se mit à leur raconter de merveilleuses histoires.

Et désormais, ce fut pareil tous les jours. Grâce au maïs de la vieille femme, les enfants ne connaissaient plus la faim, et en plus ils apprenaient toutes sortes de contes !

Les mois passèrent et, de jour en jour, la vieille femme paraissait plus fatiguée. Pourtant, elle préparait comme d'habitude le repas des enfants. Un jour, elle n'eut pas la force de se lever, mais à midi, son petit-fils trouva près d'elle la marmite pleine de bouillie. Elle lui dit :

— J'ai semé du maïs et il a bien poussé. Mais il doit encore être arrosé et sarclé. Il faudra que tu t'en occupes, avec les autres enfants.

Ce furent ses dernières paroles, mais elle continua à donner la bouillie jusqu'à ce que les épis soient mûrs. Ce jour-là, quand son petit-fils entra dans sa tente, il ne la trouva pas. Personne ne la revit jamais : elle s'était changée en maïs.

Aujourd'hui encore, si vous regardez un épi enveloppé de ses feuilles, vous verrez des fils d'argent : ce sont les cheveux de la bonne vieille qui a apporté le maïs pour que les petits Indiens ne souffrent plus de la faim.

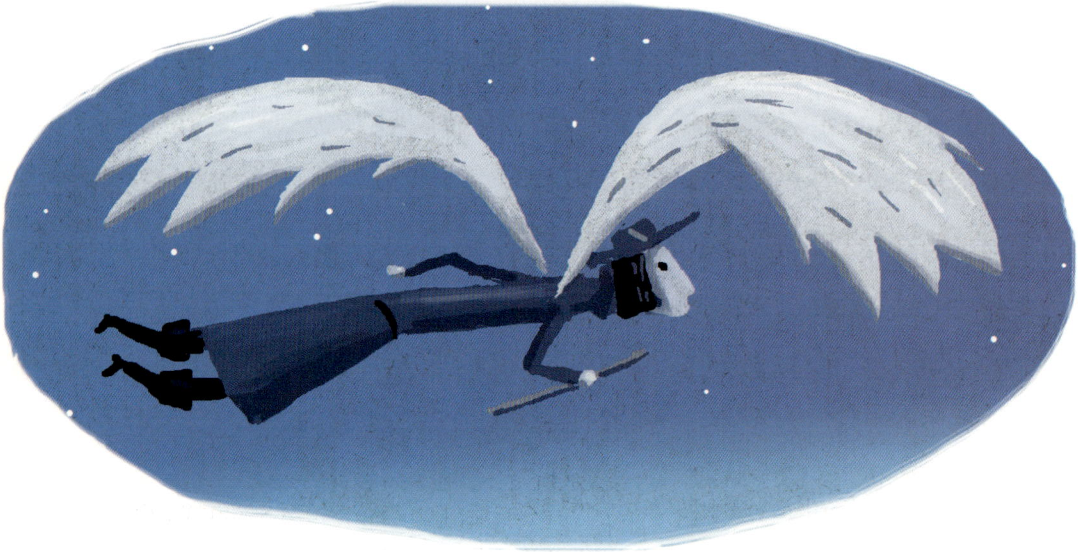

LE COMPAGNON DE ROUTE

ILLUSTRÉ PAR CHRISTIAN GUIBBAUD

ADAPTÉ D'UN CONTE D'ANDERSEN

À PARTIR DE 7 ANS   20 MINUTES   POUR SE FAIRE AIMER D'UNE SORCIÈRE

Il était une fois un garçon qui s'appelait Jean. Il vivait seul avec son père depuis que sa mère était morte.
Après l'enterrement, Jean fit un petit baluchon de ses vêtements, mit dans sa ceinture le peu d'argent que son père lui avait laissé et quitta la maison. Plus rien ne le retenait maintenant, et il préférait découvrir le vaste monde.
Il marcha longtemps. Vers la fin de la journée, il arriva dans un village. Il dormit dans l'église, car il ne voulait pas dépenser son argent à l'auberge, puis, au matin, il reprit sa route. En sortant de l'église, il eut la stupéfaction de voir deux hommes jeter un corps humain sur le bord de la route.
– Pourquoi faites-vous une chose pareille ? leur demanda-t-il.

—Ce voyou nous devait de l'argent, dit l'un des deux hommes. Il est mort sans nous payer. Nous ne reverrons jamais notre argent. Pour nous venger, nous le jetons là, c'est tout ce qu'il mérite.
—Ce n'est pas possible, dit Jean. Il faut l'enterrer dans le cimetière.
—Il n'a pas laissé un sou, dirent les deux autres, qui va payer l'enterrement ?
—Moi, dit Jean.
—Paye-nous d'abord ses dettes, rétorquèrent les deux hommes.
Jean remboursa les deux hommes et leur demanda de transporter le corps dans l'église, puis il paya l'enterrement. Quand il repartit, il ne lui restait plus un centime, mais il était satisfait. Au bout d'un moment, il entendit crier derrière lui :
—Holà, camarade, où vas-tu ?
—Dans le vaste monde, répondit Jean. Je n'ai ni père ni mère.
—Faisons route ensemble, dit l'inconnu.
—Si tu veux, répondit Jean.
Ils devinrent vite amis et Jean se rendit compte que son compagnon était beaucoup plus habile que lui, car il avait presque fait le tour du monde et savait des tas de choses. Le soleil était déjà haut quand ils rencontrèrent une vieille femme, qui marchait toute courbée sous le poids d'un énorme fagot. Dans son tablier relevé, elle portait trois baguettes en bois de saule.
Tout à coup, elle trébucha et tomba en poussant un grand cri : la pauvre femme s'était cassé la jambe !
Jean voulait la porter chez elle avec l'aide de son compagnon de route, mais celui-ci ouvrit son sac, en sortit un pot et déclara :
—Voici une pommade qui va guérir votre jambe en un rien de temps. Mais en échange, je vous demande les trois baguettes que vous portez dans votre tablier.
—C'est cher payé ! s'exclama la vieille en hochant la tête.
Elle tenait beaucoup à ces trois baguettes, mais elle n'avait pas envie de rester là, par terre, la jambe cassée. Elle donna donc les baguettes.

LE COMPAGNON DE ROUTE

Dès que le compagnon de route lui eut frotté la jambe avec la pommade, elle se remit debout et rentra chez elle.

— Que veux-tu faire de ces baguettes ? demanda Jean à son compagnon.

— Peut-être que je vais les planter, répondit-il, elles me plaisent !

Ils marchèrent encore longtemps, puis ils s'arrêtèrent dans une auberge.

Dans la grande salle, un montreur de marionnettes donnait un spectacle. Au premier rang du public, se tenait un boucher, accompagné d'un énorme bouledogue.

Tout à coup, le chien bondit au milieu de la scène et happa la plus jolie marionnette, une reine avec une couronne d'or. Cric ! Crac ! Le bouledogue lui coupa la tête d'un coup de dents. Le pauvre directeur du théâtre était désespéré, mais le compagnon de Jean lui dit qu'il allait réparer la marionnette. Il prit un peu de la pommade qui lui avait servi à guérir la jambe de la vieille femme et en frotta la reine. Aussitôt, elle fut en parfait état, mais de plus elle se mit à remuer toute seule.

Le directeur du théâtre était ravi de la voir danser sans que personne manœuvre ses fils. Mais les autres marionnettes commencèrent à soupirer. De leurs gros yeux de verre, elles lançaient des regards suppliants : elles auraient tant voulu être un peu graissées, elles aussi, afin de pouvoir remuer toutes seules !

Émue, la reine se mit à genoux et offrit sa jolie couronne d'or.

— Prenez-la si vous voulez, supplia-t-elle, mais graissez mon mari et les membres de ma cour.

Le marionnettiste proposa au compagnon de route de lui donner toute la recette du lendemain soir s'il voulait bien graisser quatre ou cinq de ses plus belles marionnettes.
— Je ne veux pas d'argent, dit le compagnon, donnez-moi seulement le grand sabre que vous portez sur le côté.
Le marionnettiste s'empressa de le lui donner.
Le compagnon de route frotta de pommade six marionnettes, qui se mirent à danser avec tant de grâce que toutes les jeunes filles présentes eurent envie de danser elles aussi. Le cocher se mit à danser avec la cuisinière, le valet avec la femme de chambre. La pelle à feu invita les pincettes, mais elles tombèrent par terre dès le premier pas. Ce fut une joyeuse soirée !
Le lendemain, Jean et son camarade reprirent leur route. Ils traversèrent des forêts de sapins, grimpèrent une montagne et aperçurent un magnifique paysage qui s'étendait à des kilomètres à la ronde. Tout à coup, ils entendirent un chant étrange et merveilleux : c'était un cygne qui chantait comme jamais ils n'avaient entendu un oiseau chanter. Mais sa voix allait en s'affaiblissant. Il pencha sa tête et mourut, pauvre bel oiseau !
— Voilà des ailes magnifiques, dit le compagnon de route. Elles sont si grandes et si belles ! Elles doivent valoir de l'argent. Je vais les emporter. Heureusement que j'ai un sabre !
Il coupa les ailes du cygne mort, et ils continuèrent leur voyage jusqu'à une grande ville dont les cent tours d'argent brillaient sous les rayons du soleil. Avant d'entrer dans la ville, Jean et son camarade s'arrêtèrent dans une auberge pour faire un brin de toilette. L'hôtelier était fort bavard. Il leur dit :
— Nous avons pour roi un brave homme, incapable de faire le mal, mais sa fille... que le ciel nous en préserve ! C'est une très méchante princesse, une vraie sorcière. Elle est merveilleusement belle et elle a donné à tous, aussi bien princes que mendiants, la permission de prétendre à sa main. Elle pose aux prétendants trois questions. Celui

qui trouvera les trois réponses deviendra son époux et sera roi après la mort de son père. Mais tous ceux qui ont essayé n'ont même pas pu répondre à la première question, et cette abominable princesse les a fait pendre ou leur a fait couper la tête ! Le roi est profondément malheureux, mais il ne peut rien faire pour empêcher cette désolation, car il s'est engagé à laisser la princesse libre de choisir son mari comme bon lui semble.
— Quelle mauvaise princesse ! dit Jean, elle mériterait une bonne correction, cela lui ferait du bien ! Si j'étais à la place du vieux roi, cela ne se passerait pas ainsi !
À cet instant, on entendit crier : « Hourra ! » La princesse passait, et elle était si belle que le peuple oubliait sa méchanceté et l'applaudissait. Lorsque Jean la vit, il devint tout rouge et resta sans voix. La nuit de la mort de son père, il avait rêvé d'une adorable jeune fille qui ressemblait trait pour trait à la princesse. « Il n'est pas possible qu'elle soit une méchante sorcière, se dit-il. Elle est si belle qu'on ne peut s'empêcher de l'aimer. » Et il dit tout haut :
— Puisque chacun a le droit de prétendre à sa main, je vais monter au château.
Tout le monde lui conseilla de ne pas le faire, mais il partit quand même et présenta sa requête au vieux roi.
— Renonce, lui répondit le roi en pleurant, cela tournera mal pour toi, comme pour les autres.
Et il conduisit Jean dans le jardin de la princesse. Quel spectacle ! Des squelettes pendaient aux arbres, des ossements humains servaient de tuteurs aux fleurs, des têtes de mort grimaçaient dans les pots. Drôle de jardin pour une princesse ! Mais Jean était trop amoureux pour renoncer. Il rencontra la princesse et il fut convenu qu'il reviendrait au château le lendemain matin pour l'épreuve de la première question.
Quant il revint à l'auberge, son compagnon de route lui dit :
— J'ai tant d'amitié pour toi et il me faut déjà te perdre ! Mais ce soir, soyons gais ; demain, j'aurai le temps de pleurer.

HISTOIRES À DORMIR DEBOUT

Il prépara un grand bol de punch pour boire à la santé de la princesse. Mais quand Jean eut bu deux verres, il lui fut impossible de garder les yeux ouverts et il s'endormit. Son camarade le porta tout doucement au lit. Puis, lorsque la nuit fut noire, il fixa à ses épaules les ailes qu'il avait coupées au cygne, mit dans sa poche la plus grande des baguettes données par la vieille femme à la jambe cassée et s'envola jusqu'au château. Il s'assit dans un coin, juste sous la fenêtre de la chambre de la princesse.

Quand arriva minuit moins le quart, la fenêtre s'ouvrit et la princesse s'envola à l'aide de deux grandes ailes noires. Le compagnon se rendit invisible et vola derrière elle, en la fouettant jusqu'au sang à l'aide de la baguette. À chaque coup reçu, la princesse disait :

– Oh ! Quelle grêle ! Quelle grêle !

Elle se posa sur une haute montagne et frappa. Dans un bruit de tonnerre, la montagne s'ouvrit et la princesse entra, suivie du compagnon toujours invisible. Ils suivirent un long corridor, dont les murs étincelaient car ils étaient couverts de milliers d'araignées phosphorescentes. Ils arrivèrent dans une salle aux murs d'or et d'argent, dont le plafond était tapissé de vers luisants et de chauves-

LE COMPAGNON DE ROUTE

souris bleu ciel aux ailes palpitantes. Au milieu de la salle se trouvait un trône de verre porté par quatre squelettes de chevaux. Les harnais étaient faits d'araignées rouges, les coussins de souris noires qui se mordaient l'une l'autre la queue. Le trône était surmonté d'un dais de toiles d'araignée roses où scintillaient de petites mouches vertes. Là siégeait le maître des lieux, un affreux sorcier avec une couronne d'or sur la tête.

Il embrassa la princesse sur le front, la fit asseoir près de lui et un bal commença. De grosses sauterelles noires et un hibou formaient l'orchestre.

Les courtisans semblaient très distingués, mais en réalité ce n'étaient que des balais surmontés de choux, animés par la magie.

Après les danses, la princesse raconta au sorcier qu'elle avait un nouveau prétendant.

—Demain, dit-elle, je vais lui demander de deviner à quoi je pense. De quoi pourrait-il s'agir ?

—Pense à un de tes souliers, dit le sorcier, il ne devinera jamais et tu lui feras couper la tête. N'oublie pas de m'apporter ses yeux, je veux les manger.

La princesse fit une révérence, le sorcier ouvrit la montagne et elle s'envola, suivi du compagnon toujours invisible. Caché derrière le trône, il avait tout entendu. Au retour, il vola à nouveau derrière la princesse et la fouetta comme à l'aller.

– Oh! Quelle grêle! Quelle grêle! gémissait-elle à chaque coup.

Elle se dépêcha de rentrer chez elle. Le compagnon de route, lui, vola jusqu'à l'auberge, retira ses ailes et se coucha, bien fatigué.

Jean s'éveilla de bonne heure le lendemain matin, son ami se leva lui aussi et lui dit qu'il avait fait un rêve :

– C'était un drôle de rêve, qui parlait de la princesse et d'un de ses souliers. Je t'en prie, quand la princesse te demandera à quoi elle pense, dis-lui qu'elle pense à un de ses souliers.

– Autant répondre cela qu'autre chose. Peut-être as-tu eu un rêve prémonitoire. Mais je te dis adieu, car si je me trompe, je ne te reverrai pas.

Ils s'embrassèrent et Jean se rendit au château. Toute la cour était réunie dans la grande salle.

Le vieux roi s'essuyait tristement les yeux. La princesse demanda à Jean s'il pouvait deviner à quoi elle était en train de penser. Quand elle entendit le mot « soulier », elle devint pâle comme une morte et se mit à trembler. Mais elle avoua qu'il avait deviné juste. Aussitôt, la salle éclata en applaudissements et le roi fit même une cabriole.

Le compagnon de voyage fut tout heureux de voir Jean revenir à l'auberge sain et sauf. Le soir, dès que le garçon fut endormi, son ami s'envola. Il suivit la princesse jusqu'à la montagne, en la fouettant encore plus fort que la veille, car il avait emporté deux baguettes. Il entendit tout ce que le sorcier disait à la princesse : cette fois, elle devait penser à son gant. Le compagnon raconta à Jean un rêve qui parlait du gant de la princesse et, cette fois encore, le jeune homme devina juste. Tous les courtisans se mirent à faire des cabrioles comme le roi, tandis que la princesse était obligée de s'allonger sur un sofa, muette.

Le soir, tandis que Jean dormait, son compagnon attacha les ailes à son dos, prit le sabre et les trois baguettes et s'envola vers le château.

Il y avait une tempête terrible. La princesse s'élança en riant au milieu des éclairs, trouvant même que le vent était trop faible ! Mais le compagnon la fouetta si fort avec les trois baguettes que des gouttes de sang coulaient sur son corps. Épuisée, elle atteignit la montagne et confia au sorcier son inquiétude : le prétendant à sa main avait deviné juste.

— Cette fois, dit le sorcier, je vais trouver quelque chose de vraiment impossible à deviner.

Après le bal, il la raccompagna. Le compagnon cassa ses trois baguettes sur leur dos. Le sorcier n'avait jamais vu une grêle pareille !

Arrivé au château, il dit adieu à la princesse et lui dit tout doucement à l'oreille :

— Pense à ma tête.

Le compagnon l'entendit. Tandis que la princesse entrait dans sa chambre par la fenêtre, il saisit le sorcier et lui trancha la tête d'un coup de sabre. Il jeta le corps aux poissons dans le lac et enveloppa la tête dans son mouchoir.

Le lendemain, il donna le mouchoir à Jean, en lui recommandant de ne l'ouvrir que lorsque la princesse lui demanderait à quoi elle pensait. Le jeune homme se rendit donc au palais. Le roi et toute la cour avaient revêtu leurs plus beaux habits, sauf la princesse, qui était vêtue de noir, comme pour un enterrement.

— Peux-tu deviner à quoi je pense ? demanda-t-elle à Jean.

En réponse, il dénoua le mouchoir, et recula avec épouvante en voyant l'affreuse tête du sorcier. Toute l'assemblée frémit d'horreur devant un tel spectacle, tandis que la princesse restait immobile et muette comme une statue. Enfin, elle se leva, tendit sa main à Jean et lui dit :

— Tu es le plus fort. Nous nous marierons ce soir.

— Ah ! Que je suis heureux ! s'écria le roi.

Aussitôt, on organisa des réjouissances dans toute la ville. On but, on mangea, on dansa, on chanta sur les places publiques. Mais la princesse était toujours une sorcière et n'avait aucun amour pour Jean.

Le compagnon de route donna au jeune homme trois plumes des ailes du cygne et une petite bouteille, et lui dit :
— Fais placer un grand baquet plein d'eau près du lit, jettes-y les trois plumes et le contenu de la bouteille. Quand la princesse voudra se coucher, pousse-la pour la faire tomber dans l'eau et plonge là-dedans trois fois. Alors elle sera délivrée et elle t'aimera.
Jean fit ce que son ami lui avait conseillé.
La princesse se mit à hurler quand il la plongea dans l'eau. La première fois, elle se débattit sous la forme d'un cygne noir ; lorsqu'il la plongea

à nouveau dans l'eau, elle se transforma en cygne blanc ; à la troisième fois, elle redevint une jeune fille encore plus belle qu'avant.
Les larmes aux yeux, elle lui dit :
– Merci de m'avoir délivrée !
Le lendemain, toute la cour rendit visite aux nouveaux époux pour les féliciter. En dernier arriva le compagnon de route, son sac sur le dos. Jean l'embrassa et le supplia de rester, car il lui devait son bonheur.
– Non, répondit-il. L'heure est venue pour moi de partir. Te souviens-tu du mort à qui on refusait une sépulture ? Tu as donné tout ce que tu possédais pour qu'il repose en paix. Ce mort, c'était moi.
Et il disparut.
Jean et la princesse s'aimèrent d'amour tendre et vécurent heureux.

POUR ALLER PLUS LOIN

Pour créer cette histoire, Andersen s'est inspiré de deux contes de tradition orale : *Le Mort reconnaissant* et *Les Souliers usés à la danse*.

Le Mort reconnaissant : un jeune homme paie les dettes d'un mort dont le cadavre est laissé sans sépulture. Longtemps après, alors que le jeune homme est en danger, un inconnu se présente, le sauve et se fait reconnaître comme étant le mort dont il a eu pitié. Ce conte est répandu dans toute l'Europe, en Indonésie, en Afrique du Nord et en Amérique.

Les Souliers usés à la danse : un roi promet la main de sa fille à celui qui expliquera pourquoi tous les matins on trouve les souliers de sa fille mystérieusement usés. Le héros a acquis un objet magique d'une vieille femme, ce qui lui permet de suivre la princesse pendant son voyage nocturne et de pénétrer dans le monde souterrain où la princesse danse avec un magicien. Durant le bal, le héros dérobe des objets et les présente au roi comme justificatifs. Il épouse la princesse. Ce conte a été relevé en Europe et aux Antilles françaises.

LA MORT POUR MARRAINE

ADAPTÉ D'UN CONTE DE GRIMM

À PARTIR DE 7 ANS   10 MINUTES   POUR SAUVER LA FILLE DU ROI

Il était une fois un homme très pauvre qui avait bien de la peine à nourrir ses douze enfants. Quand le treizième vint au monde, il fut dans un grand embarras. Tous les membres de sa famille étaient déjà parrains ou marraines de ses douze enfants, et il se doutait bien que les gens du village n'avaient guère envie de s'engager envers un enfant aussi pauvre. Il alla tout de même demander à ses voisins s'ils voulaient bien être parrain de son dernier-né. Mais tous refusèrent.
Comme il rentrait chez lui tristement, il vit soudain se dresser devant lui une silhouette enveloppée de longs voiles noirs.
– Pourquoi es-tu si triste ? demanda-t-elle d'une voix caverneuse.
– Hélas ! dit l'homme, je ne trouve pas de parrain ni de marraine pour mon fils.

– Eh bien ! reprit la silhouette cachée par les voiles noirs, c'est moi qui serai sa marraine. Je le rendrai riche et illustre.
– Mais qui êtes-vous ? demanda l'homme.
Alors l'inconnue écarta ses voiles, montrant son corps décharné et la grande faux qu'elle tenait à la main : c'était la Mort. Tout tremblant, l'homme lui dit :
– Madame la Mort, c'est... c'est vraiment un grand... grand honneur.
– Quand aura lieu le baptême ? demanda la Mort.
– Di... dimanche prochain, murmura l'homme.
– Bien, je serai là, dit la Mort.
Et elle continua son chemin.
Le dimanche suivant, elle fut au rendez-vous. Les années passèrent. Chaque fois que son travail l'amenait au village de son filleul, elle ne manquait pas de lui rendre visite. Le garçon grandit et devint un beau jeune homme. Un jour, sa marraine l'emmena dans la forêt et lui dit :
– Je vais faire de toi un grand médecin. Cueille ces herbes, elles te serviront de médicaments. Chaque fois que tu seras appelé au chevet d'un malade, je t'apparaîtrai. Tu seras le seul à me voir, les autres personnes ne se rendront pas compte de ma présence. Si tu me vois à la tête du lit, donne les herbes au malade, il guérira. Mais, si je suis au pied du lit, tu diras qu'il est perdu.
Le jeune homme partit à la ville voisine et s'installa comme médecin. Il devint vite riche et célèbre. « Il lui suffit de regarder le malade, disait-on de lui, il sait tout de suite s'il guérira ou s'il mourra. »
Un jour, on l'appela au chevet d'un riche personnage. Quand il entra dans la chambre, il vit la Mort au pied du lit. Mais la famille du malade promettait beaucoup d'argent en échange de la guérison. Le médecin se dit : « Je suis son filleul ; la Mort ne m'en voudra pas si je lui joue un petit tour. »
Il ordonna donc de tourner le lit de façon à mettre la tête du malade à l'endroit où étaient les pieds.

La Mort se trouva ainsi à la tête du lit, ce qui signifiait la guérison. Le médecin n'eut plus qu'à donner les herbes au malade... et à empocher une bourse de pièces d'or.

La Mort n'a pas l'habitude qu'on lui joue des tours, elle alla trouver le médecin et lui dit d'un ton menaçant :

— Je te pardonne pour cette fois, parce que tu es mon filleul. Mais ne t'avise pas de recommencer. Si tu m'empêches de prendre celui que j'ai décidé de prendre, c'est toi que j'emporterai !

Quelque temps après, la fille unique du roi tomba gravement malade. Prêt à tout pour sauver son enfant, le roi fit proclamer que celui qui la guérirait l'épouserait et deviendrait roi.

Le filleul de la Mort se rendit vite à son chevet. Il vit que sa marraine se tenait au pied du lit. Il se souvint de ses paroles menaçantes et regretta amèrement de s'être laissé tenter par l'or de son riche malade. « S'il n'y avait pas eu cette première fois, je pourrais sauver la princesse, se dit-il. Ma marraine me pardonnerait. Mais je n'ose pas lui jouer le même tour une deuxième fois. »

La princesse était très belle. Elle reposait sur le lit, ses beaux cheveux blonds étalés sur l'oreiller. Quand le médecin s'approcha, elle ouvrit les yeux et lui sourit faiblement. Il regarda d'un air suppliant sa marraine, mais elle restait impassible. La respiration de la princesse devenait de plus en plus faible. Tout à coup, le médecin se décida. Il souleva la jeune fille dans ses bras – elle était légère comme une plume – et la reposa sur le lit, la tête à l'endroit où elle avait les pieds. Puis il lui donna les herbes. Il eut la joie de voir la couleur revenir sur ses joues mais ce bonheur ne dura qu'un instant. Sa marraine le saisit de sa main glacée et il s'écroula sans connaissance.

Il se réveilla au fond d'une grotte immense, remplie de milliers de cierges allumés. Les uns étaient longs, les autres à demi consumés, d'autres encore presque entièrement brûlés. À chaque seconde, de petites flammes s'éteignaient et s'allumaient, si bien que toute la grotte palpitait de lumières.

LA MORT POUR MARRAINE

— Ces cierges sont des vies humaines, dit la Mort. Les enfants ont un long cierge à peine entamé ; ceux des adultes sont de longueur moyenne, ceux des vieillards sont tout petits. Mais il y a aussi des enfants ou des jeunes gens qui n'ont que des petits cierges.

— Montre-moi le mien ! s'écria le médecin, qui s'imaginait voir un cierge encore très long.

— Le voici, dit la Mort en le désignant du petit doigt.

C'était un tout petit bout de cierge, qui menaçait de s'éteindre à chaque instant.

— Ah ! chère marraine, supplia le médecin, allume-m'en un autre. J'aime la princesse, je veux l'épouser et profiter de la vie.

— Je n'ai pas le droit de faire cela, dit la Mort. Il faut d'abord qu'un cierge s'éteigne pour que je puisse en allumer un nouveau.

— Je t'en prie, laisse-moi essayer. Si je place mon bout de cierge sur un cierge neuf, ils n'en feront plus qu'un, la flamme passera de l'un à l'autre.

La Mort laissa faire son filleul. Mais il tremblait tellement qu'il laissa échapper son petit bout de cierge. La flamme s'éteignit aussitôt et le médecin s'écroula, mort.

POUR ALLER PLUS LOIN

Ce conte a été relevé dans toute l'Europe et en Palestine.

La plus ancienne version connue date du XIVe siècle. Le motif des Lumières de vie est constant en France mais les versions étrangères ou plus anciennes peuvent se conclure d'une autre manière : la Mort vient chercher le médecin.

Il lui demande de le laisser vivre le temps de réciter un *Pater*, ce qu'elle accepte.

Il commence la prière, puis dit qu'il la terminera plus tard.

Par une ruse, la Mort le conduit à réciter la prière sans savoir qu'elle l'entend.

L'amen prononcé, elle l'emporte.

LE FESTIN DES MORTS

CONTE DE GASCOGNE

À PARTIR DE 8 ANS — 5 MINUTES — POUR DUPER UN MORT

Un jour, en traversant un cimetière, un homme trébucha contre une tête de mort. Furieux, il donna un grand coup de pied à la tête, puis il lui dit en riant :
— Mort, je t'ai maltraité. Si tu es sans rancune, viens dîner avec moi ce soir, à huit heures.
La tête de mort ne répondit rien et l'homme rentra chez lui. Le soir, sur le premier coup de huit heures, il allait se mettre à table quand il entendit frapper à la porte. Il alla ouvrir : devant lui se tenait un squelette enveloppé d'un linceul.
— Je viens dîner avec toi, dit le squelette. Tu vois que j'ai bonne mémoire.
— Mort, installe-toi, je vais chercher une bouteille de bon vin, répondit l'homme.

Ils s'attablèrent l'un en face de l'autre et l'homme veilla à ce que son invité ne manque de rien. Mais le mort faisait semblant de manger. En réalité, il jetait sous la table tout ce qu'il avait l'air de porter à sa bouche. À la fin du repas, il dit à son hôte :

– Ton dîner était bon. Maintenant, c'est à moi de t'inviter. Viens demain à minuit dans mon cimetière. Si tu ne viens pas, il t'arrivera de grands malheurs.

– Fais mettre mon couvert, répondit l'homme.

Le lendemain, sur le coup de minuit, l'homme se présenta à la porte du cimetière. Il faisait nuit noire. Des lumières brillaient dans le cimetière et l'on sentait une bonne odeur de cuisine. L'homme frappa et la porte s'ouvrit d'elle-même. À la lueur des cierges allumés, il vit une table dressée. Des morts vêtus de linceul achevaient de faire la cuisine.

Un squelette s'approcha de lui et lui dit :

– Tu es un homme de parole. Assieds-toi et ne laissons pas refroidir la soupe.

Tous les morts s'attablèrent et l'homme se mit en face de celui qui l'avait invité. Mais il se méfiait. Comme il l'avait vu faire au squelette la veille, il faisait semblant de boire et de manger, et jetait sous la table tout ce qu'il avait l'air de porter à sa bouche.

À la fin du repas, le mort lui dit :

– Homme, tu es malin. Si tu n'étais pas venu, il te serait arrivé de grands malheurs ; et si tu avais mangé une miette de pain ou bu une goutte de vin, tu serais mort sur-le-champ. Maintenant, va, et n'insulte plus les morts.

POUR ALLER PLUS LOIN

Ce conte est répandu dans toute l'Europe et on en connaît plusieurs attestations littéraires anciennes, la plus célèbre étant le *Don Juan* de Molière.

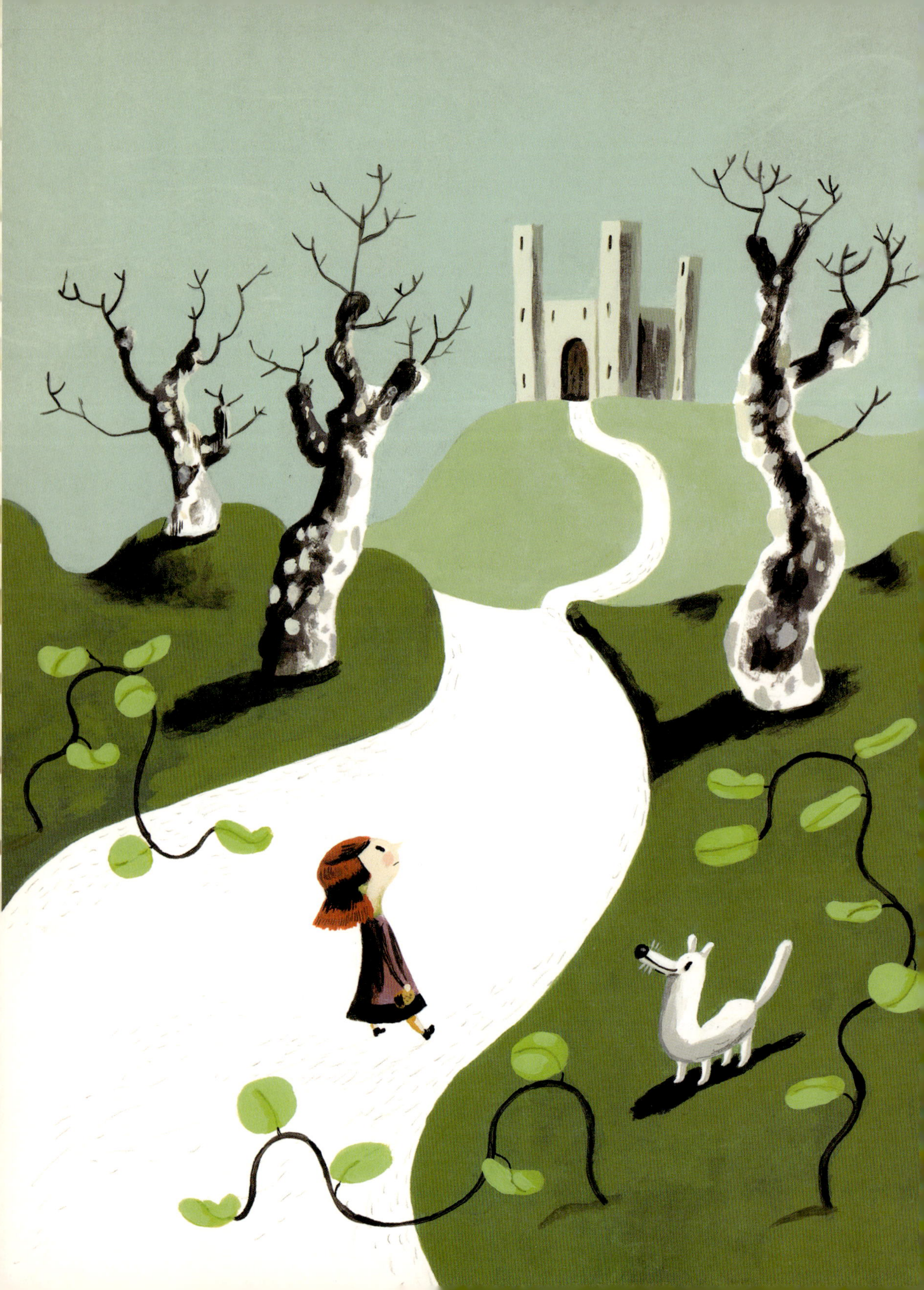

LA NUIT DANS LE CHÂTEAU HANTÉ

FABRICE TURRIER

CONTE DE FRANCE

À PARTIR DE 7 ANS   10 MINUTES   POUR TREMBLER DE PEUR

Il était une fois un homme qui était veuf et qui vivait seul avec sa petite fille. Il se remaria avec une femme qui avait elle aussi une petite fille. Mais cette femme n'aimait pas la fille de son mari. Elle se mit à la maltraiter puis décida de s'en débarrasser. À environ un kilomètre de la maison se dressait un château abandonné. Les gens disaient qu'il était hanté et personne n'osait s'en approcher, encore moins y pénétrer. Un soir, la femme dit à la fille de son mari :
— J'en ai assez de voir dans ma maison une paresseuse comme toi ! Tu vas aller dormir dans le château. Prends ce morceau de pain pour ton souper et va-t'en !
La petite pleura, car elle avait peur, mais elle fut bien obligée de partir. En chemin, elle trouva une chienne blanche.

Elle s'arrêta pour la caresser et la chienne se mit à la suivre.

—Je vais dormir dans le château hanté, dit la petite fille ; si tu n'as pas peur, tu peux venir avec moi.

Elles arrivèrent au château comme la nuit tombait.

Elles entrèrent par une petite porte et la petite fille chercha un endroit pour dormir. Elle trouva une chambre où il y avait encore un lit. Elle entra, ferma la porte et commença à manger son pain.

La chienne la regardait.

—Pauvre petite bête, tu as faim toi aussi ! dit l'enfant.

Elle lui donna la moitié de son pain, puis elle se coucha et la chienne vint se blottir près d'elle. À minuit, un grand tapage les réveilla : des portes qui claquaient dans le château, des bruits de pas dans le couloir, des voix... Tout à coup, on frappa à la porte de la chambre. La petite fille tremblait de peur, ne sachant que faire, mais la chienne lui dit :

—Demande-leur ce qu'ils veulent.

—Que voulez-vous ? cria la petite fille.

—Nous voulons entrer.

—Que dois-je dire ? Que dois-je faire ? demanda la petite fille à la chienne.

> —Dis-leur de t'apporter
> une robe couleur de vent
> et des souliers d'argent.

La petite fille répéta ce que lui avait dit la chienne et un grand silence se fit dans le château. Au bout d'un moment, les voix étaient de nouveau derrière la porte :

> —Nous t'avons apporté
> la robe couleur de vent
> et les souliers d'argent.
> Laisse-nous entrer !

—Que dois-je dire ? Que dois-je faire ? demanda la petite fille à la chienne.

LA NUIT DANS LE CHÂTEAU HANTÉ

— Dis-leur de t'apporter
un coffret plein de diamants
et des bijoux d'or et d'argent.

La petite fille répéta ce que lui avait dit la chienne et un grand silence se fit dans le château. Au bout d'un moment, les voix étaient de nouveau derrière la porte :

— Nous t'avons apporté
le coffret plein de diamants
et les bijoux d'or et d'argent.
Laisse-nous entrer !

— Que dois-je dire ? Que dois-je faire ? demanda la petite fille à la chienne.

— Dis-leur de t'apporter
l'eau de la rivière
dans une passoire en fer.

La petite fille répéta ce que lui avait dit la chienne et un grand silence se fit dans le château. Transporter de l'eau dans une passoire est chose impossible ! La petite fille attendit longtemps, mais les voix ne revinrent pas et elle finit par s'endormir. Au matin, elle s'éveilla. Devant la porte de la chambre, elle trouva la robe, les souliers et le coffret. Elle mit la robe, les souliers et quelques bijoux, puis elle rentra chez elle en emportant le coffret. En chemin, elle se rendit compte que la petite chienne avait disparu.

Quand les parents la virent arriver, toute parée d'or et d'argent, ils ne la reconnurent pas et crurent que c'était une princesse. Mais elle leur dit :

— Bonjour papa, bonjour maman.

Et ils la reconnurent. La sœur devint verte de jalousie et commença à pleurnicher :
— Moi aussi, je veux une belle robe comme elle. Je veux aller dormir dans le château.
— Oui, dit sa mère, tu vas y aller.

Le soir, la femme donna à sa fille un gros morceau de gâteau et la laissa partir. En chemin, la petite fille rencontra une petite chienne blanche qui avait l'air abandonnée, mais elle passa sans s'arrêter. La chienne la suivit et elles entrèrent toutes les deux dans le château. La petite fille s'installa dans la chambre et commença à manger son gâteau. La chienne la regardait en remuant la queue et en gémissant, mais la petite la repoussa et mangea toute seule le gâteau, sans lui en donner

une miette. Puis elle se coucha. À minuit, un grand tapage la réveilla : des portes qui claquaient dans le château, des bruits de pas, des voix... Tout à coup, on frappa à la porte de la chambre. La petite fille tremblait de peur, ne sachant que faire ; alors la chienne lui dit :
– Demande-leur ce qu'ils veulent.
– Que voulez-vous ? cria la petite.
– Nous voulons entrer.
– Que dois-je dire ? Que dois-je faire ?
– Dis-leur d'entrer.
– Entrez ! cria la petite fille.
Ils entrèrent et l'emportèrent. Ses parents ne la revirent jamais, et ils n'osèrent plus maltraiter la seule enfant qu'il leur restait.

COMPTE ET RACONTE

ALI BABA ET LES QUARANTE VOLEURS 48
🗨 Pour ouvrir la caverne des voleurs   LU ☐☐☐☐☐☐☐☐ FOIS

ALIBI N'ÉTAIT PAS EN BÉTON (L') 307
🗨 Pour résoudre une énigme   LU ☐☐☐☐☐☐☐☐ FOIS

AMI POUR LE CHAT (UN) 214
🗨 Pour trouver qui est le plus fort   LU ☐☐☐☐☐☐☐☐ FOIS

APPRENTI MAGICIEN (L') 287
🗨 Pour s'entraîner à la magie   LU ☐☐☐☐☐☐☐☐ FOIS

BARBE-BLEUE 38
🗨 Pour résister à la curiosité   LU ☐☐☐☐☐☐☐☐ FOIS

BELLE AU BOIS DORMANT (LA) 31
🗨 Pour réveiller la princesse   LU ☐☐☐☐☐☐☐☐ FOIS

BISOU POUR OUSSENOU (UN) 168
🗨 Pour lire avec grand-mère   LU ☐☐☐☐☐☐☐☐ FOIS

BLANCHE-NEIGE 72
🗨 Pour être la plus belle du Royaume   LU ☐☐☐☐☐☐☐☐ FOIS

BRAVE MOITIÉ-DE-POULET ET SON ROI (LE) 339
🗨 Pour trouver les bons compagnons   LU ☐☐☐☐☐☐☐☐ FOIS

CANARD ET LA PANTHÈRE (LE) 190
🗨 Pour vivre les histoires de la ferme   LU ☐☐☐☐☐☐☐☐ FOIS

COMMENT LE LIÈVRE DEVINT BLANC 158
🗨 Pour devenir invisible   LU ☐☐☐☐☐☐☐☐ FOIS

CENDRILLON 100
🗨 Pour récupérer une pantoufle de verre   LU ☐☐☐☐☐☐☐☐ FOIS

CHIEN ET L'AMBASSADEUR (LE) 255
🗨 Pour tenir des propos déroutants   LU ☐☐☐☐☐☐☐☐ FOIS

COMPAGNON DE ROUTE (LE) 407
🗨 Pour se faire aimer d'une sorcière   LU ☐☐☐☐☐☐☐☐ FOIS

COQ ET LA POULE EN VOYAGE (LE) 335
🗨 Pour rouler l'aubergiste   LU ☐☐☐☐☐☐☐☐ FOIS

DEVINETTE DU ROI (LA) 316
   Pour avoir la paix   LU ☐☐☐☐☐☐☐☐ FOIS

DENT D'ELSA (LA) 143
   Pour espionner les souris   LU ☐☐☐☐☐☐☐☐ FOIS

ÉNIGME DU SPHINX (L') 312
   Pour faire réfléchir   LU ☐☐☐☐☐☐☐☐ FOIS

ÉNIGMES ET DEVINETTES 326
                               LU ☐☐☐☐☐☐☐☐ FOIS

FESTIN DES MORTS (LE) 422
   Pour duper un mort   LU ☐☐☐☐☐☐☐☐ FOIS

FRÉROT ET SŒURETTE 22
   Pour se transformer   LU ☐☐☐☐☐☐☐☐ FOIS

HALTE DU PÈRE NOËL (LA) 393
   Pour attendre le père Noël LU ☐☐☐☐☐☐☐☐ FOIS

HISTOIRE D'OGRE 237
   Pour échapper à l'ogre   LU ☐☐☐☐☐☐☐☐ FOIS

HISTOIRES POUR RIRE 365
                               LU ☐☐☐☐☐☐☐☐ FOIS

JACK ET LE HARICOT MAGIQUE 106
   Pour duper l'ogre   LU ☐☐☐☐☐☐☐☐ FOIS

JASON ET LA TOISON D'OR 275
   Pour récupérer son trône   LU ☐☐☐☐☐☐☐☐ FOIS

JEAN DE L'OURS 112
   Pour vivre une grande aventure LU ☐☐☐☐☐☐☐☐ FOIS

JEAN LE SOT VA AU MOULIN 345
   Pour parler à tort et à travers LU ☐☐☐☐☐☐☐☐ FOIS

KOALA ET L'ÉMEU (LE) 184
   Une histoire d'orgueil   LU ☐☐☐☐☐☐☐☐ FOIS

LÉGENDE DU MAÏS (LA) 403
   Pour préparer la bouillie   LU ☐☐☐☐☐☐☐☐ FOIS

LIÈVRE ET LE HÉRISSON (LE) 217
   Pour gagner la course   LU ☐☐☐☐☐☐☐☐ FOIS

431

LUTINS CORDONNIERS (LES) 63
🍂 Pour habiller les lutins   LU ☐☐☐☐☐☐☐ FOIS

LOUP, LA CHÈVRE ET LA TÉLÉ (LE) 211
💬 Pour se débarrasser du loup   LU ☐☐☐☐☐☐☐ FOIS

MARI À LA MAISON (LE) 360
💬 Pour tenir une maison   LU ☐☐☐☐☐☐☐ FOIS

MORT POUR MARRAINE (LA) 418
🍂 Pour sauver la fille du roi   LU ☐☐☐☐☐☐☐ FOIS

MUSICIENS DE BRÊME (LES) 164
💬 Pour partir en voyage   LU ☐☐☐☐☐☐☐ FOIS

NASREDDIN NE VEUT PAS PRÊTER SON ÂNE 350
🍂 Une histoire de mauvaise foi   LU ☐☐☐☐☐☐☐ FOIS

NOËL DE RENARD (LE) 381
🍂 Pour se déguiser en père Noël   LU ☐☐☐☐☐☐☐ FOIS

NUIT DANS LE CHÂTEAU HANTÉ (LA) 425
🍂 Pour trembler de peur   LU ☐☐☐☐☐☐☐ FOIS

ŒUF BLEU (L') 152
💬 Une histoire de gourmand   LU ☐☐☐☐☐☐☐ FOIS

OGRE ET LA BÊTE INCONNUE (L') 232
🍂 Pour se déguiser   LU ☐☐☐☐☐☐☐ FOIS

PÊCHE À LA QUEUE (LA) 171
🍂 Pour être glacé   LU ☐☐☐☐☐☐☐ FOIS

PÈRE NOËL ET MON PAPA (LE) 378
🍂 Pour rassurer son nounours   LU ☐☐☐☐☐☐☐ FOIS

PETITE CHÈVRE MENTEUSE (LA) 174
🍂 Pour avoir une voix douce   LU ☐☐☐☐☐☐☐ FOIS

PETIT CHAPERON ROUGE (LE) 18
🍂 Pour avoir peur du loup   LU ☐☐☐☐☐☐☐ FOIS

PETIT CHAT DÉSOBÉISSANT (LE) 147
🍂 Pour retrouver sa maison   LU ☐☐☐☐☐☐☐ FOIS

PETIT JEAN ET L'OIE DE NOËL 388
🍂 Pour partager une oie   LU ☐☐☐☐☐☐☐ FOIS

PETIT NOËL 376
💬 Pour les plus petits que soi   LU ☐☐☐☐☐☐☐☐ FOIS

PETIT POUCET (LE) 223
💬 Pour ne pas se perdre   LU ☐☐☐☐☐☐☐☐ FOIS

PIERRE LE PARESSEUX ET LE ROI DES TROLLS 83
💬 Pour échapper aux trolls   LU ☐☐☐☐☐☐☐☐ FOIS

PLUS GRAND CHAGRIN (LE) 352
💬 Une histoire de ruse   LU ☐☐☐☐☐☐☐☐ FOIS

POUR L'AMOUR DE BILOUBA 254
💬 Pour charmer l'ogresse   LU ☐☐☐☐☐☐☐☐ FOIS

PRINCESSE GRENOUILLE (LA) 90
💬 Pour retrouver la princesse   LU ☐☐☐☐☐☐☐☐ FOIS

PRIX DE LA FUMÉE (LE) 314
💬 Pour apprendre à compter   LU ☐☐☐☐☐☐☐☐ FOIS

REINE DES ABEILLES (LA) 15
💬 Pour respecter les animaux   LU ☐☐☐☐☐☐☐☐ FOIS

REINE DES NEIGES (LA) 120
💬 Pour rechercher un ami perdu   LU ☐☐☐☐☐☐☐☐ FOIS

RENARD PARRAIN 206
💬 Pour ne pas s'épuiser à la tâche   LU ☐☐☐☐☐☐☐☐ FOIS

RENART ET LES MARCHANDS DE POISSONS 155
💬 Pour jouer un tour au loup   LU ☐☐☐☐☐☐☐☐ FOIS

ROI DES CORBEAUX (LE) 66
💬 Pour conjurer un sortilège   LU ☐☐☐☐☐☐☐☐ FOIS

SCOOTER DU PÈRE NOËL (LE) 385
💬 Pour échanger les rennes   LU ☐☐☐☐☐☐☐☐ FOIS

SORCIÈRE DU PLACARD AUX BALAIS (LA) 240
💬 Pour emménager tranquillement   LU ☐☐☐☐☐☐☐☐ FOIS

SORCIÈRE KIPEUTOU (LA) 269
💬 Pour se faire consoler   LU ☐☐☐☐☐☐☐☐ FOIS

SOURIS JAMAIS CONTENTE (UNE) 187
💬 Pour devenir sage   LU ☐☐☐☐☐☐☐☐ FOIS

THÉSÉE ET LE MINOTAURE 281
🍎 Pour sortir du labyrinthe   LU ☐☐☐☐☐☐☐ FOIS

TRAVAUX D'HÉRACLÈS (LES) 298
🍏 Pour passer les épreuves   LU ☐☐☐☐☐☐☐ FOIS

TRÉSOR DES TROLLS (LE) 44
🍎 Pour voler un trésor   LU ☐☐☐☐☐☐☐ FOIS

TROIS PETITS COCHONS (LES) 137
🍎 Pour souffler très fort   LU ☐☐☐☐☐☐☐ FOIS

TROIS PETITS MAGICIENS (LES) 161
🍇 Pour sortir du chapeau   LU ☐☐☐☐☐☐☐ FOIS

TROLLS DE NOËL (LES) 373
🍎 Pour chasser les trolls   LU ☐☐☐☐☐☐☐ FOIS

TROU DANS L'EAU (LE) 310
🫐 Pour trouver l'astuce   LU ☐☐☐☐☐☐☐ FOIS

ULYSSE ET LE CYCLOPE 291
🍏 Pour vaincre le cyclope   LU ☐☐☐☐☐☐☐ FOIS

VAILLANT PETIT TAILLEUR (LE) 258
🍏 Pour tromper son monde   LU ☐☐☐☐☐☐☐ FOIS

VASE AU FOND DU LAC (LE) 322
🍏 Pour apprendre à vieillir   LU ☐☐☐☐☐☐☐ FOIS

VIEILLE FEMME BAVARDE ET LE TRÉSOR (LA) 318
🍎 Pour raconter n'importe quoi   LU ☐☐☐☐☐☐☐ FOIS

PAR ORDRE D'APPARITION

ABEILLE
Le Brave Moitié-de-poulet et son roi ... 339
La reine des abeilles 15

ADULTE
Le chien et l'ambassadeur 355
La sorcière du placard aux balais..... 240

AUBERGISTE
Le coq et la poule en voyage 335
Le prix de la fumée 314

CANARD
Le canard et la panthère 190
La reine des abeilles 15

CHASSEUR
Comment le lièvre devint blanc...... 158
Le Petit Chaperon rouge 18

CHAT
Le petit chat désobéissant 147
Un ami pour le chat 214

CHÈVRE
Le loup, la chèvre et la télé 211
La petite chèvre menteuse 174

CHIEN
Le chien et l'ambassadeur 355

CHIENNE
La nuit dans le château hanté 425

COCHON
Les trois petits cochons 137

CORBEAU
Le roi des corbeaux 66

CORDONNIER
Les lutins cordonniers............. 63

CYCLOPE
Ulysse et le cyclope 291

DÉTECTIVE
L'alibi n'était pas en béton 307

ÉMEU
Le koala et l'émeu 184

ENFANT
La légende du maïs 403
L'ogre et la bête inconnue 232
La petite chèvre menteuse 174
Le Petit Poucet 223
La sorcière du placard aux balais.... 240

ÉPOUSE
Barbe-Bleue.................... 38
Les lutins cordonniers............. 63
L'ogre et la bête inconnue 232

EXTRATERRESTRE
Le chien et l'ambassadeur 355

FAMILLE
Petit Noël 376

FÉE
La belle au bois dormant........... 31
Cendrillon..................... 100
La reine des Neiges 120

FEMME
Un ami pour le chat 214
Le mari à la maison.............. 360
La nuit dans le château hanté 425

FERMIER
Les trois petits magiciens.......... 161

FERMIÈRE
L'oeuf bleu 152

FILLETTE
le canard et la panthère 190
La dent d'Elsa 143
La nuit dans le château hanté 425
Le Petit Chaperon rouge 18
La reine des Neiges 120

FOURMI
La reine des abeilles 15
Petit Noël 376

435

FRÈRE
Ali Baba et les quarante voleurs. 48
Barbe-Bleue. 38
Frérot et Sœurette 22
La reine des abeilles 15
Les travaux d'Héraclès. 298

GARÇON
Histoire d'ogre 237
Jack et le haricot magique 106
Le Père Noël et mon papa 378
Petit Jean et l'oie de Noël 388
Pour l'amour de Bilouba 254
La reine des Neiges 120
La sorcière de Kipeutou 269

GÉANT
Les travaux d'Héraclès. 298
Le vaillant petit tailleur 258

GÉANTE
Jack et le haricot magique 106

GRAND-MÈRE
Le Petit Chaperon rouge 18

GRENOUILLE
La princesse grenouille 90

HÉRISSON
Le lièvre et le hérisson. 217

HOMME
Le festin des morts 422
La petite chèvre menteuse 174

JEUNE FILLE
Ali Baba et les quarante voleurs. 48
Cendrillon. 100
Le roi des corbeaux 66
Les trolls de Noël. 373
Le trou dans l'eau 310

JEUNE HOMME
Le compagnon de route. 407
L'énigme du Sphinx 312
Jean de l'Ours 112
Jean le sot va au moulin 345
Pierre le paresseux et le roi des trolls. . . . 83

Les trolls de Noël 373
Le trou dans l'eau 310
Le vase au fond du lac. 322

KOALA
Le koala et l'émeu 184

LAPIN
L'oeuf bleu 152
Les trois petits magiciens. 161

LIÈVRE
Comment le lièvre devint blanc. 158
Le lièvre et le hérisson. 217

LOUP
Le loup, la chèvre et la télé 211
La pêche à la queue 171
Le Petit Chaperon rouge 18
Renard parrain 206
Renart et les marchands de poissons . . . 155
Les trois petits cochons 137

LUTIN
Les lutins cordonniers. 63
Le trésor des trolls. 44

MAÇON
L'alibi n'était pas en béton. 307

MAGICIEN
L'apprenti magicien. 287
La princesse grenouille 90
Les trois petits magiciens. 161

MARÂTRE
Cendrillon. 100
Frérot et Sœurette 22

MARCHAND
Renart et les marchands de poissons. . . 155

MARI
Le mari à la maison 360

MÉDECIN
La Mort pour marraine 418

MONSTRE
L'énigme du Sphinx 312

MORT
Le festin des morts 422
La Mort pour marraine 418

NAINS
Blanche-Neige 72

OGRE
Histoire d'ogre 237
Jack et le haricot magique 106
L'ogre et la bête inconnue 232
Le Petit Poucet 223
Pour l'amour de Bilouba 254

OURS
Les trolls de Noël 373
Un bisou pour Oussenou 168

PANTHÈRE
Le canard et la panthère 190

PARENTS
Le Petit Poucet 223
La sorcière Kipeutou 269

PAYSAN
L'ogre et la bête inconnue 232
La pêche à la queue 171
Petit Jean et l'oie de Noël 388
Le prix de la fumée 314
Renard Parrain 206
La vieille femme bavarde et le trésor . . . 318

PÈRE NOËL
La halte du Père Noël 393
Le Noël de Renard 381
Le Père Noël et mon papa 378
Le scooter du Père Noël 385

POULE
Le brave Moitié-de-poulet et son roi . . . 339
Le coq et la poule en voyage 335
Le Noël de Renard 381

PRINCE
La belle au bois dormant 31
Blanche-Neige 72
Cendrillon 100
La princesse grenouille 90

PRINCESSE
La belle au bois dormant 31
Blanche-Neige 72
Le compagnon de route 407
La devinette du roi 316
Jason et la Toison d'or 275
Jean de l'Ours 112
La Mort pour marraine 418
La princesse grenouille 90
La reine des abeilles 15
Thésée et le Minotaure 281
Le vaillant petit tailleur 258

REINE
Blanche-Neige 72
La reine des abeilles 15
La reine des Neiges 120

RENARD
Le Brave Moitié-de-poulet et son roi . . . 339
Le Noël de Renard 381
La pêche à la queue 171
Renard parrain 206
Renart et les marchands de poissons . . . 155

ROI
Le Brave Moitié-de-poulet et son roi . . . 339
Le compagnon de route 407
La devinette du roi 316
Frérot et Sœurette 22
Jason et la Toison d'or 275
Petit Jean et l'oie de Noël 388
Pierre le paresseux et le roi des trolls . . . 83
Le roi des corbeaux 72
Thésée et le Minotaure 281
Le vaillant petit tailleur 258
Le vase au fond du lac 322

SEIGNEUR
La vieille femme bavarde et le trésor . . . 318

SŒURS
Frérot et Sœurette 22

SORCIER
Le compagnon de route 407
Le roi des corbeaux 72

SORCIÈRE
Blanche-Neige 72
Frérot et Sœurette 22
La sorcière du placard aux balais 240
La sorcière Kipeutou 269

SOURIS
La dent d'Elsa 143
Petit Noël 376
Une souris jamais contente 187

SUSPECT
L'alibi n'était pas en béton 307

TAILLEUR
Le vaillant petit tailleur 258

TROLL
Pierre le paresseux et le roi des trolls 83
Le trésor des trolls 44
Les trolls de Noël 373

VACHE
Le mari à la maison 360

VIEILLARD
La légende du maïs 403
Le vase au fond du lac 322

VOISIN
Nasreddin ne veut pas prêter son âne . . 350
Le plus grand chagrin 352

VOLEURS
Ali Baba et les quarante voleurs 48
Les musiciens de Brême 164

MONTRE EN MAIN

5 MINUTES

L'alibi n'était pas en béton.......... 307
L'apprenti magicien............... 287
Comment le lièvre devint blanc....... 158
Le coq et la poule en voyage......... 335
La dent d'Elsa................... 143
La devinette du roi................ 316
L'énigme du Sphinx............... 312
Le festin des morts................ 422
Histoire d'ogre................... 237
Le koala et l'émeu................ 184
La légende du maïs............... 403
Le lièvre et le hérisson.............. 217
Le loup, la chèvre et la télé......... 211
Les lutins cordonniers.............. 63
Le mari à la maison............... 360
Nasreddin ne veut pas prêter son âne... 350
Le Noël de Renard................ 381
L'oeuf bleu..................... 152
L'ogre et la bête inconnue.......... 232
La pêche à la queue............... 171
Le Père Noël et mon papa.......... 378
Le Petit Chaperon rouge........... 18
Petit Noël...................... 376
Le plus grand chagrin.............. 352
Pour l'amour de Bilouba........... 254
Le prix de la fumée............... 314
La reine des abeilles............... 15
Renart et les marchands de poissons... 155
Le scooter du Père Noël............ 385
La sorcière Kipeutou.............. 269
Le trésor des trolls................ 44
Les trois petits magiciens........... 161
Les trolls de Noël................. 373
Le trou dans l'eau................ 310
Un ami pour le chat............... 214
Un bisou pour Oussenou........... 168
Une souris jamais contente......... 187
Le vase au fond du lac............. 322

10 MINUTES

Barbe-Bleue.................... 38
Le Brave Moitié-de-poulet et son roi... 339
Le chien et l'ambassadeur.......... 355
Frérot et Sœurette................ 22
La halte du Père Noël.............. 393
Jack et le haricot magique.......... 106
Jason et la Toison d'or............. 275
Jean le sot va au moulin............ 345
La Mort pour marraine............ 418
Les musiciens de Brême............ 164
La nuit dans le château hanté....... 425
Le petit chat désobéissant.......... 147
Petit Jean et l'oie de Noël.......... 388
Pierre le paresseux et le roi des trolls... 83
Renard parrain.................. 206
Le roi des corbeaux............... 66
Thésée et le Minotaure............ 281
Les trois petits cochons............ 137
La vieille femme bavarde et le trésor... 318

15 MINUTES

La belle au bois dormant........... 31
Cendrillon..................... 100
Jean de l'Ours................... 112
La petite chèvre menteuse.......... 174
Les travaux d'Héraclès............. 298
Ulysse et le cyclope............... 291

20 MINUTES

Blanche-Neige................... 72
Le compagnon de route............ 407
Le Petit Poucet.................. 223
La princesse grenouille............ 90
Le vaillant petit tailleur............ 258

25 MINUTES
Ali Baba et les quarante voleurs....... 48

30 MINUTES
La reine des Neiges................ 120
La sorcière du placard aux balais...... 240

40 MINUTES
Le canard et la panthère 190

DU PLUS PETIT AU PLUS GRAND

2 ANS
L'oeuf bleu 152
Petit Noël 376
Renart et les marchands de poissons 155
La sorcière Kipeutou 269
Un bisou pour Oussenou 168

3 ANS
Cendrillon 100
Comment le lièvre devint blanc 158
Le coq et la poule en voyage 335
Le lièvre et le hérisson 217
Les musiciens de Brême 164
La pêche à la queue 171
Le Petit Chaperon rouge 18
Le petit chat désobéissant 147
La petite chèvre menteuse 174
La reine des abeilles 15
Renard parrain 206
Les trois petits cochons 137
Le trou dans l'eau 310

4 ANS
L'apprenti magicien 287
La belle au bois dormant 31
Blanche-Neige 72
La dent d'Elsa 143
L'énigme du Sphinx 312
Jack et le haricot magique 106
Le koala et l'émeu 184
La légende du maïs 403
Les lutins cordonniers 63
Le loup, la chèvre et la télé 211
Le Petit Poucet 223
Le Noël de Renard 381
Pour l'amour de Bilouba 254
Le prix de la fumée 314
Le scooter du Père Noël 385
Le trésor des trolls 44
Les trolls de Noël 373
Les trois petits magiciens 161
Un ami pour le chat 214
Une souris jamais contente 187

Le vaillant petit tailleur 288
Le vase au fond du lac 322

5 ANS
Barbe-Bleue 38
Le Brave Moitié-de-poulet et son roi . . . 339
La devinette du roi 316
Frérot et Sœurette 22
La halte du Père Noël 393
Histoire d'ogre 237
Jean de l'Ours 112
Jean le sot va au moulin 345
Le mari à la maison 360
Nasreddin ne veut pas prêter son âne . . 350
L'ogre et la bête inconnue 232
Petit Jean et l'oie de Noël 388
Pierre le paresseux et le roi des trolls . . 83
Le plus grand chagrin 352
La princesse grenouille 90
La reine des Neiges 120
La vieille femme bavarde et le trésor . . . 318

6 ANS
Ali Baba et les quarante voleurs 48
Le Père Noël et mon papa 378
Le roi des corbeaux 72

7 ANS
L'alibi n'était pas en béton 307
Le canard et la panthère 190
Le chien et l'ambassadeur 355
Le compagnon de route 407
Jason et la Toison d'or 275
La Mort pour marraine 418
La nuit dans le château hanté 425
La sorcière du placard aux balais 240
Thésée et le Minotaure 281
Les travaux d'Héraclès 298
Ulysse et le cyclope 291

8 ANS ET +
Le festin des morts 422

441

Annexe pédagogique

L'APPORT DU CONTE

QU'EST-CE QU'UN CONTE ?

Le conte possède ses critères propres : il joue avec l'oralité, et existe en tant que récit de fiction.

Cette « littérature orale » peut donc s'apparenter à des comptines ou autres chansonnettes. À la différence que, même si changements de voix, de rythme, de ton, peuvent leur être points communs, le conte, quant à lui, tente de retracer un moment dit « vécu ». Il s'agit, à la base, d'une histoire avérée qui court dans la mémoire collective, se transmet, se transforme, se grossit, s'appauvrit…

Le conte peut donc être un récit non figé émergent d'une histoire véridique. La trame reste la même mais les modifications se font collectivement, peu à peu…

À la réalité, qui attire l'attention de l'auditoire, se mêle le fantastique…

Cependant, Pierre Gripari dans ses *Contes de la rue Broca* en 1967, nous dit : « C'est moi, monsieur Pierre, qui parle, et c'est à moi qu'est arrivée l'histoire […] ».

Le conte ne s'inscrit donc pas forcément dans la durée ni dans la transmission générationnelle ; il ne vient pas toujours des temps reculés marqués par « Il y a bien longtemps, par delà la vallée des sept pierres… » Le conte peut également être actuel. L'important étant qu'il ne se fige pas et qu'il puisse se transmettre dans la mémoire collective.

LE CONTE ET LE DÉVELOPPEMENT DE L'ENFANT

L'univers des contes est généralement marqué par les oppositions : les méchants le sont vraiment et les gentils, les plus gentils du monde ! Le gris n'existe pas : l'on est soit riche, soit pauvre (et dans les deux cas, on l'est de façon très prononcée). Cet univers est facilement identifiable pour l'enfant qui a encore du mal à assimiler la demi-mesure.

C'est une des raisons pour laquelle les psychologues affirment que les contes aident l'enfant à résoudre les conflits affectifs : s'il se sent mal aimé comme Cendrillon, le conte le consolera en lui montrant que, finalement, il rencontrera quelqu'un qui l'aimera. Il prendra confiance en lui-même en voyant que Le petit chaperon rouge ou Le petit poucet, malgré leur faiblesse, arrivent à vaincre le loup ou encore l'ogre.

Certains parents voudraient bannir les personnages qui, selon eux, font peur aux enfants. En fait, ces personnages sont très utiles. Ils permettent de donner un visage à l'angoisse qui étreint parfois les jeunes enfants. Comment dire la peur d'être abandonné, la peur de ne pas être aimé ? Une peur qu'on ne peut pas exprimer, c'est de l'angoisse. Le loup arrive à point pour permettre d'extérioriser cette angoisse. C'est de lui qu'on a peur, bien sûr ! Alors on va le tuer de cent façons, le brûler, le noyer, le faire cuire dans une marmite, lui ouvrir le ventre et le recoudre, rempli de pierres. Et quand tout est fini, on a le cœur soulagé. Parce que le loup est mort ? Non, parce que toutes ces grandes manœuvres prouvent à l'enfant que l'adulte tient à lui, qu'il le protège de tous les dangers, en un mot qu'il l'aime.

Chaque type de texte aide au développement de l'enfant :
- le jeu verbal (Ton thé t'a-t-il ôté ta toux ?) entraîne l'enfant à bien prononcer, lui fait découvrir des homonymies. Une fois percé le mystère de l'apparente absurdité de ces phrases, l'enfant aura le plaisir de « coller » à son tour quelqu'un.
- les contes merveilleux développent l'imagination, la créativité et la logique.
- les histoires écrites par les auteurs contemporains, qui mêlent des thèmes éternels à des situations d'aujourd'hui, incitent le jeune auditeur à créer lui aussi des histoires où les ogres, les sorcières et les princesses vivent en pleine actualité.

Annexe pédagogique

LA LECTURE DU CONTE

L'heure du conte, ce n'est pas seulement une histoire que l'on raconte. C'est aussi toute une ambiance que le conteur va créer autour d'une histoire en particulier. L'auditeur et le conteur sont complices dans le monde du conte, dans une parole à la fois simple (par la structure des phrases, par le vocabulaire) et solennelle. Le ton sera différent selon qu'il s'agit d'une histoire d'animaux, d'un conte à rire, d'un conte merveilleux, mais la façon de dire est toujours importante : il faut veiller à parler lentement et clairement, en ménageant des temps de repos, de silence, qui permettent à l'enfant de « digérer » les événements qu'il vient d'apprendre. Pour l'enfant, ce ne sont pas des moments de vide mais d'activité mentale : il réfléchit à ce qu'il vient d'entendre, imagine la suite, savoure telle ou telle situation qui l'intéresse particulièrement…

Les histoires sont aussi, pour l'enfant, un moyen d'exercer son intelligence. En les écoutant, il développe sa mémoire auditive et s'entraîne à retenir la structure d'un récit, premier pas vers la lecture intelligente, celle qui consiste à déchiffrer non seulement des signes mais surtout le sens d'un récit.

Atelier Créatif

CONTE ET RACONTE

LE CONTE À L'ORAL

Voici un exercice qui peut être fait seul mais qui reste plus agréable et plus stimulant s'il est partagé par une classe ou par un groupe.
- Tout d'abord, il faut décider des **PROTAGONISTES** (inspirez-vous des héros de certains des contes présentés ici puis, plus tard, inventez-les) et de leur nombre.

> *Afin de simplifier l'exercice, choisissez deux ou trois personnages au maximum (animal fantastique, ogre, sorcière, simple humain…).*

- Ensuite, déterminez un **LIEU**, une époque et un genre.

> *Pour faciliter la collaboration des enfants, les questions doivent être assez dirigées : « écrit-on une histoire drôle ? une histoire qui fait peur ? », « l'histoire se déroule-t-elle en ville ?, à la campagne ? »…*

> *Tachez de conserver l'atmosphère du merveilleux en évitant de tomber dans un réalisme qui casserait le charme de la lecture à voix haute.*

- Une fois posés le « qui ? », le « quand ? » et le « où ? », il ne reste plus qu'à inventer le conte, laissez l'**IMAGINATION** des enfants errer le plus librement possible et prenez note de toutes leurs idées dites à l'oral.
- Ensuite, avec eux, faites un peu de ménage : supprimez le superflu, triez, etc.

Le but du jeu est de faire en sorte que tous les enfants participent et pas seulement ceux dont l'imagination est féconde.

LE CONTE À L'ÉCRIT

- Expliquez maintenant ce qu'est la structure d'un texte. Et, en reprenant les éléments de départ de l'exercice précédent, proposez une structure basique plus dirigée.
Par exemple :
1. Poser les personnages et la situation
2. Un élément extérieur vient modifier cette situation

Atelier Créatif

3. Le « héros » se trouve en situation critique
4. Le « héros » se surpasse
5. Dénouement et morale de l'histoire

- Avant de commencer l'écriture, faites faire aux enfants un **plan détaillé** de leur projet de conte.

> *Aidez-les à pointer les éventuelles incohérences car même si l'imagination est féconde et le conte complètement fantasmagorique, l'ensemble doit se tenir.*

- Aidez-les également à fixer les **points forts** de l'histoire.

> *Il peut être intéressant de s'y attarder un peu en longueur d'écrit.*

- Le conte est fait pour être lu, n'hésitez pas : ajouter des **onomatopées**, des **bruits** et des **silences** qui donneront plus de vie encore, plus de résonance à la lecture de cette histoire.

- Montrez également aux enfants comment les **phrases courtes** sont plus percutantes pour des scènes d'action, comment les **dialogues** allègent un récit… à l'écrit comme lors de la lecture.

- Enfin, le temps de l'écriture est arrivé : tous ensemble, ou bien chacun séparément.

> *Dans ce dernier cas, amusez-vous à comparer comment, à partir d'une même trame, chaque enfant a créé son propre univers.*

*Et n'oubliez pas l'essentiel :
le conte se partage et se lit à voix haute.
Cela est donc l'occasion d'organiser, au final, une grande lecture collective et appliquée.*

LE PETIT PLUS :

Lorsque le conte est enfin posé sur le papier, ne vous arrêtez pas là : montrez aux enfants un livre de Grimm ou de Perrault ; ils adoreront faire un « vrai livre » de conte avec leur propre histoire. Tapez-la, imprimez-la et utilisez, par exemple, des dessins des auteurs en guise de couverture. Et pourquoi pas, faire un résumé du conte, écrit au dos du livre ? Cela participera d'un excellent exercice de synthèse !

AGRÉMENTER LE CONTE :

Les enfants adorent les rituels et sont toujours ravis par un peu de mise en scène. Pourquoi s'en priver ? N'hésitez pas à installer un coin « spécial contes » avec des coussins et une lumière atténuée qui créeront immédiatement une ambiance magique…
Pour jouer le jeu jusqu'au bout, le conteur ou la conteuse peut également porter un vêtement particulier, un accessoire (châle, chapeau) et s'installer dans un siège réservé à ce moment.